MADE IN MONDE

SUZANNE BERGER

MADE IN MONDE

Les nouvelles frontières de l'économie mondiale

TRADUIT DE L'AMÉRICAIN
PAR LAURENT BURY

ÉDITIONS DU SEUIL
27, rue Jacob, Paris VIe

Cette traduction est publiée avec l'accord
de Doubleday Broadway, un département de Random House

Titre original :
How We Compete :
What companies around the world
are doing to make it in today's global economy

Éditeur original :
Doubleday Broadway, a division of Random House, Inc.

ISBN original : 0-385-51359-3

ISBN 2-02-085296-9

www.seuil.com

L'enquête que l'on va lire se fonde sur les travaux d'une équipe de recherche de l'Industrial Performance Center du Massachusetts Institute of Technology (Cambridge, États-Unis). Cette équipe était composée de :

Akintunde (Tayo) Akinwande

Marcos Ancelovici

Suzanne Berger

Dan Breznitz

Edward Cunningham

Douglas Fuller

Richard K. Lester

Teresa Lynch

Sara Jane McCaffrey

Charles G. Sodini

Edward S. Steinfeld

Timothy J. Sturgeon

Eric Thun

En mémoire de notre collègue Michael L. Dertouzos
(1936-2001)

Sa direction de *Made in America* continue à porter ses fruits ; sa conception de la technologie au service du bien-être social continue de nous inspirer.

Préface à l'édition française

La France a mal à la mondialisation. Malgré des statistiques plutôt réconfortantes sur les investissements étrangers sur son territoire, sur la force de ses exportations et sur les emplois créés dans le pays par les multinationales, la plupart des Français estiment que la mondialisation a plus d'inconvénients que d'avantages. Alors que les chiffres officiels indiquent que très peu d'emplois sont délocalisés à l'étranger (13 500 par an, dont plus de la moitié vers d'autres pays à hauts salaires [1]), les Français voient la mondialisation comme une menace considérable pour l'industrie et pour l'emploi. À l'étranger, les plans de licenciements de Danone ou de Hewlett-Packard ne figurent qu'en dernière page des suppléments économiques de la presse locale, quand ils ne sont pas tout simplement ignorés ; en France, les mêmes faits font l'objet d'une couverture nationale, et l'on y voit volontiers les signes d'une décomposition en cours de l'économie nationale.

1. Moyenne annuelle des emplois perdus suite aux délocalisations vers l'étranger, 1995-2001. Patrick Aubert et Patrick Sillard, « Délocalisations et réductions d'effectifs dans l'industrie française », Rapport de travail, INSEE, 2005. www.insee.fr/fr/nom_def_met/methodes/doc_travail/docs_doc_travail/g2005-03.pdf.

Si les Français ont de la mondialisation une opinion plus négative que leurs voisins, c'est peut-être parce que les hommes politiques, toutes tendances confondues, s'entendent pour proclamer les dangers de l'économie globale. Pour des raisons différentes, mais avec des conclusions curieusement assez similaires, chacun voit dans l'ouverture des frontières l'explication de tous les problèmes nationaux : chômage, faillite de la sécurité sociale ou explosion des banlieues. La droite met en avant ces étrangers indésirables qui franchissent des frontières laissées sans surveillance ; la gauche se focalise sur les activités et les emplois qui quittent la France par ces mêmes brèches ouvertes dans la protection nationale. Depuis une dizaine d'années, tous les partis politiques promettent de protéger la société française contre les forces économiques de la mondialisation : « réguler » la mondialisation, préserver le « modèle social français », utiliser les institutions européennes pour tempérer la pression des marchés internationaux… Après tant de promesses non tenues, les Français ne croient peut-être plus que l'Europe puisse accomplir ce miracle. Beaucoup de ceux qui ont voté contre le projet de Constitution européenne le 29 mai 2005 étaient sans doute déçus par les faux espoirs dont on les avait bercés lors de précédentes campagnes. Mais l'idée persiste : une Europe *réformée*, avec d'autres institutions, constituerait peut-être une barrière protectrice contre la mondialisation… C'est du moins ainsi que les socialistes semblent avoir raisonné lorsque, en novembre 2005, ils ont mis au cœur de leur nouveau programme l'instauration de tarifs douaniers autour de l'Union européenne.

Si le point de vue du public diffère tellement de celui des économistes et des statisticiens, c'est sans doute parce que la « menace de la mondialisation » n'est guère lisible dans les chiffres concernant les importations, les exportations et le nombre d'usines délocalisées. Ce que craint le public français, c'est que les impératifs économiques n'écrasent les espaces de liberté et de souveraineté politique, que les forces du marché international limitent les options disponibles en matière d'organisation économique et sociale. La France a toujours accepté le capitalisme, mais en pensant que le gouvernement pourrait maîtriser l'impact des forces de marché sur la société et imposer la prééminence des préférences collectives sur le jeu de facteurs économiques impersonnels. De fait, le capitalisme fut longtemps soumis à ce conditionnement politique à l'intérieur des frontières nationales. Mais, à présent qu'il se déploie à l'échelle mondiale, sans aucune barrière à la circulation des capitaux, des biens et des services, on redoute qu'il ne laisse plus aucune latitude. Et, convenons-en, s'il s'avérait qu'il n'existe aucune alternative économique viable, il faudrait en conclure qu'il n'y a plus de place ni pour la réflexion ni pour le choix.

Cette question du choix est précisément au cœur des recherches décrites dans *Made in monde*. Initialement destiné à un lectorat américain, ce livre aborde et réfute l'idée (aussi répandue aux États-Unis qu'en France) selon laquelle la concurrence mondiale imposerait un modèle unique d'organisation économique, à l'échelle des entreprises comme à l'échelle des pays. Dans les scénarios catastrophe, le seul moyen de réussir face aux nouveaux concurrents des pays à bas salaires comme la Chine serait une course générale au moins-disant social : les vainqueurs seraient ceux qui emploient la main-d'œuvre la moins bien payée, dans les plus mauvaises conditions de travail, avec un contrôle minimum des conséquences environnementales. Dans l'esprit de beaucoup, la mondialisation imposerait une réduction drastique des salaires, des avantages professionnels et de la protection sociale, sous peine de voir tous les emplois partir vers l'étranger. Dans les scénarios optimistes, la mondialisation apparaît comme créatrice d'avantages et d'opportunités pour tous. Après tout, c'est bien l'ouverture économique qui a permis à des pays pauvres, comme la Corée du Sud, Taiwan, la Chine ou l'Inde, de prendre leur essor. Répartir les activités économiques entre de nombreux acteurs au sein de chaînes d'approvisionnement déployées à l'échelle du globe pourrait accélérer l'innovation et favoriser la naissance de nouvelles entreprises et de nouveaux emplois un peu partout. Avec des centaines de millions de nouveaux consommateurs dans des pays comme la Chine et l'Inde, le gâteau à se partager serait encore plus gros, et tout le monde en profiterait, dans les sociétés avancées comme dans les économies émergentes.

Pessimistes et optimistes s'accordent au moins sur une idée centrale : la mondialisation limiterait radicalement la gamme des options disponibles face aux pressions du marché. Aux États-Unis, cette conception est généralement acceptée. Parfois avec un certain enthousiasme lorsqu'on songe aux opportunités offertes aux entreprises. Parfois avec résignation : ainsi va le monde ! En France, au contraire, cette idée déclenche une résistance politique affichée. Malgré tout ce qui sépare ces attitudes, elles trahissent un malentendu fondamental sur la mondialisation, comme le révèle l'étude que l'on va lire.

L'analyse des chercheurs du Massachusetts Institute of Technology (MIT), que je représente ici, dessine un tout autre paysage. Fondée sur une enquête de cinq années (1999-

2004) auprès de 500 entreprises en Amérique du Nord, en Europe et en Asie, elle démontre que, crainte ou célébrée, l'économie mondiale nous laisse encore de nombreux choix. Conduite dans des secteurs aussi différents que l'électronique et le prêt-à-porter, notre étude rend compte d'une réalité sans rapport avec ce qui fait la une des journaux. Certes, l'économie mondiale connaît des bouleversements considérables depuis une vingtaine d'années, et chaque firme se trouve obligée de revoir radicalement sa stratégie en matière de technologie, de produits, de gamme d'activités et de localisation de ses opérations. Mais la mondialisation ne condamne aucun secteur à l'extinction dans les économies avancées, pas plus en France qu'aux États-Unis. Nous avons découvert des entreprises prospères dans des activités à mutation lente comme dans les activités à mutation rapide, des sociétés très rentables qui l'emportent sur la concurrence des pays à bas salaires, et des exemples de réussite situés tout en haut de l'échelle des compétences. Nous sommes allés voir les dentelliers du Pas-de-Calais, les sociétés d'électronique d'Île-de-France, les fabricants de composants automobiles du Mexique, de Roumanie, de Chine, du Canada, de Taiwan, du Japon et des États-Unis, d'immenses usines de semi-conducteurs en Corée, au Japon, à Taiwan et en Chine, de nouvelles fabriques de vêtements en Roumanie et leur maison mère en Italie, et bien d'autres encore. À chaque fois, nous demandions quelles parties du processus de fabrication étaient maintenues entre les murs de l'usine, et lesquelles étaient sous-traitées ; lesquelles restaient à l'intérieur du pays, et lesquelles étaient délocalisées ; nous demandions aux chefs d'entreprise de comparer leurs résultats avec ceux de leurs plus rudes concurrents à travers le monde ; et nous les interrogions sur leurs projets d'expansion.

De leurs réponses et de nos observations sur le terrain se dégage une conviction : il y a bien des manières de réussir dans l'économie mondiale. Celle-ci connaît d'importantes transformations depuis dix ans : une grande libéralisation des échanges et des flux de capitaux ; une révolution informatique qui permet aux entreprises de numériser l'interface entre conception, fabrication des composants, fabrication des produits et distribution, et d'implanter ces fonctions sur différents sites (*modularisation*) ; la création d'importants bassins d'ouvriers qualifiés et d'ingénieurs dans des pays à bas salaires comme la Chine et l'Inde. Ces trois changements renforcent la pression de la concurrence, mais créent aussi toute une série d'opportunités nouvelles pour les entreprises.

Certaines firmes décident de sous-traiter et de délocaliser toute leur fabrication, c'est pourquoi des sociétés américaines comme Texas Instruments font fabriquer leurs puces à Taiwan, dans de grandes fonderies telles que Taiwan Semiconductor Manufacturing Company (TSMC). Mais d'autres entreprises très prospères, américaines comme Intel ou franco-italiennes comme ST-Microelectronics ou Altis (IBM-Infineon) en Île-de-France, fabriquent encore leurs propres puces. Sony fabrique la moitié de ses ordinateurs Vaio dans ses propres usines de Nagano ; Samsung conserve sur ses sites l'essentiel de la production des composants et des produits finis ; Dell, en revanche, contrôle la définition du produit et sa distribution mais sous-traite et externalise tout le reste, excepté les quatre minutes et demie d'assemblage final. Liz Claiborne et Lacoste sous-traitent et externalisent toute leur production, mais Zara fabrique la plupart de ses vêtements autour de son siège social de La Corogne. Les fabricants italiens de montures de lunettes estiment nécessaire de fabriquer leurs montures haut de gamme (25 % du marché mondial) dans les usines de Vénétie, région à salaires élevés, alors que leurs homologues de Taiwan et de Hongkong pensent que le coût de la main-d'œuvre est trop élevé chez eux et ont transféré toute leur production vers la Chine. Pour trouver une main-d'œuvre moins coûteuse, les firmes américaines ont délocalisé leur production vers le Mexique, tandis que les sociétés françaises, italiennes et britanniques s'installent en Europe de l'Est. Mais d'autres partent déjà vers l'Asie, sans même passer par le Mexique ou l'Europe centrale dans leur quête de bas salaires, d'ouvriers qualifiés et de nouveaux marchés.

Les voies menant à la réussite sont complexes et innombrables : de ce constat découlent quelques conclusions simples qui montrent que la mondialisation n'impose pas une voie unique et étroite. En regardant de plus près *comment* les entreprises prospères réussissent, nous avons découvert une multiplicité de choix possibles et également valables, parfois au sein d'un même secteur et pour un même produit. Qu'il s'agisse d'une voiture ou d'une puce semi-conducteur, de montures de lunettes ou de logiciels, chaque firme a sa propre façon de produire le « même » produit, à cause de son histoire et des savoir-faire qui composent son héritage humain et technique, et à cause des différences entre les pays dans lesquels ces entreprises se sont développées.

Les firmes américaines, par exemple, ont toujours opéré dans une société où les relations entre fournisseurs, fabricants et clients étaient organisées sur le mode de liens contractuels de marché. Dans ce contexte, les innovations et les ruptures technologiques progressent d'autant plus rapidement que les Américains acceptent de voir disparaître des entreprises en difficulté, pour permettre aux ressources d'être recombinées et réintégrées en vue d'un nouvel usage plus productif.

Le passage à une économie mondiale fondée sur la modularisation, les chaînes d'approvisionnement et les transactions de marché profite donc des atouts traditionnels de l'Amérique. Au contraire, les firmes japonaises opèrent dans un monde de relations humaines pérennes, sur le long terme, où les savoirs se transmettent aisément entre membres d'un même groupe, et elles réussissent particulièrement lorsqu'une collaboration étroite et quotidienne est nécessaire. Il n'est pas étonnant que les entreprises japonaises se soient montrées réticentes à fragmenter leurs activités, et qu'elles dominent aujourd'hui l'électronique numérique, secteur qui évolue si vite qu'il peut être avantageux de contrôler dans une même usine tous les composants des nouveaux produits. Ces différences d'« ADN » expliquent que les firmes américaines et japonaises soient dotées de capacités tout à fait divergentes, mais au final des mêmes chances de réussite.

En examinant les gigantesques transformations survenues depuis quelques décennies dans les entreprises que nous avons étudiées, et en analysant la stratégie de firmes récentes qui ont fait leur percée depuis la fin des années 1990, nous avons pu constater l'impact réel de la mondialisation. Dans un monde de production fragmentée, les entreprises ne pourront conserver entre leurs murs que les activités pour lesquelles elles peuvent rivaliser avec leurs plus âpres concurrents. Elles doivent pouvoir égaler les meilleurs dans chaque catégorie. Si par exemple Samsung veut continuer à fabriquer lui-même ses ordinateurs portables, et rivaliser avec Dell qui en confie la fabrication à de nouveaux contractants taiwanais profitant de compétences hors pair et des bas salaires de la main-d'œuvre chinoise, Samsung devra en égaler les capacités manufacturières, ou sous-traiter comme

Dell. Mais après avoir étudié plusieurs centaines de cas, nous en avons conclu que la pression du marché mondial n'impose aucune solution privilégiée. Il y a de la place pour le modèle de Samsung comme pour celui de Dell (et pour d'autres encore, ainsi que le prouvent Apple, Hewlett-Packard et IBM-Lenovo).

Contrairement aux prédictions des optimistes et des pessimistes qui pensent les uns et les autres que la mondialisation pousse les entreprises et les pays vers un modèle unique de survie et de rentabilité, nous avons découvert de nombreux scénarios, à la fois dans les pays avancés et dans les économies en voie de développement. Comme nous essayons de le montrer, chacun de ces modèles crée localement plus ou moins d'emplois et des emplois plus ou moins bons, des firmes plus ou moins vulnérables à la concurrence, des liens plus ou moins étroits entre l'industrie et les institutions de recherche, des possibilités plus ou moins prometteuses pour l'apparition de nouveaux produits et de technologies innovantes. La place laissée au choix et à l'action est donc bien plus vaste que ne le suggèrent les représentations les plus répandues de la mondialisation. Mais si nous voulons exploiter cette gamme de possibilités au mieux, pour les individus comme pour les sociétés, pour les entreprises comme pour leurs actionnaires, il faut d'abord reconnaître qu'elles existent, et renoncer à cette idée selon laquelle la mondialisation nous volerait notre liberté.

PREMIÈRE PARTIE

PROMESSES ET DANGERS DE LA MONDIALISATION

CHAPITRE PREMIER

Qui a peur de la mondialisation ?

La mondialisation est grosse de promesses et de menaces. Nous nous ruons sur les produits de consommation courante dans les hypermarchés, mais nous savons que beaucoup d'entre eux sont fabriqués en Chine ou dans d'autres pays à bas salaires. Nous recherchons les prix les plus bas quand nous achetons un caméscope ou un téléviseur, mais nous craignons que notre bonheur de consommateurs ne fasse le malheur de l'emploi dans notre pays. Nous aimons pouvoir commander des services par téléphone 24 heures sur 24, mais quand nous entendons un accent étranger à l'autre bout de la ligne, nous nous demandons où peut bien se trouver l'opérateur qui nous répond. À la réflexion, nous comprenons qu'il doit être bon pour l'humanité que plus de deux milliards de Chinois et d'Indiens disent adieu à la misère, mais nous ne sommes pas sûrs que cela soit une si bonne nouvelle pour nous. Nous nous réjouissons des gains de productivité et des innovations, mais nous nous demandons si les nouvelles technologies et les nouveaux produits créeront assez d'emplois pour remplacer ceux que nous perdons, et si nos enfants pourront connaître le même niveau de vie que nous. Aux États-Unis comme en Europe, les sondages révèlent des jugements très mêlés sur la mondialisation. Ces sentiments contradictoires traversent les individus eux-mêmes plus encore qu'ils ne divisent partisans et opposants du phénomène. Une majorité d'Européens et d'Américains estiment que la mondialisation améliore leur niveau de vie ; une même majorité pense qu'elle est néfaste pour l'emploi et pour la sécurité des carrières.

Qui sont les gagnants et qui sont les perdants de la nouvelle économie globale ? Les avantages compensent-ils les risques ? Il n'existe pas de réponse simple et consensuelle à ces questions. La définition de la mondialisation, ses causes et ses conséquences alimentent de nombreuses controverses. Certains vont jusqu'à se demander si tous les emplois ne seront pas à terme menacés. En 2004, la presse écrite américaine publiait chaque mois un millier d'articles sur la sous-traitance et les délocalisations : « *Votre emploi va-t-il partir à l'étranger ?* », « *Votre emploi sera-t-il le prochain à disparaître ?* », « *Votre emploi va-t-il se retrouver en Inde ?* », « *Il faut s'y faire* »[1]. En septembre 2003, un cabinet de consultants prévoyait qu'en l'espace d'une douzaine d'années, 1,4 million d'emplois américains partiraient pour l'étranger et que les salaires réels de 80 % de la population chuteraient[2]. Mais un mois plus tôt, une enquête de McKinsey affirmait que les délocalisations étaient un processus « gagnant-gagnant » pour les États-Unis et des pays en voie de développement comme l'Inde : tandis que de nombreux emplois à faible qualification seraient délocalisés à l'étranger, entraînant une hausse des revenus dans ces pays, les

1. Cette estimation s'appuie sur les données de Lexis-Nexis pour la période janvier 2003-septembre 2004.

2. Janco Associates, *The Coming Commoditization of Compensation*, http ://common.ziffdavisinternet.com/download/o/02216/Basline09001-p28-29.pdf, septembre 2003.

entreprises américaines deviendraient plus productives, plus rentables et plus aptes à étendre sur leur territoire national les opérations à forte valeur ajoutée [3].

D'autres études prétendent que ce transfert d'emplois vers l'étranger entraîne plus de créations d'emplois que de pertes à l'intérieur du pays qui délocalise : pour chaque emploi perdu, il s'en créerait presque deux autres aux États-Unis [4]. Elles montrent qu'en faisant baisser le coût des ordinateurs, la production à l'étranger a généré une hausse de la productivité américaine et un gain de 230 milliards de dollars pour le PIB entre 1995 et 2002. En outre, une économie ouverte qui permet aux firmes américaines de créer des emplois à l'étranger permet aussi aux firmes étrangères de créer des emplois aux États-Unis. Entre 1986 et 2001, le nombre d'emplois créés aux États-Unis par des sociétés étrangères a doublé, alors que le nombre d'emplois transférés vers l'étranger n'a progressé que de 56 %. Le montant des services (juridiques, bancaires, programmation et consulting) vendus aux étrangers par les États-Unis dépasse de plus de 50 milliards de dollars celui des services achetés par les Américains auprès d'entreprises étrangères [5]. En Europe, les résultats sont similaires. Des chercheurs de l'université d'Oxford ont découvert que, si les entreprises britanniques

3. Diana Farrell, « Offshoring : Is It a Win-Win Game ? », San Francisco, McKinsey Global Institute, août 2003. *The Economist* propose aussi une lecture optimiste de la situation : voir Ben Edwards, "A World of Work", 11 novembre 2004 ; http ://www.economist.com/printededition/PrinterFriendly.cfm ?Story_ID=335 1416.

4. D'après les recherches de Matthew Slaughter citées dans « Outsourcing 101 », *The Wall Street Journal*, 27 mai 2004 ; http ://global.factiva.com/en/arch/print_results.asp.

5. Michael M. Phillips, « More Work Is Outsourced to US Than Away From It, Data Show », *The Wall Street Journal*, 15 mars 2004.

achètent aujourd'hui davantage de services à l'étranger, leurs exportations de services se sont développées plus vite encore [6].

Des économistes américains reconnus comme Alan Greenspan, ex-président de la Réserve fédérale américaine, assurent que les délocalisations entraînent des gains de productivité et une amélioration du niveau de vie aux États-Unis. En fin de compte, non seulement le libre-échange crée plus d'emplois qu'il n'en élimine, mais ces emplois nouveaux sont plus intéressants. Ces économistes fondent leur optimisme sur la théorie classique des avantages comparatifs : à mesure que les pays en voie de développement, dotés d'une population nombreuse, se lancent dans des activités qui exigent une main-d'œuvre importante, non qualifiée ou semi-qualifiée, les économies avancées ont un avantage à développer des activités qui demandent un usage plus intensif du capital et un personnel plus qualifié.

Pourtant, certains de ces économistes dits néo-classiques sont en train de changer d'avis. Paul Samuelson, prix Nobel d'économie connu pour sa contribution à la théorie moderne des échanges, a publié à l'automne 2004 un article dans lequel il explique que même les travailleurs qualifiés des pays avancés risquent de pâtir du progrès de l'économie chinoise [7]. La mondialisation *devrait* augmenter le revenu total de la planète et le niveau de vie moyen, mais rien ne

6. Laura Abramovsky, Rachel Griffith et Mari Sako, « Offshoring of business services and its impact on the UK Economy », Oxford, Advanced Institute of Management Research, 2004.

7. Paul Samuelson, « Where Ricardo and Mill Rebut and Confirm Arguments of Mainstream Economists Supporting Globalization », *Journal of Economic Perspectives*, vol. 18, n° 3, 2004, p. 135-146. Voir aussi Ralph E. Gomory et William J. Baumol, *Global Trade and Conflicting National Interests*, Cambridge, MIT Press, 2000.

prouve que le progrès de tel pays ou de telle partie du monde compensera les pertes. Comme le souligne Samuelson, les gains enregistrés à l'échelle mondiale seront une « maigre consolation » pour les perdants.

Certains pensent que, dans une économie mondiale ouverte, les gouvernements ne peuvent plus protéger leurs populations des bouleversements économiques. Dans *The Borderless World* (1990), l'un des premiers livres consacrés à la mondialisation, Kenichi Ohmae, célèbre consultant en management, affirme que « [l'économie mondiale] devient si puissante qu'elle a englouti la plupart des consommateurs et des entreprises, qu'elle a fait presque disparaître les frontières nationales traditionnelles, et qu'elle tire la bureaucratie, l'armée et le milieu politique vers le statut de secteurs en déclin [8] ». Dans le même temps, les critiques de la globalisation voient le monde « échapper à tout contrôle et se précipiter dans une sorte d'abîme [9] ». Ils considèrent l'Organisation mondiale du commerce (OMC), le Fonds monétaire international (FMI), la Banque mondiale, les sommets du G8 et le Forum économique de Davos comme les bras armés du capitalisme international : des institutions conçues pour détruire les filets de sécurité qui protégeaient jadis les économies, plutôt que pour réguler le système et amortir ses effets. Depuis les gigantesques manifestations contre l'OMC à Seattle en 1999, la mondialisation suscite des protestations massives pratiquement à chaque rencontre internationale importante.

Les hommes politiques se sont mis de la partie. Durant la campagne électorale américaine en 2004, les Démocrates

8. Kenichi Ohmae, *The Borderless World*, New York, Harper Collins, 1990.

9. William Greider, *One World, Ready Or Not*, New York, Simon & Schuster, 1997, p. 12.

ont accusé de traîtrise les patrons qui transfèrent des emplois à l'étranger, alors que les Républicains affirmaient que les économies ainsi réalisées créaient plus d'emplois qu'elles n'en détruisaient. Mais les nouveaux emplois sont-ils aussi bons que ceux qui disparaissent ? Les Démocrates proposaient de supprimer les avantages fiscaux pour les entreprises qui investissent à l'étranger. Mais de telles exonérations pèseraient-elles vraiment sur la localisation des entreprises ? À ces questions, pourtant fondamentales, les hommes politiques n'offrent guère de réponses concrètes susceptibles d'étayer leurs déclarations.

Ces opinions contradictoires sur la mondialisation et ses effets ont incité un groupe de chercheurs de l'Industrial Performance Center du Massachusetts Institute of Technology (MIT) à lancer une enquête systématique sur les transformations de l'économie internationale au cours des vingt dernières années, et leurs effets sur l'organisation de la vie économique. Sans doute la mondialisation bouleverse-t-elle nos existences, mais ce qui se dit et s'écrit sur ses conséquences repose trop souvent sur des impressions, des anecdotes ou de vagues généralités théoriques. Rares sont les analyses fondées sur les faits et sur l'expérience réelle des entreprises. S'ils ne conduisent pas nécessairement à des conclusions définitives, les faits permettent au moins d'ancrer le discours dans la réalité et de mieux cadrer les débats qui font rage aujourd'hui, que ce soit dans les ateliers d'usine, sur le forum des campagnes électorales ou dans les salles de conseil d'administration.

Chaque jour, patrons et employés se demandent si leur entreprise et leurs emplois pourront survivre dans la nouvelle économie et avec quelles armes ils pourraient se battre. Face à un problème nouveau, nous avons tous la même réaction : puiser dans nos vieilles batteries d'explications et de croyances usées pour comprendre la situation nouvelle. Les concepts que nous mobilisons pour déchiffrer la mondialisation sont ainsi un mélange confus de vieilles théories sur la main-d'œuvre bon marché, la concurrence, les avantages comparatifs et le triomphe inévitable du marché. Ces idées nous environnent et elles semblent souvent de bon sens.

Au début de nos recherches, notre groupe était convaincu de la nécessité de reconsidérer la plupart de ces idées reçues sur la mondialisation. Au lieu de partir des théories générales sur les échanges et la croissance en tâchant de les confirmer ou de les infirmer, nous avons procédé à une analyse en profondeur de l'expérience de 500 entreprises d'Amérique du Nord, d'Asie et d'Europe face à la mondialisation. La grande diversité des approches que nous avons pu observer, sanctionnées par le succès ou l'échec, nous a rendus sceptiques : l'idée selon laquelle la globalisation imposerait un type de stratégie déterminé ou une course aux plus bas salaires, aux plus mauvaises conditions de travail et au désastre écologique, n'avait plus rien d'évident. Lorsque nous avons découvert qu'il existe des solutions différentes aux mêmes défis, et que, du point de vue économique, ces solutions ne sont pas moins performantes les unes que les autres, nous ne pouvions plus nous rabattre systématiquement sur « LA mondialisation » pour expliquer pourquoi une entreprise choisit une stratégie plutôt qu'une autre, et pourquoi cette stratégie fonctionne ou non. Dell, le fabricant américain d'ordinateurs qui se concentre sur la distribution et achète à des sous-traitants étrangers toute la fabrication de ses composants, est une entreprise rentable qui connaît une croissance rapide. Mais c'est aussi le cas de Samsung, entreprise à organisation verticale intégrée qui fabrique presque tout sous son propre toit. General Motors se débat pour survivre dans des économies où les salaires sont élevés ; Toyota prospère, alors qu'elle conserve l'essentiel de sa production au Japon ou dans d'autres pays avancés. La plupart des marques américaines de prêt-à-porter confient à l'étranger toute leur production, mais dans ce secteur, l'entreprise qui progresse le plus vite dans les pays riches est Zara, société espagnole qui fabrique plus de la moitié de sa marchandise en Espagne.

Dans ce livre, je retrace le parcours de notre équipe. Les trois premières parties proposent une analyse des grandes forces qui transforment l'économie internationale depuis vingt ans. Dans les quatrième et cinquième parties, j'examine la réaction des 500 entreprises interrogées sur leurs pratiques et leurs stratégies. La dernière partie présente les leçons que l'on peut en tirer quant à la grande diversité de choix qui se présente aux entreprises.

Petite histoire de la mondialisation

Le terme « mondialisation » est utilisé pour décrire, expliquer et prédire tous les grands changements qui affectent nos sociétés depuis quelques décennies. Pour donner un sens concret et précis à ce mot, il faut revenir à l'idée centrale qu'il recouvre, c'est-à-dire l'apparition d'un marché mondial unique pour le travail, le capital, les biens et les services. Par mondialisation, je désigne donc les transformations survenues dans l'économie internationale et dans les économies nationales qui tendent à la création de ce marché mondial unique[10]. Naturellement, si le monde disposait réellement d'un tel marché, les salaires seraient identiques, à travail égal, d'un bout à l'autre de la planète ; les taux d'intérêt évolueraient de concert, en tenant compte des différents degrés de risque ; le prix d'un produit ou d'un service serait le même où qu'on se trouve. De fait, le monde est encore très loin de cette situation et n'y parviendra sans doute jamais. On peut donc définir plus concrètement la mondialisation comme l'accélération des processus de l'économie internationale et des économies nationales, qui tendent à unifier les marchés.

Ce n'est pas la première fois que le monde voit les frontières entre les grandes économies s'ouvrir suffisamment pour que le prix de la main-d'œuvre et du capital dans les zones plus pauvres exerce une pression considérable sur les salaires et les taux d'intérêt dans les pays plus prospères. Durant la « première mondialisation » (1870-1914), la mobilité des capitaux, les échanges et l'immigration entre les pays de la zone nord-atlantique étaient souvent plus importants que ce que nous connaissons aujourd'hui[11]. Ces facteurs ont entraîné une réduction de l'écart entre les prix et les salaires des différents pays.

Les contemporains de la première mondialisation pensaient que les changements de l'économie internationale étaient irréversibles. Cette hypothèse fut balayée par la Pre-

10. Cette définition laisse de côté les valeurs, les styles de vie, la religion, la musique, le cinéma, qui dépendent de la propagation des idées par-delà les frontières nationales. Je m'en tiens ici à une définition plus restreinte, plus « économiste », afin de mieux comprendre comment on peut répondre à la mondialisation.

11. J'ai évoqué le cas de la France dans *Notre première mondialisation. Leçons d'un échec oublié*, La République des Idées / Seuil, 2003.

mière Guerre mondiale. Du jour au lendemain, des remparts se dressèrent autour des territoires nationaux, freinant brusquement les échanges, les investissements et les migrations. Même si la première mondialisation trouvait sa source dans des technologies nouvelles auxquelles personne ne renonça (aucun pays n'est revenu à la marine à voiles ou aux pigeons voyageurs), les gouvernements purent fermer leurs frontières et réorienter les flux économiques à l'intérieur de leur territoire national. Et les remparts restèrent debout pendant soixante-dix ans.

Le miracle de la forte croissance des années 1960 en Europe occidentale, puis des années 1970 et 1980 en Extrême-Orient, se déroula dans une économie internationale encore hérissée de barrières aux échanges : le contrôle des capitaux (les lois nationales contrôlant l'argent qui entrait ou sortait du territoire) et les quotas (la stricte limitation sur la quantité de telle ou telle marchandise qu'il est permis d'importer). Dans l'entre-deux-guerres, ces obstacles continuèrent à se renforcer ; ils culminèrent à l'époque de la très restrictive loi Smoot-Hawley en 1930 aux États-Unis. Les gouvernements et l'opinion publique finirent par considérer cette vague mondiale de protectionnisme comme l'une des principales causes de la Grande Dépression et des conflits sociaux qui débouchèrent sur le fascisme, le nazisme et la guerre. Après la Seconde Guerre mondiale, la marée protectionniste commença à se retirer. Le processus d'abaissement des barrières commerciales fut enclenché lors de la conférence de Bretton Woods en 1944 : elle réunissait les Alliés victorieux dans le but de concevoir les règles du système international de l'après-guerre, et elle devait donner naissance à la Banque mondiale et au FMI. Il n'était pourtant pas encore question d'un monde sans frontières, puisque les gouvernements et les grands économistes comme le Britannique John Maynard Keynes ou l'Américain Harry Dexter White, principaux auteurs des accords de Bretton Woods, voulaient laisser à chaque État la faculté de réguler les flux de capitaux entrants ou sortants.

Il fallut attendre les années 1980 pour que l'économie retrouve la mobilité des capitaux et le degré d'investissement étranger direct et d'échanges qu'avait connus la première mondialisation. Quant aux migrations, les portes fermées en 1914 ne se sont jamais entièrement rouvertes. L'immigration reste très contrôlée partout ; même en tenant compte des immigrés clandestins, les chiffres d'aujourd'hui restent très inférieurs à ceux du XIXe siècle. Alors que les migrations jouèrent un rôle majeur lors de la mondialisation de 1870-1914, la mondialisation du XXIe siècle passe surtout par des changements dans l'organisation et la localisation de la production, comme le montreront la deuxième et la troisième partie de ce livre.

La mondialisation que nous connaissons est le fruit d'une série de chocs politiques, économiques et technologiques dont la combinaison, au début des années 1980, a radicalement modifié les structures de production. Quand la Chine s'est ouverte à l'Occident en 1979, quand le mur de Berlin est tombé en 1989, les plus fortes barrières politiques aux échanges et à la mobilité des capitaux se sont effondrées. La volonté d'ouvrir les frontières résultait aussi de la décision politique des principales puissances économiques mondiales de libéraliser les marchés et de supprimer les entraves aux échanges. Grâce aux séries de négociations visant à faire appliquer le General Agreement on Tariffs and Trade (GATT) de 1947, les taxes furent réduites, les quotas éliminés, et toute une kyrielle d'obstacles à l'importation de produits et de services étrangers furent anéantis. Lors des négociations de « l'Uruguay Round » (1986-1994), des modifications plus importantes encore furent décidées, en même temps que la création de l'OMC en 1994. Les investissements étrangers directs, les échanges de devises, les biens et les services franchissent désormais librement les frontières nationales et, partout, les producteurs doivent affronter la concurrence mondiale.

En outre, les technologies de la communication et du transport ont rendu moins coûteuse la circulation des informations, des biens et des services : il est devenu plus facile et plus rapide d'opérer à l'échelle mondiale. La distance géographique influe sur le lieu de fabrication d'objets lourds et encombrants comme les téléviseurs et les voitures, mais la baisse des coûts de transport permet aux producteurs d'expédier de plus en plus de marchandises par avion. C'est en avion que les ordinateurs portables Dell voyagent de Penang, en Malaisie, jusqu'aux États-Unis ; en avion encore que les luxueux pulls en cachemire Tse arrivent du Xinjiang dans les grands magasins d'Europe et d'Amérique. La programmation des logiciels, les centres d'appel téléphonique, les services d'arrière-guichet et la transcription médicale destinés à des clients occidentaux sont confiés à des entreprises indiennes grâce aux innovations et à la baisse des coûts dans les télécommunications. La puissance des fibres optiques a tellement augmenté qu'en 2004, le prix de la ligne posée au fond du Pacifique, qui peut transmettre douze appels à la fois, est quatre fois moins cher que deux ans auparavant[12].

12. Jess Drucker, « Global Talk Gets Cheaper-Outsourcing Abroad Becomes Even More Attractive as Cost of Fiber-Optic Links Drops », *The Wall Street Journal*, 11 mars 2004.

Les changements intervenus dans les finances internationales ont entraîné de brusques bouffées d'investissement à l'étranger et de rapides fluctuations sur les marchés de capitaux. La libéralisation des marchés financiers nationaux s'est accélérée dans les années 1980. La dérégulation a augmenté la fluidité et le volume de fonds circulant entre les pays. Quand ont disparu les contrôles nationaux sur les mouvements de capitaux, de nouvelles occasions d'investissement et de spéculation sont apparues. Des sommes importantes pouvaient rapidement entrer et sortir d'un pays : il suffisait de pianoter sur le clavier d'ordinateur d'un opérateur financier, n'importe où dans le monde. Les capitaux deviennent plus accessibles, mais cela suscite également une volatilité dangereuse contre laquelle les gouvernements nationaux ne peuvent pas grand-chose. Une fois la dérégulation entamée, ils ont du mal à protéger leur économie quand leur monnaie est attaquée : on l'a vu lors des crises survenues en Europe occidentale (1992), au Mexique (1994), en Asie (1997), en Russie (1998) et en Argentine (2002).

Pour les entreprises qui ont une activité internationale, la fragilité du système monétaire international se traduit par de plus grands risques et des coûts plus élevés. De fait, elles sont plus réticentes à investir à long terme des sommes importantes, surtout dans les industries cycliques – celles qui connaissent d'importantes variations de la demande sur des périodes relativement courtes, comme dans le domaine des semi-conducteurs où chaque nouvelle usine coûte environ 3 milliards de dollars. Dans un tel environnement, la sous-traitance ou le recours aux fabricants contractuels permettent aux entreprises de réduire à la fois les coûts et les risques. Cela ouvre des possibilités aux nouveaux fournisseurs qui se spécialisent dans la fabrication de qualité et qui gèrent habilement les risques en répartissant les coûts d'investissement sur une clientèle diversifiée.

Les transformations liées à la mondialisation imposent aux entreprises de s'adapter, mais elles leur offrent également un formidable potentiel d'expansion. La libéralisation des échanges ouvre de nouveaux horizons à l'investissement et à la production : une gamme toujours plus large de produits et de services peut être préparée dans des économies à bas salaires, puis exportée vers les marchés des pays avancés. Les entreprises commencent à utiliser leurs bases de production dans les pays en voie de développement non seulement pour fabriquer des marchandises qu'elles exportent ensuite vers les pays riches, mais aussi pour toucher les consommateurs des pays pauvres. En Chine, en Russie et dans d'autres économies émergentes jadis barricadées derrière un rideau de fer politique et des barrières commerciales, les consommateurs sont désormais des clients potentiels pour les entreprises occidentales.

La perspective de toucher 1,3 milliard de Chinois est extrêmement alléchante. Selon une plaisanterie qui circule aujourd'hui en Chine, un fabricant américain de déodorant peut tabler sur un marché de 2,6 milliards d'aisselles [13]. Mais il s'avère très difficile de convertir les consommateurs potentiels en consommateurs réels, surtout lorsqu'ils sont aussi pauvres que ceux qui habitent l'intérieur de la Chine. Coca-Cola a investi un milliard de dollars en Chine et prévoit d'inonder le pays de ses produits. Une étude réalisée

13. Je remercie le professeur Jing Wang, du Massachusetts Institute of Technology, pour la référence à une enquête réalisée dans le Yunnan et pour la blague relative à Proctor et Gamble, ainsi que pour m'avoir permis de lire le manuscrit de son livre sur les marques en Chine.

dans le Yunnan, province rurale du Sud-Ouest, révèle cependant qu'un paysan dépense chaque année entre 6 et 36 cents en boissons non alcoolisées ; or, un Coca coûte 30 cents. Avec le temps, grâce à la hausse des revenus, les Chinois deviendront des consommateurs importants. Mais, pour le moment, l'Amérique et l'Europe importent bien plus qu'elles ne vendent à la Chine. En 2004, le déficit commercial des États-Unis avec la Chine s'élevait à environ 162 milliards de dollars.

La mondialisation et l'emploi

En l'espace de quinze ans, l'économie et les inquiétudes qu'elle suscite ont été radicalement transformées. Dans les années 1980, quand les Américains s'inquiétaient des menaces du monde extérieur, c'est au Japon et à d'autres pays avancés comme l'Allemagne qu'ils pensaient[14]. Aujourd'hui, alors que certains pays en voie de développement émergent comme des concurrents avec lesquels nos entreprises doivent compter, ce sont des pays comme la Chine et l'Inde qui les préoccupent. Par le passé, les pays pauvres exportaient des produits agricoles ou des matières premières ; désormais, les produits manufacturés représentent environ 75 % de leurs exportations.

Après le Japon, la première grande réussite des pays en voie de développement fut celle des « quatre petits dragons » :

14. Voir l'analyse proposée par Michael L. Dertouzos, Robert M. Solow et Richard K. Lester, *Made in America*, Paris, Interéditions, 1990.

la Corée du Sud, Taiwan, Hongkong et Singapour. Leur essor les a fait passer de la misère à la pointe de la technologie. Après la Seconde Guerre mondiale, Taiwan n'était qu'un pays agricole où le revenu par habitant ne dépassait pas 200 dollars par an. Au cours des années 1950 et 1960, Taiwan a développé des industries légères employant une main-d'œuvre nombreuse et s'est mis à exporter des biens de consommation peu coûteux : jouets, briquets, objets en plastique. Quarante ans plus tard, grâce à l'éducation, aux investissements, à une économie et à une politique industrielle prévoyantes, ainsi qu'à une gestion macroéconomique prudente et à un rééquilibrage des initiatives privées et publiques, Taiwan est l'une des principales puissances technologiques mondiales. En 2001, les entreprises taiwanaises fabriquaient 55 % des ordinateurs portables, 56 % des écrans à cristaux liquides et 51 % des moniteurs à tube cathodique[15]. Quant au niveau de vie de la population, il a connu une progression spectaculaire : le revenu annuel par habitant était de 12465 dollars en 2003. On observe le même phénomène à Hongkong, à Singapour et en Corée du Sud.

Dans quelques secteurs comme le textile et le prêt-à-porter ou les composants électroniques, l'ascension triomphale des dragons a eu un effet considérable sur l'emploi et les entreprises en Occident. Mais les quatre dragons n'en restaient pas moins de petits pays, dotés d'un territoire et d'une main-d'œuvre limités : ils ne pouvaient donc pas complètement renverser les hiérarchies établies au niveau mondial. Les principaux changements de l'économie internationale survinrent quand la Chine, l'Inde et l'ex-Union

15. Bram J. Bout, « Keeping Taiwan's High-Tech Edge », *The McKinsey Quarterly*, n° 2 (2003), p. 1-3.

soviétique ouvrirent leurs frontières aux échanges et aux investissements étrangers directs. Ces pays pourvus d'une population nombreuse, riches en ingénieurs et en travailleurs qualifiés, qui maîtrisaient de mieux en mieux la technologie, allaient devenir les véritables concurrents des industries européennes, américaines et japonaises.

Les importantes réserves de main-d'œuvre qualifiée et non qualifiée dont disposent les économies émergentes sont désormais accessibles aux producteurs des pays à hauts salaires. Depuis vingt ans, les pays situés à la périphérie du monde industriel avancé ont formé de nombreux travailleurs qualifiés et semi-qualifiés, des techniciens et des ingénieurs, ce qui permet de transplanter à peu près n'importe où des activités comme la fabrication des semi-conducteurs. L'Occident peut confier la fabrication et les services aux ouvriers et aux techniciens de Chine, d'Inde, de Roumanie et d'autres pays où les salaires ne représentent parfois qu'un dixième de ce qu'ils sont dans les pays avancés. Les Européens déplacent la production des usines allemandes ou françaises vers des sites moins coûteux en Roumanie ou en Turquie, puis réimportent sans payer de taxes douanières les marchandises fabriquées à l'extérieur de l'Union européenne ; les Américains peuvent en faire autant avec le Mexique ou les Caraïbes. Quand elles ne peuvent trouver dans leur pays des ouvriers qualifiés qui acceptent de travailler pour des salaires faibles, les entreprises spécialisées dans l'informatique ou les télécommunications peuvent ouvrir une usine à Bangalore, en Inde. Le marché mondial leur donne accès à des ressources diverses (main-d'œuvre semi-qualifiée à moindres frais, techniciens qualifiés, production et innovation) dans le monde entier et permet de les incorporer de différentes manières. Nous avons d'abord observé ce phénomène dans le textile et le prêt-à-porter, puis dans l'électronique : dans un premier temps c'est l'assemblage de simples cartes à circuits imprimés qui a été délocalisé en Asie, puis des tâches plus complexes, et maintenant toute la fabrication des semi-conducteurs. Ce schéma se répète aujourd'hui dans le secteur des services : l'Inde se vit d'abord confier des tâches de programmation assez simples, puis des fonctions d'arrière-guichet plus complexes, avant de passer aux centres d'appel et aux laboratoires de Recherche et Développement (R&D).

Reste-t-il des emplois qui soient à l'abri ?

Depuis trois ans, les Américains craignent même de voir disparaître les emplois qualifiés. Plus de deux millions d'emplois ont disparu entre 2001 et 2004 [16]. Selon une estimation récente, un demi-million d'entre eux se trouvaient dans les industries de haute technologie comme l'électronique et les télécommunications [17]. Le taux de licenciement a augmenté et, même si beaucoup de ceux qui ont perdu leur emploi en ont rapidement retrouvé un autre, deux tiers de ces nouveaux emplois paient moins bien que ceux qui ont été perdus. Autrefois, la plupart des employés licenciés pouvaient s'attendre à retrouver un travail aussi bien, voire mieux rémunéré ; après la récession du début des années

16. Étude menée par le Bureau of Labor Statistics, cité in Edmund L. Andrews, « In the Latest Numbers, Economists See the Cold, Hard Truth About Jobs », *The New York Times*, 6 mars 2004.

17. Elka Koehler et Sara Hagigh, « Offshore Outsourcing and America's Competitive Edge : Losing Out in the High Technology R&D Services Sectors », Washington, Office of Senator Joseph Lieberman, 11 mai 2004.

1990, plus de la moitié de ceux qui retrouvaient un emploi étaient moins bien payés. La perte d'emploi dans le secteur industriel est un coup très dur, notamment pour les salariés appartenant à des minorités, car pour beaucoup d'entre eux, l'emploi industriel était un premier pas en direction des classes moyennes [18].

Nombre de gens pensent que les licenciements et la baisse des salaires sont des effets de la mondialisation. Si tel est le cas, les phénomènes de « reprise sans emploi », comme celle qu'ont connue les États-Unis après la récession de 2001, pourraient s'avérer moins passagers qu'on ne le pense. Même si nous maintenons un haut niveau d'innovation dans nos pays, il se peut que la mondialisation y entraîne un déclin des salaires, des prestations sociales et du respect de l'environnement si la concurrence oblige les entreprises et les gouvernements à s'aligner sur les producteurs à faibles coûts. Ce que nous craignons le plus, c'est une convergence qui prendrait la forme d'une course au moins-disant social, les entreprises recherchant la main-d'œuvre, les terrains et les capitaux les moins coûteux, les sociétés optant pour la dérégulation et la réduction des avantages sociaux.

Les témoignages recueillis par notre équipe au fil des interviews montrent que ces craintes ne sont pas infondées. Prenons l'exemple de L.W. Packard, une entreprise visitée en octobre 2002. Nous avons d'abord rencontré John Glidden, le président et propriétaire de cette firme implantée à

18. Depuis le début de la récession de mars 2001 jusqu'au milieu de l'année 2003, 15 % des emplois en usines occupés par des noirs ont été supprimés, contre environ 10 % pour les blancs. Louis Uchitelle, « Blacks Lose Better Jobs Faster As Middle-Class Work Drops », *The New York Times*, 12 juillet 2003.

Ashland, dans le New Hampshire, qui fabrique des tissus à base de cachemire, d'alpaga et autres laines de qualité. Dans les années 1980, c'était une entreprise prospère[19]. En 1995, *Textile World* la classait parmi les filatures les mieux gérées du pays. En octobre 2002, l'usine était pratiquement vide : nous arrivions à la veille de sa fermeture définitive. Les machines partaient pour la Mongolie intérieure (Chine) où Glidden avait créé une *joint venture* avec une entreprise chinoise dont la production textile serait envoyée dans les Caraïbes, transformée en vêtements et importée aux États-Unis grâce aux quotas réservés à la zone Caraïbes.

Au milieu des années 1990, quand l'usine tournait à plein régime, elle employait 325 personnes qui gagnaient 10 dollars de l'heure, avec une allocation supplémentaire de 30 % pour leur retraite et leurs assurances-santé. Quand l'entreprise a connu une première baisse des commandes, Glidden a cherché à limiter les frais en transportant au Mexique la filature et une partie du tissage. Mais les coûts ont augmenté là-bas aussi. En deux ou trois ans, ils ont rattrapé ceux en vigueur aux États-Unis. C'est alors que Glidden a décidé de délocaliser en Chine. Lors de notre visite, il ne restait plus dans l'usine que quatre ouvriers qui emballaient les derniers rouleaux de tissu. Une poignée d'ouvriers travaillaient dans une autre partie du bâtiment, désormais converti en blanchisserie pour une clientèle d'hôtels et d'hôpitaux. Comme

19. Notre équipe s'est engagée auprès des personnes interviewées à ce que leur identité ne soit divulguée qu'avec leur consentement. Pour les employés des PME, nous avons obtenu leur autorisation ou utilisé un pseudonyme. Les employés des grandes entreprises sont désignés nommément quand nous utilisons des données accessibles à tous ; nous avons en revanche demandé la permission de les nommer quand nous citons les propos tenus lors des interviews. En cas de refus, l'identité de la personne reste confidentielle.

l'a souligné Glidden, une blanchisserie n'a pas à redouter la concurrence mondiale. Ses quelques employés gagnent 8 dollars de l'heure, sans aucune allocation supplémentaire. Plus tard, en janvier 2005, nous avons appris que la *joint venture* en Mongolie intérieure n'avait pas réussi et qu'une autre venait d'être créée à Pékin. « Ma famille a perdu énormément d'argent dans ce monde de libre-échange », concluait Glidden.

Pour certains de ceux qui réfléchissent sur la mondialisation, une déconfiture comme celle de L.W. Packard semble être la conséquence inévitable de la mobilité sans frein des facteurs de production. Cela explique apparemment que les industries américaines n'emploient plus aujourd'hui que 11 % de la population active, contre 30 % dans les années 1950, et que plus de la moitié des produits manufacturés qu'achètent les Américains soient importés. Si, pour une entreprise, le seul moyen d'être compétitive est de déplacer ses activités vers des pays à bas salaires, l'emploi et les salaires nationaux en pâtiront forcément. Mais L.W. Packard aurait-elle pu continuer à prospérer en adoptant une autre stratégie ? Cette question nous porte au cœur du sujet. Les pertes d'emplois dans des sociétés comme L.W. Packard seront-elles compensées par l'apport d'une foule de nouveaux produits et services apparus sur le marché grâce à de nouvelles entreprises, comme le prédisent les économistes ?

Pour répondre à ces questions, il faut envisager le volume d'emplois que la mondialisation pourrait déplacer vers les pays à bas salaires, mais aussi le potentiel de créations d'emplois qu'elle recèle pour les économies avancées. Une production jadis confinée entre les murs d'usines américaines et européennes peut désormais être fragmentée en petits morceaux réunis le long de chaînes de valeur qui parcourent le monde entier. Quels sont les morceaux de cet ensemble qui resteront chez nous, s'il en reste ? Nous avons découvert au cours de nos interviews qu'il existe plusieurs formules gagnantes. Dell, qui opère dans un secteur en mutation rapide, l'électronique, sous-traite toute la fabrication des composants de ses ordinateurs. Mais American Apparel, fabricant de T-shirts, domaine où les transformations sont plus lentes, ne sort pas de Los Angeles. Ce qui rend une entreprise compétitive, c'est ce qu'elle offre d'inimitable : Dell se rapproche de ses clients grâce à son système de distribution et à Internet ; American Apparel séduit grâce à son image « cool » et à sa grande réactivité aux demandes des clients.

Et après ?

De toute évidence, c'est le secteur industriel qui a été le plus durement frappé par les délocalisations, mais une question se pose nécessairement : si toute l'industrie s'en va, la recherche, le design et les services ne tarderont-ils pas à suivre le mouvement ? Dans les entreprises chinoises étudiées entre les années 1990 et 2004, notre équipe a pu observer de remarquables progrès dans le domaine de la haute technologie. Les Chinois et les Indiens sont assurément aussi intelligents et travailleurs que nous ; ils devraient donc pouvoir se mettre au design, aux activités de R&D et au marketing. Et même si, dans ces domaines, la majorité des emplois se maintiennent dans les économies avancées, suffiront-ils à fournir le nombre souhaitable d'emplois intéressants ?

La croissance mirifique des années 1990 a dynamisé toute l'économie américaine et créé des millions de bons emplois.

Mais depuis l'éclatement de la bulle Internet, l'économie semble à bout de souffle. Même quand elle est en plein essor, nous sommes incapables de créer un nombre suffisant de bons emplois pour absorber à la fois les nouveaux venus sur le marché du travail et ceux qui ont perdu leur emploi dans les secteurs en déclin. Stephen A. Roach, économiste chez Morgan Stanley, estime qu'il existe aux États-Unis environ huit millions d'emplois de moins qu'on aurait pu l'espérer en se fondant sur l'exemple des précédentes reprises économiques[20]. La plupart des nouveaux emplois semblent n'offrir que des salaires faibles et des avantages sociaux très limités. Beaucoup se demandent si cette tendance préfigure un avenir où le progrès technologique et les gains de productivité réduiront le nombre d'employés nécessaires, où les emplois partiront vers les pays à bas salaires et où les recrutements se feront exclusivement à l'étranger.

Les raisons d'être à la fois optimiste et inquiet quant à l'avenir de l'innovation et de l'économie sont parfaitement illustrées par l'expérience de l'un des membres de notre équipe. Dans les années 1990, Charles Sodini, professeur d'ingénierie électrique au MIT, a conçu un senseur d'image CMOS qui pouvait être intégré à un appareil photo pas plus grand qu'une carte de crédit[21]. Ses collègues et lui ont fabriqué un prototype et, en 1999, ont lancé SMaL, une entreprise destinée à commercialiser ce que le *Guinness des*

20. Cité in Eduardo Porter, « Job Growth Picks Up But Misses Forecasts », *The New York Times*, 7 février 2004.

21. Les premières années du SMaL ont été décrites dans l'étude de Clayton M. Christensen et Scott D. Anthony, *Making SMaL Big : SMaL Camera Technologies*, 17 mars 2003. Charles Sodini a fourni des informations complémentaires sur l'entreprise.

records a décrit comme « l'appareil photo le plus mince du monde ». Sodini et ses collègues avaient conçu toutes les innovations (l'idée du produit, le senseur d'image, la technologie permettant de réduire la quantité d'énergie nécessaire), mais ils ont décidé de ne pas fabriquer les appareils eux-mêmes. « La fabrication est un jeu à coût fixe élevé et à faible marge. Il y a des gens qui sont capables de s'en occuper. Nous, nous avons la "définition du produit" et les composants technologiques décisifs. »

Ils ont donc vendu les principaux composants de SMaL à des sociétés qui n'avaient plus qu'à fabriquer le boîtier. Leur premier client fut le Japonais FujiFilm AXIA. Fuji envoya les plans détaillés à ses ingénieurs de Hongkong et confia la fabrication à ses usines chinoises. Tout le marketing des produits SMaL serait le fait d'entreprises comme Fuji, Logitech et Oregon Scientific. Plus de deux millions d'appareils équipés du procédé SMaL furent ainsi vendus. En 2004, les ventes de SMaL atteignirent 10,5 millions de dollars. Les ingénieurs se mirent à élaborer de nouveaux produits pour les téléphones portables et pour les systèmes de pilotage assisté pour automobiles.

Si SMaL a pu être lancé aussi vite et avec un investissement aussi limité, c'est parce qu'il a été possible de disperser l'innovation, le design des composants, le design industriel, la fabrication et le marketing entre des entreprises distinctes qui existaient déjà et avaient déjà beaucoup d'autres clients. Comme je l'expliquerai dans la deuxième partie, c'est cette *modularisation* de la chaîne de production qui stimule l'arrivée de nouveaux venus et qui permet à de nouveaux produits d'entrer rapidement sur le marché. Dans un monde où il est possible de travailler avec des fabricants contractuels et où il n'est plus nécessaire de pouvoir soi-même fabriquer le produit, les nouvelles entreprises naissent plus facilement. Elles n'ont pas besoin de se charger de toutes les opérations requises pour transformer leurs innovations en biens et en services.

Des sociétés nouvelles comme Cisco Systems, qui vend des routeurs et des commutateurs pour les systèmes de réseau, Bird, producteur chinois de téléphones portables, Uniqlo, Japonais spécialisé dans le prêt-à-porter, et Zoff, lunetier japonais, remportent un immense succès sans fabriquer elles-mêmes leur marchandise. Les produits Cisco sont essentiellement réalisés par des fabricants contractuels comme Flextronics et Jabil ; Bird achète sur le marché chinois des puces et des boîtiers pour ses téléphones ; Uniqlo conçoit ses collections au Japon mais les fait découper et coudre en Chine ; Zoff conçoit des montures fabriquées en Chine, y adapte des verres fabriqués en Corée, puis les vend à des clients japonais qui, quarante minutes après être entrés dans un magasin, reçoivent une paire de lunettes moitié moins chère qu'autrefois. Ces entreprises sont des modèles de réussite à tous points de vue. Cisco a été fondée en 1984 et, vingt ans après, elle a un chiffre d'affaires annuel de 22 milliards de dollars et emploie 34 000 personnes. En 1984, Uniqlo n'était qu'un magasin à Hiroshima ; vingt ans après, la marque contrôle plus de mille points de vente au Japon et en Grande-Bretagne, avec des bénéfices nets de 9,2 % et des ventes nettes de 3 milliards de dollars.

Répartir les fonctions économiques entre différents acteurs au sein d'une même chaîne d'approvisionnement accélère l'innovation et la création de nouvelles entreprises. Pour les pays en voie de développement, cela permet aussi de se lancer dans des secteurs nouveaux et en plein essor, puisqu'ils n'ont qu'à accomplir une partie des opérations. En fait, c'est uniquement parce que les appareils SMaL étaient fabriqués en Chine qu'ils ont pu être vendus pour moins de 100 dollars dès le début. Ce fut une aubaine pour les consommateurs et un facteur essentiel du succès du projet : cela créa un nouveau créneau sur le marché, puisque tous les appareils similaires se vendaient beaucoup plus cher.

Mais l'histoire de SMaL a un revers moins enthousiasmant : en 2004, SMaL n'avait créé qu'une cinquantaine d'emplois aux États-Unis (on ignore combien d'emplois ont pu être créés à Hongkong ou en Chine, mais sûrement plusieurs fois ce chiffre). Vu sous cet angle, le succès de SMaL semble confirmer les craintes des pessimistes qui pensent que nous entrons dans une ère où même la créativité et l'innovation n'entraîneront pas forcément de créations d'emplois dans les pays avancés. Le cycle d'un produit commençait jadis par une longue période pendant laquelle une innovation était lancée sur le marché intérieur d'un seul et même pays. Une fois la maturité atteinte, avec la standardisation et la baisse des prix, la fabrication du produit pouvait migrer vers les pays à bas salaires. Aujourd'hui, beaucoup de produits nouveaux sont dès le départ fabriqués en Chine, en Inde ou dans un autre pays doté d'une main-d'œuvre qualifiée mais moins bien payée. Cette tendance peut être bénéfique pour les pays en voie de développement et rentable pour certains individus très qualifiés et talentueux dans nos pays. Mais les bénéfices seront-ils assez largement distribués pour que l'ensemble de la population en profite ?

CHAPITRE II

La mondialisation telle que nous la voyons

Quand les rapports sur l'impact de la mondialisation commencent par un tableau macroéconomique présentant les pressions qui œuvrent en faveur d'un marché mondial unique, ils prévoient généralement que les entreprises soumises aux mêmes contraintes à travers le monde devront toutes adopter les modèles qui ont réussi. Si c'était le cas, elles finiraient par toutes se ressembler, en convergeant vers un ensemble de formes et de pratiques communes. Mais ce n'est pas du tout ce que nous ont appris nos recherches. Au contraire, en partant du niveau microéconomique, en analysant l'expérience de centaines d'entreprises présentes sur les mêmes marchés, et en suivant leur évolution, nous avons découvert une diversité importante et durable [1]. Dell, dont la croissance annuelle oscille entre 6 et 7 milliards de dollars par an, se concentre sur la définition du produit et sur le marketing, en sous-traitant toute la fabrication à l'exception d'une brève séquence d'assemblage final. Le

1. Pour des détails et des chiffres supplémentaires sur notre étude de la mondialisation, et pour des précisions sur notre méthodologie, voir le site Web du projet : http ://www.howwecompete.com.

fournisseur de Dell, Quanta, est un « Original Design Manufacturer » (ODM) taiwanais. Les fabricants ODM interviennent dans le design et se chargent de la fabrication, mais sans avoir de marque ; ils ne jouent pratiquement aucun rôle dans la définition du produit et n'ont aucun contact avec les consommateurs. Fondé en 1988, Quanta a un chiffre d'affaires annuel supérieur à 10 milliards de dollars ; c'est le plus grand fabricant mondial d'ordinateurs portables (un ordinateur sur quatre sort de ses usines). Pour parvenir au produit fini, des entreprises comme Dell, Broadcomm, Cisco, Gap ou Nike doivent s'associer avec des fabricants contractuels sans marque comme Quanta, Hon Hai, Solectron, Flextronics, Fang Brothers et Pou Chen. Ces noms sont pour la plupart inconnus du public, mais ce sont ceux des entreprises qui fabriquent nos ordinateurs, nos lecteurs MP3, nos sweat-shirts et nos baskets.

Parallèlement à ce monde d'entreprises fragmentées, fédérées autour de chaînes de valeur qui s'étendent d'un bout à l'autre de la planète, il existe un autre univers de production où, face à la mondialisation, des entreprises rivales sur le même marché ont adopté des organisations et des stratégies différentes. Des sociétés comme Intel, Motorola, Samsung, Matsushita, Fujitsu, Siemens et Philips sont des géants qui conservent en leur sein l'essentiel des activités nécessaires à la fabrication de leurs produits. Elles contrôlent tout le cycle, depuis l'élaboration jusqu'à la commercialisation, en passant par la fabrication. Quand ces entreprises intégrées déplacent leurs activités vers l'étranger, elles investissent le plus souvent dans leurs propres usines, contrairement aux entreprises fragmentées qui ont recours à des sous-traitants, que ce soit dans leur propre pays ou à l'étranger.

La communauté informatique de la Silicon Valley ou les entreprises biotech implantées autour du MIT et de Harvard, les parcs scientifiques de Taiwan ou les sociétés entourant l'université britannique de Cambridge, sont autant d'exemples d'un troisième système de production : des systèmes économiques fonctionnant en réseaux serrés d'entreprises (*cluster economy*) qui prospèrent grâce à l'échange permanent et intense des compétences, des savoirs et des spécialisations entre les différentes firmes implantées à proximité les unes des autres. Ces *clusters* innovants et productifs existent non seulement dans les secteurs à mutation rapide, mais aussi dans ceux où l'évolution est plus lente, comme parmi les fabricants de montures de lunettes de la région de Venise, qui assurent 25 % de la production mondiale, ou les fabricants de lainages dans le nord de l'Italie où les homologues de L.W. Packard continuent à prospérer.

Les différentes formes d'organisation recensées par notre équipe sont-elles toutes viables ? Notre « photographie » propose l'image d'un moment où certaines entreprises décollaient tandis que d'autres entamaient leur déclin. L'instantané suivant pourrait se révéler très différent. La diversité ainsi constatée résistera-t-elle au temps ? Comment ces différents modèles évolueront-ils à mesure que l'économie deviendra plus globale ? Chaque secteur, qu'il s'agisse des biotech ou des logiciels, a-t-il un modèle propre destiné à changer peu à peu ? La concurrence mondiale conduira-t-elle toutes les entreprises qui fabriquent les mêmes produits à l'intérieur d'un même secteur à converger vers un même groupe de méthodes éprouvées ? Chaque pays a-t-il sa propre manière de réagir au phénomène ? Existe-t-il une méthode de production optimale que nous devrions tous suivre pour rester compétitifs ? Ces changements sont-ils inévitables et irréversibles, ou bien pouvons-nous choisir notre manière d'affronter les pressions de la nouvelle économie mondiale ? Que devons-nous faire pour que notre économie continue à promouvoir l'innovation et la productivité tout en offrant les mêmes possibilités de réussite à toutes les couches de notre société ? Telles sont les questions auxquelles notre équipe voulait répondre.

Il y a cinq ans, nous avons entrepris notre tournée des entreprises aux États-Unis, au Mexique, en France, en Italie, au Royaume-Uni, en Allemagne, en Roumanie, en Chine, à Taiwan, en Corée, à Hongkong et au Japon. Nous avons réalisé des interviews dans 500 sociétés avec des dirigeants d'entreprises très diverses : des firmes de la Silicon Valley et du Hsinchu Science Park de Taiwan, spécialisées dans la conception de circuits intégrés, une entreprise allemande de haute technologie qui produit des tissus de protection pour les uniformes de pompier, un fabricant de ballons du Minnesota, des sociétés biotech de Cambridge (Massachusetts), un atelier de Timisoara qui fabrique des vêtements pour Harrod's à Londres, des usines de pièces détachées pour voitures qui travaillent au Mexique pour General Motors, de grands fabricants de semi-conducteurs à Taiwan, en Corée du Sud et en Chine… À chaque fois, nous avons demandé aux chefs d'entreprise comment ils réagissent à la concurrence et aux possibilités ouvertes par la mondialisation. Nous avons vu quelles parties du processus de production se déroulaient dans leurs propres usines, quelles parties étaient délocalisées, et pourquoi. Nous leur avons demandé de se comparer à leurs concurrents les plus menaçants à travers le monde.

Nous n'avons pas choisi ces firmes au hasard. Nous nous sommes concentrés sur quelques secteurs *fast-tech* où la technologie évolue très rapidement (l'électronique), et sur quelques secteurs *low-tech* où l'évolution est beaucoup plus lente : l'automobile, les pièces détachées pour voitures, le textile et le prêt-à-porter. Nous pensions que cette distinction reflétait la réalité de la nouvelle économie bien mieux que l'opposition entre *high-tech* et *low-tech*, car il n'y a pas de corrélation systématique entre le rythme des avancées technologiques nécessaires pour rester à la pointe et le besoin d'apports en capitaux. Les petites sociétés productrices de logiciels ont besoin d'un investissement initial relativement faible et d'un personnel réduit, mais les ingénieurs qu'elles emploient doivent avoir un haut niveau de qualification et être capables de multiplier rapidement les innovations pour que l'entreprise puisse prospérer. Au contraire, dans un secteur *low-tech* comme le textile, une nouvelle filature a besoin d'un capital de 30 à 50 millions de dollars, mais les technologies auxquelles elle a recours ne diffèrent guère de celles de la précédente génération et les ressources humaines nécessaires sont disponibles dans la plupart des pays.

Pour comprendre les adaptations imposées par les dures réalités économiques et les pressions qui laissent encore une certaine marge de manœuvre, nous avons comparé des entreprises du même secteur dans différents pays. Après tout, comment interroger les chefs d'entreprises textiles en France, selon lesquels il est impossible de survivre en fabriquant des vêtements dans une économie à hauts salaires, sans avoir interviewé leurs homologues italiens, dont les sociétés prospèrent ? En n'étudiant que Gap et Liz Claiborne, nous aurions pu conclure que, dans les pays à hauts salaires, les producteurs de prêt-à-porter doivent tout soustraiter en Chine, au Mexique ou dans une autre économie à faibles coûts, mais l'espagnol Zara et l'italien Benetton font encore fabriquer nombre de leurs vêtements dans leur pays, par des ouvriers bien payés. Des firmes américaines comme Hewlett-Packard et Texas Instruments font fabriquer leurs puces à Taiwan, dans de grandes fonderies de semi-conducteurs comme TSMC (Taiwan Semiconductor Manufacturing Company). Mais il existe encore des entreprises mondialement connues, comme Intel ou ST Microelectronics, qui fabriquent chez elles la majorité de leurs puces. Comment contester les propos de Dell qui affirme avoir adopté la meilleure organisation pour un fabricant d'ordinateurs (tout sous-traiter sauf les 4 minutes 30 d'assemblage final), sans avoir rencontré les dirigeants de Sony qui fabrique la moitié de ses Vaio dans ses propres usines au Japon ? Bref, la comparaison des entreprises du monde entier invite à dépasser les bonnes vieilles recettes managériales qui négligent volontiers la variété des options disponibles.

Trois modèles de mondialisation

Malgré leurs désaccords sur tout le reste, les partisans et les adversaires de la mondialisation s'entendent sur les grandes forces responsables du phénomène : la libéralisation des échanges et des flux de capitaux ; la dérégulation ; la réduction des coûts de communication et de transport ; la révolution informatique qui permet aux entreprises de numériser les articulations entre conception, fabrication et marketing, et de localiser ces différentes opérations dans différents lieux ; la masse d'ouvriers et d'ingénieurs disponible dans les pays à bas salaires. Le débat s'enflamme en revanche sur un autre point : la mondialisation oblige-t-elle tout le monde à prendre le même chemin ? Ce n'est pas notre conclusion. Certes, entre les entreprises fragmentées, les entreprises à organisation verticale intégrée et les économies organisées en réseaux serrés d'entreprises sur un petit périmètre géographique (*cluster economies*), la diversité que nous avons constatée n'est peut-être que temporaire. Peut-être est-elle avant tout le fait de sociétés qui répugnent à accepter la dure réalité de la nouvelle économie mondiale. Peut-être les Japonais sont-ils réticents à licencier. Peut-être les Allemands sont-ils attachés à une sécurité sociale devenue trop coûteuse face à la concurrence internationale des pays à bas salaires. Et si tel est le cas, sans doute faut-il s'attendre à ce que ces réfractaires paient très cher leur refus de s'adapter.

Mais, en théorie du moins, une autre conclusion reste plausible : la diversité des réactions et des organisations présentes sur les mêmes marchés prouve qu'il existe plusieurs façons de répondre aux mêmes défis économiques. Avec le temps, ces différences risquent de persister. Avec ses bas salaires, la fabrication chinoise met le reste du monde à rude épreuve, mais l'avenir des producteurs de lainages de l'Italie du Nord est peut-être plus radieux que ce que leur prédit John Glidden. À une heure de Milan, avec une population de 200 000 habitants, Biella comptait encore 1 500 filatures et employait 25 000 personnes au moment où nous les avons rencontrés ; le taux de chômage était inférieur à 5 % et le revenu par habitant supérieur d'un tiers à la moyenne du pays.

La convergence

Les hypothèses et les prédictions qu'inspire chaque jour la mondialisation reflètent deux manières de concevoir l'évolution en cours : d'une part, la convergence, d'autre part, les variétés nationales du capitalisme. Le premier modèle dérive des théories d'économistes reconnus (depuis David Ricardo au XVIIIe siècle jusqu'à Paul Samuelson aujourd'hui) sur les « avantages comparatifs » et « l'égalisation du facteur prix » qui apparaissent quand la main-d'œuvre et le capital franchissent librement les frontières ou quand les biens et les services produits par cette main-d'œuvre et ce capital se déplacent librement. Les salaires, les taux d'intérêt et les prix finiront par s'uniformiser dans tous les pays qui échangent et investissent au sein de l'économie internationale. En fait, on retrouvait déjà ce genre d'hypothèses sur la convergence dans *Le Capital*, lorsque Marx analysait les effets de la concurrence au sein des économies capitalistes.

Les théoriciens de la convergence voient la mondialisation comme un mouvement puissant et irréversible. Mais ils ne sont d'accord ni sur les causes du phénomène, ni sur sa rapidité. Certains pensent que la mondialisation résulte de la libéralisation des marchés financiers et de la dérégulation des services publics. Ces deux phénomènes s'expliqueraient par le triomphe des idées néo-libérales de leaders politiques comme Margaret Thatcher et Ronald Reagan, ainsi que par la pression de groupes d'intérêt aussi puissants que les banquiers de Wall Street, qui profitent de l'occasion pour s'enrichir. En réduisant les obstacles aux échanges internationaux ou en augmentant les bénéfices liés à ces échanges, l'évolution des réglementations ou des technologies permet à certains groupes d'acheter et de vendre par-delà les frontières nationales.

Quelle que soit l'origine de la libéralisation, le phénomène prend de l'ampleur quand les hommes découvrent qu'ils peuvent utiliser leurs ressources de façon plus rentable sur des marchés plus ouverts. Mais on peut aussi profiter des effets de la mondialisation sans sortir de ses frontières. Pour faire baisser les salaires aux États-Unis, par exemple, un industriel n'a besoin ni de recruter des ouvriers mexicains ni de déplacer ses usines au Mexique. Il lui suffit de *pouvoir* le faire, de *menacer* de le faire. La possibilité de remplacer la main-d'œuvre et la production nationales par une main-d'œuvre et une production étrangères empêche le personnel de négocier en rendant la demande plus élastique [2]. Dans une économie internationale ouverte, une hausse relativement modeste des échanges et des investissements étrangers peut entraîner des variations considérables des prix. La mondialisation peut avoir des conséquences importantes sur l'économie et la politique nationales même quand l'essentiel de l'investissement est national et quand les biens et services produits et commercialisés au sein du marché domestique dominent les importations et les exportations, comme c'est le cas aux États-Unis.

Quels que soient les causes et les mécanismes de l'économie mondialisée, l'hypothèse la plus courante est celle de la convergence des systèmes de production et de distribution. Quand les firmes produisant les mêmes biens sont en concurrence à travers le monde, elles suivent la même trajectoire technologique. Elles évoluent de plus en plus vite,

2. Dani Rodrik, *Has Globalization Gone Too Far ?*, Washington, Institute for International Economics, 1997, p. 16-27.

avec des cycles plus courts, à cause de nouveaux concurrents dans les pays en voie de développement et parce qu'il n'existe plus de marchés sûrs. Par exemple, les théoriciens de la convergence prédisent qu'on verra disparaître les différences qui existaient jadis entre la manière japonaise et la manière américaine d'organiser la production automobile dès que les marchés de capitaux auront été unifiés. Quand les voitures américaines et japonaises seront vendues librement dans le monde entier, lorsqu'elles seront fabriquées au Brésil, au Mexique, en Chine ou en République tchèque, dès que General Motors et Toyota emploieront les mêmes fournisseurs mondiaux, les différences entre ces deux firmes disparaîtront. Mais quel crédit faut-il vraiment accorder à ce genre de scénarios ?

Les variétés nationales du capitalisme

Le deuxième grand modèle explique les effets de la mondialisation à partir des différences de fonctionnement du système économique entre les pays, et met en relief les différents effets que le phénomène produira d'une société à l'autre. L'idée des variétés nationales du capitalisme fut lancée par Michel Albert dans son best-seller *Capitalisme contre capitalisme* (Seuil, 1991). Selon Michel Albert, il existe deux variantes fondamentales : le modèle germano-japonais et le modèle anglo-américain. À l'époque, les entreprises allemandes et japonaises semblaient mieux réussir que celles des États-Unis, et le livre proposait plusieurs explications : la vision à long terme des chefs d'entreprise et des investisseurs allemands et japonais, contrairement aux investissements britanniques et américains qui se concentrent sur les résultats trimestriels et les bénéfices à court terme ; l'existence dans ces pays d'une main-d'œuvre volontaire et très qualifiée et d'une coopération entre travailleurs et détenteurs du capital ; leur capacité à produire des biens diversifiés et de grande qualité, à l'inverse de la standardisation et de la production de masse américaines. Le ciment qui fait tenir un système économique de type germano-japonais, c'est la solidarité sociale qui permet des relations de confiance et à long terme. Les licenciements sont rares, du fait de la force des syndicats allemands et de l'embauche à vie dans les grandes entreprises japonaises. Dans ces pays, les employés passent toute leur carrière dans la même entreprise, ce qui crée un vif sentiment d'appartenance et de loyauté envers la firme.

Aux États-Unis et en Grande-Bretagne, Michel Albert perçoit au contraire les marchés et les relations contractuelles comme les institutions centrales de l'économie. Dans ce modèle anglo-américain, les investisseurs et les chefs d'entreprise ont une vision à court terme ; le marché du travail est flexible, on change souvent d'emploi ; le système éducatif est mal relié au monde de l'entreprise ; le système de production, assez rigide, fonctionne mieux pour les séries longues que pour une production de niche ; le marché des actions ordinaires et le capital-risque orientent les ressources vers les activités nouvelles ; les inégalités sociales sont fortes. Ce sont des pays qui excellent dans l'innovation et où les ruptures sont bien acceptées par le public.

Entre les pays, il existe bien sûr d'innombrables différences liées à la culture, aux traditions historiques, au système juridique et aux choix politiques. Nombre de ces différences ont sans doute une influence sur les activités économiques. Mais comme celle de Michel Albert, la plupart des théories fondées sur les variétés nationales du capitalisme débouchent sur un nombre réduit de catégories fondamentales. Il existe une quantité limitée de problèmes de coordination liés à la gestion d'une économie capitaliste et une quantité plus limitée encore de solutions institutionnelles efficaces. Toutes les économies avancées ont besoin de répartir les ressources entre ouvriers, patrons et investisseurs, d'organiser la production, la R & D, de former la main-d'œuvre, d'encourager l'innovation, de financer l'investissement.

Dans la même veine que Michel Albert, les professeurs d'économie politique Peter Hall (Harvard) et David Soskice (Duke) décrivent deux approches fondamentales : *les économies de marché libéral*, comme la Grande-Bretagne et les États-Unis, où l'attribution et la coordination des ressources se font surtout par les marchés, et les *économies de marché coordonné*, où la négociation, les relations à long terme et d'autres mécanismes non liés au marché permettent de résoudre les principaux problèmes [3]. Hall et Soskice montrent que, dans ces économies, les entreprises sont dotées de forces et de faiblesses très différentes. Les firmes allemandes comme Siemens ou BMW sont nées dans un environnement déterminé : des institutions qui donnent à la main-d'œuvre un rôle important dans la gestion des entreprises ; de bonnes relations entre travailleurs et détenteurs du capital qui sont considérées comme essentielles pour les stratégies et les opérations de la firme ; des institutions financières qui fournissent des fonds par l'intermédiaire des banques plutôt que par l'intermédiaire de la Bourse et sont donc moins

3. Peter A. Hall et David Soskice, éd., *Varieties of Capitalism*, Oxford, Oxford University Press, 2001. Une autre contribution importante a été apportée par Bruno Amable avec *Les Cinq Capitalismes* (Seuil, 2005).

soucieuses de retours rapides sur investissement ; une formation professionnelle solide qui unit écoles et entreprises pour créer une main-d'œuvre très qualifiée.

Les entreprises américaines voient le jour dans un monde où le capital vient du marché du capital-risque, puis de la Bourse ; où les ouvriers sont formés par l'école et non par l'entreprise ; où les nouvelles compétences viennent du recrutement de nouveaux employés et non de la reconversion des anciens employés ; où les relations entre le personnel et la direction sont souvent tendues. Parce que des institutions différentes induisent des comportements différents, une firme allemande et une firme américaine ont de grandes chances de s'organiser différemment, même lorsqu'elles opèrent au sein du même secteur, avec les mêmes technologies pour fabriquer les mêmes produits.

Hall et Soskice prévoient que les entreprises ne réagiront pas de la même façon à la mondialisation selon qu'elles appartiennent à une économie de marché libéral ou à une économie de marché coordonné. Les institutions de chaque pays suscitent des comportements différents au niveau microéconomique de la firme, parce que les ressources et le degré de compétitivité diffèrent. Selon ce modèle, quand les entreprises de plusieurs pays entrent en concurrence au sein d'une économie internationale ouverte, elles tentent d'exploiter leurs forces spécifiques. Si elles ont besoin d'acquérir des compétences qu'elles ne peuvent créer à l'intérieur de leur propre système, elles peuvent les acheter à l'étranger, par la sous-traitance ou par l'investissement direct. Par exemple, si les entreprises pharmaceutiques allemandes excellent en matière d'innovations dans les processus de fabrication, mais pas dans la recherche fondamentale, ou si la législation allemande limite la recherche biotech sur les modifications génétiques, les Allemands installeront leurs laboratoires aux États-Unis et auront ainsi accès aux ressources qu'ils ne peuvent créer dans leur pays. Selon le modèle des variétés nationales, la mondialisation provoque une concurrence dont les différences nationales sortent préservées, voire renforcées. Loin de forcer l'entreprise allemande à évoluer suivant la même trajectoire que son homologue américaine, comme le voudraient les tenants de la convergence, le modèle des variétés nationales prévoit que la mondialisation incitera les entreprises allemandes à se spécialiser dans les technologies et les activités de production où elles se distinguent. La mondialisation devrait donc maintenir et même accroître la divergence, chaque société voulant tirer profit de ses forces propres.

Originaires de nations dotées d'un capitalisme de marché coordonné, les entreprises allemandes et japonaises tirent la plupart de leurs ressources de leurs relations avec la main-d'œuvre, le gouvernement et les banques de leur pays. La formation, la R & D, la négociation sociale avec les travailleurs et le financement par les banques sont autant de fruits de leur implantation géographique. Puisque ces ressources nationales ne se trouvent pas à l'étranger, ces entreprises sont réticentes à délocaliser. Quand elles le font, elles se substituent parfois aux institutions manquantes en créant à l'étranger une organisation tout à fait différente. Au Japon, Toyota a l'habitude de n'accorder de promotion qu'aux cadres qui ont gravi toute la hiérarchie, mais aux États-Unis, l'entreprise a appris à recruter des responsables sur le marché du travail. Par contraste, les firmes américaines et britanniques sont depuis toujours habituées à acheter leurs ressources sur le marché : elles engagent du personnel doté de nouvelles compétences plutôt que de former leurs anciens employés ; elles cherchent de nouveaux financements sur le marché plutôt que par l'intermédiaire de relations anciennes avec les banques ; elles ont recours au marché du capital-risque pour soutenir l'innovation dans des start-up plutôt que de développer en leur propre sein de nouveaux produits et de nouveaux processus. Moins dépendantes de leurs relations avec les institutions nationales pour leurs actifs vitaux, plus assurées dans leur utilisation du marché pour se procurer les ressources nécessaires, les entreprises des économies de marché libéral sont parées pour le monde de la fragmentation et de la sous-traitance.

Les héritages dynamiques

Au début de notre enquête, nous nous sommes demandé lequel des deux modèles (convergence ou variétés nationales) s'accorderait le mieux à nos découvertes. Pour rendre le test plus difficile, nous nous sommes concentrés sur les industries à mutation lente ou rapide qui étaient soumises à une concurrence intense et qui pouvaient assez facilement fractionner la maison mère pour expédier une partie des activités à l'étranger. Comme les cas de l'électronique et du textile le montreront dans les quatrième et cinquième parties, ce que nous avons découvert n'avait pas grand rapport avec les prévisions de l'un ou de l'autre modèle. Pour des entreprises opérant dans le même secteur et produisant à peu près les mêmes biens, les résultats étaient on ne peut plus divers. Le modèle convergent voit juste lorsqu'il identifie les pressions concurrentielles dans nos économies, et nous avons effectivement observé presque partout une évolution vers la modularisation. Mais le modèle des variétés nationales a raison de prédire que ces pressions auront des conséquences différentes d'un pays à l'autre et que même les tendances communes entraîneront des réactions et des stratégies diverses. Toutefois au-delà de ces généralités, les données recueillies au cours de nos interviews cadraient mal avec les théories.

Je présenterai cet écart en détail dans les chapitres à venir, mais l'explication fondamentale réside dans le fait que les modèles théoriques partent du niveau macroéconomique en analysant comment les économies fonctionnent et évoluent. Ils en déduisent comment réagiront les individus et les entreprises face à une pression commune, au lieu d'étudier la réalité de ces réactions. Le raisonnement déductif se concentre généralement sur les similitudes de réactions entre individus confrontés aux mêmes tensions. Cela n'est pas étonnant puisque, dans ces modèles, les acteurs sont réduits à de simples fonctions : ainsi, les entreprises sont censées être exclusivement motivées par la recherche du profit maximal et immédiat. Si nous partons de tels présupposés sur les individus et les entreprises, l'histoire de la mondialisation a de grandes chances de se résumer, pour l'essentiel, au jeu des marchés internationaux, qui voudrait que les prix mondiaux des biens, des services, des capitaux et de la main-d'œuvre obligent les entreprises et même des pays entiers à adapter leurs arrangements locaux aux exigences mondiales.

Dans ce livre, je propose une autre manière de comprendre la mondialisation, à partir de ce que notre équipe a découvert sur le terrain. Notre approche se fonde sur les « héritages dynamiques » parce que cette notion prend comme point de départ l'entreprise et les ressources façonnées par son passé[4]. Par « ressources », je ne désigne pas seulement les ressources matérielles, mais un ensemble de compétences, de talents, de facultés organisationnelles et de mémoire institutionnelle. Après tout, l'expérience d'une entreprise n'est pas seulement le résultat des institutions et des valeurs du pays où elle est née, mais aussi le fruit des leçons apprises avec le temps grâce aux clients, aux fournisseurs ou aux concurrents, le fruit des compétences acquises, de la résolution des défis liés à la survie, au renouvellement et à la croissance. L'histoire d'une entreprise s'inscrit dans la manière dont ses directeurs et ses cadres structurent leur organisation. Les stratégies choisies et la manière de les mettre en œuvre reflètent leurs origines, leurs succès et leurs échecs passés. Certains héritages sont propres à une entreprise et s'enracinent dans les accidents de l'histoire. La personnalité et les convictions d'un fondateur comme Henry Ford peuvent laisser une empreinte durable. Notre groupe a étudié ces héritages à la fois comme des ressources qui peuvent être combinées de manière inédite pour former de nouvelles stratégies, et comme des grilles d'analyse permettant de mettre en évidence ce qui est bien connu et ce qui est nouveau dans une situation donnée. C'est l'art avec lequel une entreprise mobilise et réorganise son héritage à l'intérieur d'une économie ouverte qui, selon nous, distingue les perdants des gagnants.

L'expérience d'une entreprise avec ses premiers clients et ses premiers produits peut ainsi s'avérer décisive. Les entreprises de prêt-à-porter de Hongkong ont pris leur essor dans les années 1960 en vendant aux marques et aux distri-

4. Notre approche s'inspire de celle d'Edith Penrose, *The Theory of the Growth of the Firm* (1959), Oxford, Oxford University Press, 1995.

buteurs américains ou européens. Les acheteurs américains voulaient des volumes plus importants, des prix plus bas et s'intéressaient moins au tissu et aux formes que les Européens qui vendaient sur des marchés plus petits et plus exigeants, qui étaient prêts à payer plus pour une meilleure qualité, et qui avaient moins d'employés pour superviser les fabricants de Hongkong. Les exigences étaient tellement différentes que les entreprises de Hongkong se sont senties obligées de choisir entre la clientèle européenne ou américaine. Le choix fut d'abord le fruit du hasard mais, avec le temps, chaque firme développa des compétences spécifiques pour satisfaire les exigences d'acheteurs différents. Les entreprises travaillant pour le marché américain devinrent particulièrement aptes à respecter les calendriers et les recommandations ; celles qui travaillaient pour les marchés européens se mirent à proposer à leurs clients des services de design et évoluèrent vers des vêtements plus haut de gamme. Cette expérience finit par créer un héritage différent, sous la forme de ressources organisationnelles qui influencèrent les choix stratégiques.

Les héritages se composent d'éléments disparates et les ressources qu'ils contiennent se prêtent à différents scénarios. Pour revenir aux fabricants de prêt-à-porter de Hongkong, si le seul élément de leur répertoire avait été l'expérience avec les marques et les détaillants d'Europe ou des États-Unis, les entreprises auraient sans doute continué à travailler exclusivement avec les Européens ou les Américains, et seul l'effondrement d'un de ces marchés aurait pu modifier leur situation. En fait, chacune de ces firmes avait aussi des relations avec la Chine. Comme certains patrons y conservaient un réseau familial et professionnel, ils purent aisément lancer des opérations en Chine pour y fabriquer des produits destinés à leur clientèle européenne ou américaine, et utiliser le marché chinois pour échapper à la domination des acheteurs occidentaux. Mais d'autres hommes d'affaires de Hongkong avaient eu une expérience personnelle très négative en Chine communiste et hésitaient donc à y installer leur production. Ceux-ci maintinrent la fabrication à Hongkong en se concentrant sur les produits haut de gamme ou délocalisèrent vers l'Asie du Sud-Est, ce qui les maintenait sous la coupe des acheteurs américains ou européens. Autrement dit, les différents éléments de l'héritage (par exemple, une relation avec les acheteurs étrangers conjuguée à une aversion pour la Chine) ont des relations dynamiques entre eux et avec les changements de l'environnement extérieur (comme l'ouverture de la Chine). Les héritages sont également « dynamiques » au sens où des éléments nouveaux ne cessent de s'y accumuler avec le temps.

Les caractéristiques gravées dans l'ADN de la firme en vertu de sa naissance au sein d'une société donnée sont tout aussi importantes que les singularités liées à la fondation et à l'expérience d'une entreprise. Il y a beaucoup à apprendre de la prise en compte des variétés nationales et de l'impact des modèles nationaux sur ce qui pousse les entreprises à choisir telle voie plutôt que telle autre. Dans les quatrième et cinquième parties, je compare les stratégies de Dell, Sony, Matsushita et Fujitsu, ce qui rend flagrant l'impact des institutions nationales. Mais les institutions et les pratiques sont moins étroitement liées que ces exemples ne le suggèrent. Au sein d'un même pays, on trouve en général toute une gamme d'idées et de solutions diverses. Aux États-Unis, des entreprises aussi rentables que Liz Claiborne sous-traitent à peu près tout, alors que d'autres comme American Apparel conservent chez elles toute la fabrication. À l'intérieur de chaque pays, les institutions et les pratiques ont un air de famille, mais certaines de ces similitudes ressemblent plus à d'interminables disputes familiales. Cette diversité apparaît même dans des pays qui servent de modèles de base aux théories sur les variétés du capitalisme comme le Japon. Mais qu'elle soit envisagée comme un cadre institutionnel soudé ou comme un ensemble flexible de pratiques et de normes en vigueur dans un pays, la société joue un rôle décisif sur l'héritage des entreprises. Comme les expériences individuelles, ces schémas alimentent certaines ressources et compétences spécifiques.

Notre équipe considère la mondialisation comme un phénomène qui s'élabore continûment à travers les dizaines de milliers de décisions prises en matière d'implantation des usines et des actifs, et d'acquisition des compétences produites hors des frontières. Nous nous sommes intéressés aux entreprises plutôt qu'aux migrants ou aux investisseurs, bien que tous franchissent les frontières dans une économie internationale ouverte. Nous voulions savoir pourquoi et comment les entreprises déterminent les activités qu'elles conservent et celles qu'elles sous-traitent ; celles qui restent à l'intérieur du pays d'origine et celles qui sont délocalisées à l'étranger. La stratégie de chaque firme se définit ainsi par un ensemble de choix de réorganisation et de relocalisation.

On sait bien que le but principal d'une entreprise est de réaliser des bénéfices. Les chefs d'entreprise calculent à court terme lorsque leur firme est cotée en Bourse ou qu'elle doit présenter un rapport d'activité trimestriel ; ils calculent à plus long terme si leur firme est entre des mains privées et financée par des banques. Les patrons sont plus ou moins soucieux de conquérir des parts de marché, et toutes sortes d'autres considérations entrent en ligne de compte, allant du prestige au pouvoir en passant par le contrôle familial. Mais finalement, chaque entreprise a besoin d'une stratégie débouchant sur des profits. Les patrons doivent choisir entre différentes manières d'utiliser les ressources et les compétences de leur organisation pour vendre des biens et des services appréciés par les consommateurs. Ils tentent de l'emporter sur leurs concurrents grâce aux prix pratiqués ou en proposant un produit difficile à imiter. Les marques, la propriété intellectuelle, la qualité supérieure, les services offerts pour l'achat d'un ordinateur, sont autant de stratégies visant à ralentir l'émergence de concurrents et permettant d'éviter une compétition fondée sur la seule course aux moindres coûts.

Les entreprises « font » la mondialisation en prenant chaque jour des décisions sur la répartition de leurs activités entre différents sites consacrés à l'innovation, au design, à la fabrication ou à la vente. Elles peuvent déplacer certaines fonctions vers des chaînes d'approvisionnement qui unissent de nombreuses firmes indépendantes, et trouver ainsi des clients, des partenaires ou des concurrents nouveaux dans le monde entier. Notre recherche s'est focalisée sur ces choix de réorganisation et de localisation, qui comptent parmi les options fondamentales d'une entreprise. En comparant le parcours de firmes qui produisent les mêmes biens dans le même secteur dans des pays différents, nous espérions découvrir les meilleures combinaisons d'organisation et de localisation.

On peut s'étonner du contraste entre Sony, qui fabrique la moitié de ses ordinateurs portables Vaio dans ses propres usines au Japon, et Apple qui confie toute la fabrication à des fabricants ODM de Taiwan, ou entre Zara qui fabrique une bonne partie de ses vêtements dans ses usines espagnoles, et Gap qui sous-traite toute sa production, surtout à l'extérieur des États-Unis. Nous sommes partis de ces différences manifestes parce qu'elles révèlent une dimension importante de la mondialisation, qui est au cœur de ce livre : les possibilités sont très nombreuses. Les entreprises ont le choix, il existe plusieurs manières de réussir face aux nouvelles pressions qui contraignent à s'adapter rapidement aux marchés internationaux. Les pressions identifiées par les théoriciens de la convergence sont réelles, mais notre recherche montre qu'elles n'imposent pas une stratégie unique pour survivre et s'étendre, même à l'intérieur d'un secteur donné.

Qui a réussi ? Nous nous méfions des chiffres lorsqu'il faut décider qui sont les gagnants et qui sont les perdants. Aucun calcul n'englobe tous les critères, et les chiffres changent vite. Aux États-Unis, Wal-Mart domine la vente au détail et sa puissance a fait baisser tous les prix. L'entreprise pèse quelque 200 milliards de dollars, ses ventes augmentent de 11 % par an et elle figure dans les dix premières des 200 meilleures firmes classées par le *Forbes Magazine*. Pourtant, ses actions ne sont pas florissantes, et les résultats ont baissé de 15 % entre 2002 et 2005 [5]. Les chiffres dépendent beaucoup de l'année prise en compte, car le succès d'une entreprise peut varier du tout au tout en peu de temps. L'iPod a fait monter en flèche les ventes et les bénéfices d'Apple. Au cours du dernier trimestre 2004, Apple a vendu 4,6 millions d'iPod et son chiffre d'affaires a atteint

5. Ces chiffres sont tirés de « The Best Performers : 2005 », *Business-Week*, 4 avril 2005, p. 66-144 ; « The Forbes 2000 », *Forbes*, 12 avril 2004 ; et Daniel Akst, « Welcome to Sherwood Forest, Er, Wal-Mart », *The New York Times*, 4 mars 2005, News of the Week in Review, p. 6.

3,5 milliards de dollars, un record pour l'entreprise[6]. En 2004, le prix de l'action Apple a augmenté de 201 %. Si Sony, confrontée à la chute de ses ventes et de sa rentabilité, connaît un succès avec sa PlayStation Portable ou avec toute une série de produits utilisant son nouveau microprocesseur Cell, elle pourrait, elle aussi, rebondir. Bref, même quand j'utilise des chiffres pour décrire les entreprises interviewées, il ne faut pas leur accorder trop d'importance. Notre équipe a étudié les principales firmes et leurs concurrentes, leurs résultats sur le long terme ainsi que leurs performances récentes, et nous avons tenté de garder l'esprit ouvert.

Dernier avertissement : bien que je me concentre sur les options disponibles dans le cadre de la mondialisation, je sais que certaines entreprises n'ont accès qu'à un nombre limité de possibilités. Le fournisseur italien de l'épicier du coin, ou un fabricant de prêt-à-porter spécialisé dans les pyjamas pour enfants, qui n'a ni marque ni designers pour lui créer une ligne personnalisée, et dont les ouvriers sont payés au Smic, n'auront pratiquement aucune chance de survivre le jour où les supermarchés se mettront à importer des produits fabriqués en Chine. Mais dans le même secteur, nous avons rencontré d'autres entreprises qui continueront à prospérer, en ciblant une clientèle adulte ou en mettant l'accent sur certains aspects techniques (vêtements ignifugés, « tissu écologique », fibres nouvelles comme le spandex), des entreprises qui développent leur activité en déplaçant une partie de la fabrication vers les pays à bas salaires, tout en renforçant leurs équipes de designers, de techniciens, d'experts en logistique et de spécialistes du marketing dans leur pays d'origine.

6. « iPod Impact », *Technology Review*, mars 2005, p. 25.

Puisque nous voulions découvrir les options disponibles pour chacun, nous devions déduire l'avenir d'une entreprise non pas de la situation générale du secteur, mais de l'examen des différentes ressources disponibles et de la façon dont cette entreprise les déployait et les combinait. Le sort du fabricant de pyjamas ne dépend pas de l'état du prêt-à-porter en France (même si ce facteur peut jouer), mais de ses propres décisions passées lorsqu'il a dû choisir un créneau sur le marché, engager des designers, élaborer une marque, travailler avec les détaillants, sous-traiter une partie de la fabrication et associer toutes ces ressources.

Nos conclusions

Dans ce livre, je présente les découvertes de notre équipe sur les contraintes et les choix stratégiques au sein de l'économie mondiale. À ma connaissance, c'est la première fois qu'une analyse de la mondialisation part d'une étude de terrain, d'une enquête sur quelques centaines d'entreprises confrontées à de nouveaux défis dans le monde entier. Nous avons cherché à comprendre ce qui se passe et pourquoi. À partir des milliers de décisions prises par ceux qui affrontent plus ou moins les mêmes problèmes mais avec des ressources diverses liées à leur expérience propre, nous avons voulu déterminer de quelle latitude disposent les entreprises dans le cadre de la mondialisation.

De la diversité des voies menant au succès, nous avons tiré quatre grandes conclusions sur les processus de mondialisation décrits ici.

Égaler les meilleurs ou leur confier la production

Premièrement, dans des secteurs comme l'électronique et le textile, durement frappés par la mondialisation, les transformations passent par la fragmentation de la production, qui permet de répartir la recherche, l'élaboration d'un produit, le design, la fabrication et le marketing entre différentes entreprises, entre différents points de la planète. Quand la fragmentation est techniquement possible, les entreprises ne doivent conserver que les activités où elles sont les meilleures. En fait, elles doivent pouvoir égaler leur meilleur concurrent pour chaque opération. Pour continuer à fabriquer elle-même l'essentiel de ses ordinateurs et rivaliser avec Dell qui sous-traite à Taiwan en profitant du savoir-faire et des faibles salaires taiwanais, Sony a intérêt à égaler les performances des fabricants de Taiwan.

Si une entreprise a les moyens de se procurer un service comme la fabrication auprès d'autres firmes dont les coûts sont moindres, doit-elle le faire ? L'avantage qu'il y a à garder le contrôle de l'ensemble du processus de production pourra-t-il jamais l'emporter sur les frais entraînés par la conservation d'activités dans lesquelles d'autres sont meilleurs ? Pour une entreprise, choisir la sous-traitance est l'une des décisions les plus difficiles qui soient ; l'avenir du secteur manufacturier dans les économies avancées en dépend. Comme, dans de nombreux secteurs, la fabrication est devenue un bien qu'on peut acquérir à l'extérieur, à l'étranger, beaucoup d'entreprises ont opté pour cette solution.

Il peut néanmoins y avoir des raisons de conserver la fabrication chez soi ; c'est du moins ce que pensent la plupart des grandes entreprises japonaises. Des firmes comme Matsushita et la coréenne Samsung continuent à parier sur les bénéfices que représente l'intégration pour une société à hauts salaires. Si les Japonais et les Européens conservent des entreprises intégrées, est-ce simplement parce qu'il leur est si difficile de licencier ? Ou bien parce qu'elles y trouvent un avantage ? Pour le comprendre, nous avons étudié de près les décisions de sous-traitance et de délocalisation prises par les firmes, en Amérique, en Asie et en Europe. Comme nous espérons le montrer dans le cas des entreprises d'électronique et de textile évoquées dans les quatrième et cinquième parties, ce n'est pas toujours le même modèle qui s'avère gagnant.

L'organisation qui fonctionne le mieux en période de stabilité technologique n'est pas forcément celle qui l'emportera en période d'innovation radicale. Depuis vingt ans, dans l'électronique, la fragmentation de la production a facilité la division du travail entre grandes marques, fabricants contractuels, firmes de design, usines de composants, qui accomplissent chacun une partie limitée des opérations requises par un produit (j'y reviendrai en détail dans la deuxième partie). Mais si les technologies évoluent et exigent soudain que les designers et les fabricants collaborent étroitement, les entreprises japonaises et européennes qui emploient encore leurs propres spécialistes du design et de la fabrication s'en sortiraient-elles mieux que les entreprises américaines qui sous-traitent toute leur fabrication ?

Cultiver l'héritage

Deuxièmement, au sein d'un même secteur et pour le même projet, le domaine dans lequel les entreprises excellent varie en fonction de l'histoire de chaque firme, de ses ressources humaines et techniques, et des différences entre les pays où elles se sont développées. Les entreprises américaines opèrent dans une société où les relations contractuelles entre fournisseurs, fabricants et clients sont la norme. Le passage à une économie mondiale fondée sur la modularisation, à des chaînes d'approvisionnement et des transactions fondées sur le marché, joue en faveur des États-Unis. Au contraire, les firmes japonaises opèrent dans un monde de relations humaines à long terme, où les savoirs sont aisément échangés entre membres d'un même groupe. Elles excellent dans les cas où une coopération au jour le jour s'impose. Avec ces différences quasi génétiques, il n'est pas étonnant que les entreprises américaines et japonaises jouissent de compétences très différentes.

La nationalité n'est pourtant pas une fatalité. L'héritage dans lequel puisent les firmes est composite : les compétences, les talents et les aspirations sont influencés autant par l'expérience personnelle que par l'empreinte nationale. C'est cette multiplicité des ressources disponibles qui rend si importants la gestion et les choix stratégiques. C'est aussi pour cette raison que nous considérons les héritages comme des patrimoines dynamiques.

La stratégie des bas salaires est perdante

Troisièmement, la solution consistant à réduire les coûts en réduisant les salaires et les avantages sociaux est une impasse, dans les pays avancés comme dans les économies émergentes. Comme le montre la deuxième partie, les salaires ne représentent qu'une petite partie de l'ensemble des coûts. Même dans des secteurs employant une main-d'œuvre considérable, comme le prêt-à-porter, bien d'autres coûts et d'autres risques l'emportent sur l'avantage que constituent les bas salaires. Même si la main-d'œuvre et le terrain sont peu chers en Corée du Nord, aucune entreprise ne s'y établira et les investisseurs n'auront aucune envie de sous-traiter dans des pays comme Haïti ou la Sierra Leone. La plupart des pays les plus pauvres restent pour le moment à l'écart de la mondialisation. Ce qui compte, c'est le coût unitaire du travail, qui peut être très élevé dans les économies à bas salaires, où les ouvriers sont sans expérience, doivent être encadrés, travaillent sur du matériel ancien ou mal entretenu, et changent fréquemment d'emploi.

La stratégie fondée sur l'exploitation d'une main-d'œuvre mal payée débouche sur une jungle concurrentielle où les victoires sont dérisoires et où de nouveaux concurrents apparaissent chaque jour: aujourd'hui les régions côtières de la Chine, demain l'intérieur de la Chine, ou le Vietnam et l'Indonésie, dans un an l'Inde, la Birmanie ou le Swaziland. Quand les firmes bas de gamme, rivalisant sur les prix, passent d'un segment de marché surchargé à l'autre, il n'y a pratiquement aucune chance pour que les gains soient durables. Les activités qui réussissent avec le temps sont au contraire celles qui reposent sur l'apprentissage constant et l'innovation. Les entreprises peuvent ainsi développer des avantages (la marque, les relations à long terme avec les fournisseurs et les clients, la propriété intellectuelle, les compétences spécialisées, la réputation) qui sont inaccessibles pour les firmes dont le seul atout est l'accès à une main-d'œuvre peu coûteuse.

Pour gagner, il faut choisir

Quatrièmement, la mondialisation oblige presque tous les acteurs économiques à transformer leurs activités, mais elle n'impose pas une méthode unique. Dans nos interviews, nous avons délibérément choisi des secteurs et des entreprises soumis à une concurrence intense, où la technologie permet la modularisation et où l'organisation est assez facile à transférer vers de nouveaux sites. Nous avons estimé que si même l'électronique, avec ses grandes avancées en matière de codification et de modularisation, offrait une véritable diversité d'approches en matière de sous-traitance et de fragmentation, cela prouve que plusieurs réponses à la mondialisation sont possibles. Si même dans des secteurs comme le prêt-à-porter et la lunetterie, des entreprises pratiquant des salaires élevés font des bénéfices et ont une relative stabilité d'emploi (c'est le cas en Italie du Nord), il faudra se demander si la mondialisation condamne inévitablement telle ou telle activité dans notre pays.

DEUXIÈME PARTIE

LA PRODUCTION COMME JEU DE LEGO

« Nous devons accorder à la fabrication un rôle plus important au sein de l'entreprise. Avec tout ce que nous devons faire pour être compétitifs sur les marchés mondiaux, nous avons sous-estimé la fabrication. »

John Young, PDG de Hewlett-Packard, 1987 [1]

« La fabrication ne permet en aucun cas d'être compétitif. »

Le dirigeant d'une entreprise
européenne d'électronique, 2002

1. W. H. Miller, « John Young's Mission : HP's CEO Becomes the Point Man for Competitiveness », *Industry Week*, 9 février 1987, p. 53.

CHAPITRE III

La grande rupture

La mondialisation n'est pas un choc exogène : elle est le résultat de millions de choix réalisés par les entreprises, concernant les activités qu'elles veulent garder sous leur toit, celles qui seront sous-traitées à d'autres et l'implantation de toutes ces activités. Au cœur de ces choix se trouvent deux questions cruciales : la réorganisation et la délocalisation. Par réorganisation, j'entends les stratégies visant à déterminer les étapes de la production qui, de la conception du produit à sa commercialisation, doivent être conservées au sein de l'entreprise et celles qui doivent être externalisées, c'est-à-dire sous-traitées à d'autres entreprises. La délocalisation, elle, consiste à transporter certaines activités hors du pays où est implantée l'entreprise. Une firme peut en effet sous-traiter à une autre entreprise du même pays : c'est d'ailleurs le cas le plus fréquent dans les économies avancées. La délocalisation suppose, au contraire, un transfert de production à l'étranger, soit vers des filiales quand il s'agit d'une entreprise multinationale, soit vers des partenaires contractuels indépendants.

Les choix de réorganisation et de délocalisation, de nos jours, n'ont rien de définitif. Ils sont régulièrement réexaminés et révisés, à mesure que la concurrence s'intensifie, que les partenaires contractuels améliorent leurs capacités, que la main-d'œuvre étrangère devient plus qualifiée ou que de nouvelles technologies changent la donne. Les stratégies de réorganisation et de délocalisation entraînent licenciements et embauches, elles permettent l'émergence de nouvelles entreprises et la création de bons emplois, chez soi comme à l'étranger. Bien sûr, d'un point de vue macroéconomique, à l'échelle nationale et internationale, l'état de l'offre et de la demande a un effet déterminant sur l'emploi et l'investissement. Mais c'est aussi vrai au niveau microéconomique, en ce qui concerne l'organisation d'une entreprise et la répartition de ses activités. Ces décisions fondamentales sur l'organisation de la production forment la base de l'économie.

Pour les chefs d'entreprise, le problème concret que pose aujourd'hui la mondialisation, c'est de savoir comment combiner les ressources et les compétences dont dispose leur organisation avec celles qu'ils trouvent à l'extérieur de leurs usines, que ce soit dans leur propre pays ou à l'étranger. Depuis vingt ans, l'apparition de nouveaux enjeux, de nouveaux acteurs et de nouveaux sites de production a entièrement bouleversé la situation, en rendant possible la création de firmes très différentes des grandes entreprises des années 1980.

Il faut se représenter les produits proposés par les multinationales des années 1980 comme une maquette d'avion. Chacune des pièces s'ajuste parfaitement à la suivante parce que toutes ont été conçues pour prendre place à un endroit bien précis de l'ensemble. Il n'y a qu'une façon d'assembler ces pièces et aucune ne peut être réutilisée dans une autre configuration pour construire un autre avion. De même, les entreprises des années 1980 avaient une structure solidement intégrée, afin de ne produire que des pièces qui s'ajustaient idéalement les unes aux autres. Ces pièces étaient souvent fabriquées à l'intérieur d'une même usine, si bien que les ouvriers vétérans pouvaient faire partager leur expérience et leur savoir-faire à ceux de la génération suivante. Dans l'industrie automobile, la production conserve encore ce type d'« architecture intégrale et fermée [2] ».

Les modifications intervenues depuis vingt ans dans de nombreux secteurs appellent une tout autre représentation : la production ressemble maintenant beaucoup plus à un jeu de Lego qu'à une maquette d'avion. En d'autres termes, les mêmes pièces peuvent être utilisées dans différents schémas pour produire différentes formes. Les nouveaux composants peuvent être adaptés sur des bases anciennes ; des éléments empruntés à d'anciennes structures, incorporés dans de nouvelles configurations ; les mêmes modules, mis en partage entre de nombreux acteurs qui ont chacun une construction différente en tête. Comme ce chapitre le montrera, les innombrables manières d'organiser une entreprise sont le fruit des nouvelles technologies numériques grâce auxquelles les ressources, les organisations et les marchés de consommation du monde entier peuvent être combinés de mille et une façons pour construire des entreprises qui n'étaient même pas imaginables il y a dix ans. Ce chapitre raconte l'histoire de cette approche *modulaire* qui permet aujourd'hui aux chefs d'entreprise de faire leur choix parmi toute une gamme de possibilités de réorganisa-

2. Takahiro Fujimoto, « Architecture, Capability and Competitiveness of Firms and Industries », Communication préparée pour le 5e Congrès sur l'innovation organisationnelle dans les entreprises, Centre Saint-Gobain, 7-8 novembre 2002.

tion et de délocalisation. Grâce à la modularisation, on peut fragmenter le système de production et le répartir aux quatre coins de la planète.

Comment profiter au mieux de ces options ? C'est une question stratégique de première importance. Par exemple, si les chefs d'entreprise n'utilisent que les Lego accessibles à tous leurs homologues, les produits qu'ils offriront risquent de n'avoir aucune originalité et ils se précipiteront dans une concurrence exclusivement fondée sur le prix. Le risque de perdre son profil distinctif en partageant les composants et les structures de production existe aussi à l'intérieur d'une même entreprise. Quand Volkswagen s'est mis à employer la même architecture de base pour sa Golf allemande et sa Skoda tchèque, les ventes de la moins coûteuse (la Skoda) ont commencé à empiéter sur celles de la Golf. Mais, inversement, si les chefs d'entreprise tentent de différencier leurs produits en n'utilisant que des technologies et des composants qui leur appartiennent, ils risquent de revenir au modèle de la maquette d'avion, qui impose de tout fabriquer chez soi sans pouvoir profiter des compétences extérieures. Si Sony a tant de mal à élaborer un lecteur de musique numérique capable de rivaliser avec l'iPod d'Apple, c'est bien parce qu'il est difficile de faire cavalier seul. En fabriquant un lecteur à partir de ses propres composants et qui ne peut télécharger la musique qu'en employant son propre standard de compression, Sony aboutit à un produit très coûteux et sans grand attrait pour les consommateurs qui veulent pouvoir télécharger au format MP3.

Aligner les Lego

La production englobe toute une série de fonctions qui vont de l'innovation (l'idée d'un produit nouveau) à la vente au client, et parfois jusqu'au service après-vente. Certaines étapes impliquent la fabrication ou la transformation de biens manufacturés ; d'autres consistent à proposer des services ou des informations. Aujourd'hui, la plupart des marchandises désirables, qu'il s'agisse de téléphones mobiles ou de jeans de styliste à 500 dollars, combinent production physique et services. Quelles que soient les différences entre les secteurs, si nous faisons abstraction des détails et des singularités propres à chacun d'eux, nous pouvons identifier les mêmes séquences dans la série de fonctions requises par l'élaboration d'un produit et dans les liens qui unissent chaque fonction à la suivante. Qu'il s'agisse d'un ordinateur ou d'une voiture, le processus qui conduit de la conception d'un produit à sa commercialisation mobilise le même ensemble de tâches.

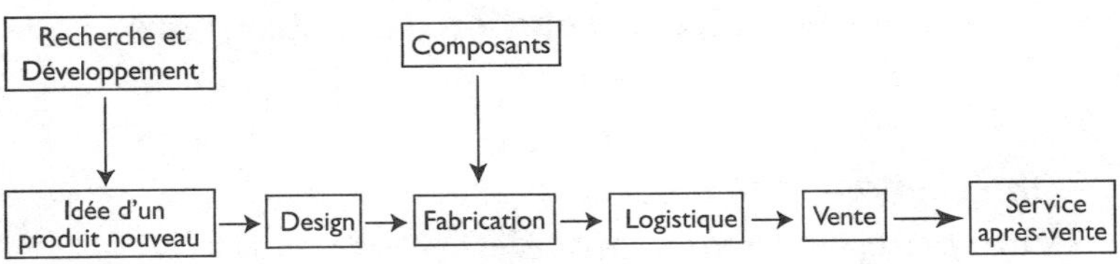

Il y a vingt ans, quand IBM produisait un ordinateur, presque toutes ces fonctions se déroulaient à l'intérieur de l'entreprise. Certains des composants (puces, claviers, moniteurs, souris...) étaient également fabriqués dans les usines

IBM, et quelques autres provenaient de fournisseurs américains. Jusqu'en 2002, un jean Levi's était conçu, élaboré et fabriqué dans les usines Levi Strauss, acheminé par Levi's et souvent vendu dans les boutiques Levi's. Les « composants » (la toile, la fermeture Éclair et le fil) étaient achetés aux fournisseurs. Chez IBM et chez Levi Strauss, comme dans des centaines d'autres entreprises partout dans le monde, les liens entre les différentes fonctions de la chaîne de production étaient des liens de propriété. Autrement dit, ces fonctions étaient coordonnées par les cadres de la même entreprise, sous les ordres du même patron.

La rupture entre les années 1980 et notre époque vient de la fragmentation de ces fonctions de production, sous-traitées les unes après les autres par les grandes marques. Tout le long du processus, les liens de propriété sont remplacés par des liens contractuels entre entreprises indépendantes. Pourquoi et comment ce phénomène a-t-il eu lieu ? D'où viennent les nouveaux éléments et les nouveaux acteurs ? Telles sont les questions qui seront abordées dans les chapitres III et IV.

Petite histoire de la fragmentation des entreprises

L'intégration verticale : l'entreprise américaine Modèle T

Notre univers d'entreprises fragmentées et spécialisées ressemble étonnamment à l'économie américaine du début du XIXe siècle, avant l'apparition des très grandes entreprises à intégration verticale comme DuPont, Singer ou Ford.

Auparavant, les entreprises devaient se lier par contrat à de nombreux fournisseurs de biens et de services, et elles avaient souvent recours à d'autres pour la logistique et la distribution. À partir du milieu du XIXe siècle, tout se mit à changer très vite, quand le chemin de fer, les canaux et les paquebots firent baisser les coûts de transport et permirent aux entreprises d'étendre leurs ambitions à l'échelle d'un vaste marché national. Les progrès de la production créèrent de nouvelles économies d'échelle. Les entreprises purent repousser leurs frontières et l'on vit naître les premières grandes multinationales modernes. Alfred D. Chandler Jr, le grand historien des entreprises américaines, a montré comment ces grandes firmes à intégration verticale ont peu à peu éliminé leurs concurrents [3].

Les grandes réussites de la fin du XIXe siècle furent celles d'entreprises qui intégraient toute une gamme de fonctions, de la conception du produit à sa livraison dans les mains du consommateur. On songe aux machines à coudre Singer ou à G. F. Swift & Co. [4], la société d'emballage de viande créée par Gustavus Swift dans les années 1870 pour intégrer au sein d'une seule entreprise toutes les étapes du processus agroalimentaire, du ranch à la boucherie de détail. Il put ainsi se débarrasser d'une foule d'intermédiaires locaux et régionaux qui contrôlaient jusque-là chacune des

3. Alfred D. Chandler Jr, *The Visible Hand: The Managerial Revolution in American Business*, Cambridge, Belknap/Harvard University Press, 1977; et *Scale and Scope: the Dynamics of Industrial Capitalism*, Cambridge, Harvard University Press, 1990.

4. Gary Fields, *Territories of Profit. Communications, Capitalist Development and the Innovative Enterprises of G. F. Swift and Dell Computer*, Stanford, Stanford University Press, 2004. L'histoire de Singer est esquissée dans Lamoreaux, Raff, Temin; celle de Swift, dans Langlois (1995). Chacun de ces auteurs puise dans une large réserve d'exemples similaires.

étapes. G. F. Swift & Co. remplaça un système dispersé et fragmenté où le bétail était élevé ou transporté dans les localités où il était abattu et consommé, par un système qui prenait la viande préparée dans les grands abattoirs pour la transporter en wagon frigorifique vers des consommateurs éloignés.

Plus grandes étaient ces entreprises, moins elles pouvaient se permettre de laisser inactifs de coûteux équipements, parce que la livraison d'un composant essentiel avait pris du retard, ou que la qualité d'une fonction sous-traitée s'avérait insatisfaisante. D'où l'extension du contrôle sur un éventail toujours plus large d'activités adjacentes. En incorporant les fonctions situées en amont et en aval, les firmes devinrent moins dépendantes de fournisseurs plus ou moins fiables. En 1949, la société Ford Motors Company, fondée en 1903, possédait d'importantes mines de fer et de charbon et de vastes terrains boisés dans le Michigan, la Virginie et le Kentucky ; ses propres voies ferrées ; une plantation d'hévéas de 900 000 hectares au Brésil ; ses propres navires pour transporter les pièces détachées automobiles qui seraient assemblées dans les usines Ford à l'étranger. Selon l'article admiratif que lui consacrait l'*Encylopedia Britannica* cette même année, Ford avait « sa propre usine électrique, pour s'éclairer, se chauffer et s'alimenter en énergie ; son équipe de pompiers ; sa fabrique de papier ; ses fonderies, ses laminoirs à froid et à chaud ; sa fabrique de pneus ; son usine de trempage ; ses fours à coke ; son atelier d'outillage ; son atelier de pressage ; sa cimenterie, sa fabrique de carrosserie ; ses fours Martin ; ses hauts-fourneaux ; son central téléphonique et télégraphique ; son atelier d'usinage ; sa fabrique de peinture ; sa fabrique de cuir artificiel ; son bureau des marchandises ; ses hôpitaux ; ses laboratoires ; et une école professionnelle pour les jeunes garçons [5] ».

Quand explosa la consommation de masse, après la Seconde Guerre mondiale, les entreprises à intégration verticale se mirent à tirer parti de toutes leurs forces. Des géants comme RCA, IBM, Levi Strauss et Renault coordonnaient toutes les fonctions, depuis la R&D jusqu'à la distribution. Ils avaient encore recours à la sous-traitance pour certains composants et pour équilibrer la production dans les moments de forte demande, mais ils imposaient aux fournisseurs leurs prix et leurs conditions. La stabilité de la production et les cycles longs réduisaient les frais. Pour la première fois, les ménages à revenus moyens eurent accès à un grand nombre de produits manufacturés complexes comme les automobiles, les réfrigérateurs, la nourriture en conserve, les vélos, les postes de radio et de télévision. Le marché de masse et la régularité de la demande stimulèrent de forts investissements dans des biens d'équipement spécialisés et dans la construction d'usines.

Le fordisme ne s'est pas imposé partout

Même à l'apogée de la grande entreprise à organisation verticale intégrée, d'autres façons de coordonner les fonctions de production subsistèrent [6]. Rétrospectivement, deux

5. *Encyclopedia Britannica*, volume 9, University of Chicago, 1949, p. 490-494.

6. Michael Piore et Charles Sabel, *The Second Industrial Divide*, New York, Basic Books, 1984.

modèles présentent un écart manifeste par rapport au schéma américain : les districts industriels italiens et les fabricants japonais. Ils sont la preuve vivante que, même pendant les trente ans qui suivirent la Seconde Guerre mondiale, d'autres modes d'organisation pouvaient être rentables et innovants. Les schémas organisationnels que les Italiens et les Japonais adoptèrent alors produisent encore aujourd'hui des entreprises prospères, comme je le montrerai dans les prochains chapitres.

Les districts industriels de l'Italie des années 1970 et 1980 étaient des communautés de PME très souples, spécialisées dans des biens de consommation comme le textile, les chaussures, le prêt-à-porter, les lunettes et les meubles. Il s'agissait à l'origine de firmes obscures, qui travaillaient pour des marques comme Ferragamo, Gucci et Armani. Elles excellaient dans la fabrication de produits de qualité, dans toutes sortes de styles et de couleurs. Aujourd'hui, bien que beaucoup de ces PME existent encore en tant que fournisseurs, beaucoup se sont développées en créant leur propre marque. Des entreprises comme Benetton, Sàfilo, Max Mara, Luxottica, Geox, Tie Rack et Ermenegildo Zegna ont une réputation internationale, mais leur base de production reste locale.

Fait extraordinaire, ces firmes représentent environ un quart des exportations italiennes. Chacune d'entre elles s'est spécialisée dans quelques segments de production, voire un seul ; pour répondre aux commandes, elles associent leurs efforts. Le rôle joué par les cadres dans les grandes organisations à intégration verticale est ici remplacé par la coopération entre entreprises et par le marché. Si ces firmes italiennes parviennent à ce degré de coordination, c'est en partie grâce à la confiance générée par des collaborations répétées. Les institutions locales (écoles professionnelles, syndicats et associations de commerçants) y contribuent aussi, en offrant une formation, des compétences et des informations sur les marchés étrangers et sur l'exportation, des foires commerciales et autres services trop coûteux pour être assurés par chacune de ces petites entreprises.

Ces firmes se trouvent surtout dans le nord et le centre du pays, près de villes comme Venise, Biella, Bergame, Modène, Bologne, Reggio Emilia et Prato, dans des districts qui ignorent pratiquement le chômage. Bien que ces régions produisent des biens soumis à une forte concurrence de la part des pays en voie de développement (meubles, vêtements), les salaires restent élevés. Les résultats financiers sont excellents. D'après une étude réalisée par la Banque d'Italie, les entreprises de ces régions industrielles sont, à taille égale, plus rentables que les autres firmes italiennes dans les mêmes secteurs (cette enquête couvre la période 1982-1995) [7]. Comme nous le verrons dans les quatrième et cinquième parties, ces firmes poursuivent aujourd'hui une trajectoire très différente de celles de leurs homologues américaines dans le même secteur. Les données recueillies durant nos recherches seront analysées plus loin, mais nous avons vu que, malgré le relatif déclin de ces activités très gourmandes en main-d'œuvre, les districts italiens étaient loin d'avoir souffert autant que le prêt-à-porter, la chaussure et le mobilier en France ou en Amérique. Quand ces firmes italiennes investissent en Chine ou en Europe centrale, elles ne transfèrent pas tout à l'étranger ; dans ces économies à

7. L. Federico Signorini, éd., *Lo sviluppo locale. Un' indagine della Banca d'Italia sui distretti industriali*, Rome, Donzelli, 2000.

bas salaires, elles utilisent surtout les usines comme bases de leurs nouvelles activités et de leur expansion, et maintiennent en Italie le travail sur les produits haut de gamme.

Quand la production standardisée prit son essor aux États-Unis, dans les années 1960 et 1970, époque où la scène était dominée par les entreprises à intégration verticale, les districts italiens apparaissaient comme une survivance folklorique de l'industrie traditionnelle. Dans les années 1980, en revanche, les consommateurs des pays avancés avaient plus d'argent à dépenser que dans les années 1950 et 1960, et ils ne se contentaient plus des produits standard que les grandes entreprises leur offraient. Il est vrai que des multinationales comme Ford ou General Motors proposaient un choix plus large que celui laissé à ses clients par Henry Ford au début du siècle (« N'importe quelle couleur pourvu que ce soit noir »), mais cette diversité restait superficielle : couleurs, ailettes, climatisation… Les firmes américaines restaient attachées aux longues séries de production, rigidité typique de secteurs aussi différents que l'automobile, l'acier, le textile et les machines-outils. Les consommateurs se mirent à exiger plus de choix et une meilleure qualité. Le cycle du produit fut raccourci et le prix du capital augmenta. À la fin des années 1980, l'expérience italienne suscita un regain d'intérêt ; la presse publiait régulièrement des articles consacrés aux fameux districts industriels et aux mesures visant à exporter la formule dans d'autres pays. Les districts italiens prouvaient qu'un haut degré de productivité et de qualité pouvait être atteint en coordonnant en réseau serré (*clusters*) les entreprises chargées de quelques fonctions essentielles, plutôt qu'en contrôlant toutes les opérations dans une même usine.

Juste à temps : Made in Japan

Pourtant, dans les années 1980 et 1990, les districts italiens ne pouvaient guère servir de modèle aux grandes entreprises américaines malmenées par la concurrence de l'Europe et du Japon. Pour les États-Unis, il semblait plus réaliste de se tourner vers l'exemple japonais, dont les firmes étaient en train de conquérir des parts de marché dans des secteurs comme l'automobile, l'électronique, les semi-conducteurs, le textile et les machines-outils, autant de domaines jadis réservés aux Américains et aux Européens.

Les entreprises japonaises étaient très différentes des grandes organisations américaines à intégration verticale. Alors que les Américains comptaient sur la pyramide de l'autorité managériale pour coordonner les activités, les Japonais avaient adopté une organisation beaucoup plus « plate », avec moins de degrés entre le haut et le bas de la hiérarchie ; les employés pouvaient donc communiquer plus directement sur le lieu de travail. Fidélité et confiance étaient les fruits du réseau informel de relations humaines unissant à leur entreprise des ouvriers et des cadres engagés à vie. Ces précieuses ressources permettaient à l'organisation de compter sur le dévouement non seulement de ses employés, mais aussi de ses fournisseurs et de ses clients. L'accent mis sur l'expérience acquise, à tous les niveaux, s'accompagnait d'une exigence de qualité, d'amélioration constante et de production « juste à temps ». Les entreprises japonaises n'avaient donc besoin ni de stocks encombrants ni de ces fournisseurs multiples qui servaient de tampons dans le système américain. Le système japonais de *lean production* était bien plus flexible que la production de masse sur le modèle Ford, lorsqu'il fallait produire vite et à des prix raisonnables toute une gamme de produits nouveaux et variés [8].

Les leçons du succès japonais suggéraient qu'une intégration plus resserrée entre le design, la fabrication et le marketing était nécessaire pour améliorer les résultats. En Amérique et en Europe, les chefs d'entreprise se penchèrent sur le travail des Japonais, que ce soit au Japon ou dans les « transplants » aux États-Unis, en France et au Royaume-Uni. Cela permit à certaines entreprises américaines de se distinguer, comme Motorola qui construisit son système de contrôle qualité « Six Sigma » sur le modèle japonais. Mais c'est d'une tout autre source qu'allait venir la véritable révolution.

8. L'expression *lean production* (ou « production maigre ») fut employée par James P. Womack, Daniel Jones et Daniel Roos pour évoquer les performances des constructeurs automobiles japonais, dans *The Machine that Changed the World*, New York, HarperPerennial, 1991.

CHAPITRE IV

« Le nouveau modèle américain[1] »

Si de nouvelles options se sont offertes aux entreprises à organisation verticale intégrée, ce fut grâce à des avancées technologiques qui se préparaient depuis longtemps mais qui parvinrent à maturité simultanément, vers le milieu des années 1990. La technologie n'a pas obligé les entreprises à adopter de nouvelles formes d'organisation, mais elle a rendu ces transformations possibles. La numérisation permit une coordination simple et rapide des étapes du processus de production, même quand ces phases étaient localisées dans des entreprises indépendantes situées un peu partout dans le monde. Si certaines firmes ont opté pour la fragmentation, c'est pour les raisons que j'ai présentées au premier chapitre, et principalement à cause de la hausse du coût du capital et des nouveaux équipements qui, dans les années 1980 et 1990, a rendu les producteurs plus réticents à investir dans la construction de nouvelles usines. Pour créer une fabrique de semi-conducteurs, il fallait 1 milliard de dollars en 1980, 2 milliards en 2000 ; il en faut près de 3 en 2005.

1. Cette expression a été proposée par Timothy J. Sturgeon dans « Modular Production Networks : a New American Model of Industrial Organization », *Industrial and Corporate Change*, vol. 11, n° 3, p. 451-496.

Dans de nombreux secteurs, à mutation rapide comme l'électronique, ou à mutation lente comme le prêt-à-porter, les coûts toujours plus élevés et les variations de la demande ont rendu les entreprises désireuses d'expérimenter des solutions de sous-traitance qui les soulageraient du poids de l'investissement et des risques de surproduction.

Face à la concurrence sévère de nouveaux acteurs comme la Corée et l'Asie du Sud-Est, les entreprises sont devenues plus sensibles au coût de la main-d'œuvre et à celui du capital. Elles se sont mises à rechercher des moyens de se séparer des activités les plus gourmandes en main-d'œuvre. Les nouvelles pressions de l'économie internationale les ont poussées à adopter un système modulaire, dans lequel les firmes conservent chez elles de moins en moins d'étapes du processus de production.

Ce qui a permis cette transformation dans de nombreux secteurs, c'est l'avènement des nouvelles technologies de numérisation. Touchant à la fois le design et la production, elles furent les auxiliaires de la modularisation. Comme l'expliquent Carliss Y. Baldwin et Kim B. Clark, professeurs à la Harvard Business School, dans leur étude sur les origines de la modularisation du design chez IBM, le point de départ fut le développement de produits dont l'architecture intégrale devait être fabriquée par des équipes travaillant en étroite collaboration, à l'intérieur de l'entreprise (on se rappelle le modèle de la maquette d'avion)[2].

Pourtant, quand les produits comme les ordinateurs, fondés sur les circuits intégrés, devinrent plus complexes, il devint aussi plus coûteux et plus difficile pour un seul ingé-

2. C. Y. Baldwin et K. B. Clark, *Design Rules. The Power of Modularity*, Cambridge, MIT Press, 2000.

nieur ou pour une même équipe d'ingénieurs de concevoir une nouvelle architecture à chaque fois qu'un nouveau modèle était élaboré [3]. À l'automne 1961, IBM se mit à chercher le moyen de permettre à différentes équipes de travailler ensemble sur le même projet. La solution était de décomposer les problèmes d'architecture de production en blocs de tâches ou modules [4]. Les ingénieurs cherchèrent dans la séquence de production les points de fragmentation naturels, ceux où il n'était pas nécessaire de transférer de grandes quantités d'informations entre une activité et la suivante, ceux où il était possible de préciser d'avance toutes les règles relatives à la connexion de deux séquences d'activités adjacentes. Parfois, ils trouvaient ces points de fragmentation dans les processus déjà en cours. Parfois ils devaient en créer en réorganisant les processus afin que les équipes puissent opérer dans une relative indépendance de part et d'autre de la « coupure » [5]. Les efforts de modularisation de l'architecture de production ont connu leur premier grand succès avec les ordinateurs System/360 d'IBM dans les années 1960. Par conséquent, « entre 1970 et 1996,

3. La modularisation est envisagée comme une réponse à la complexité et à l'incertitude croissantes dans plusieurs autres « classiques » consacrés à ce phénomène : Raghu Garud, Arun Kumaraswamy et Richard Langlois, *Managing in the Modular Age*, Oxford, Basil Blackwell, 2003 ; S. Arndt et H. Kierzlowski, ed., *Fragmentation : New Production Patterns in the World Economy*, Oxford, Oxford University Press, 2001 ; Gary Gereffi, John Humphrey et Timothy Sturgeon, « The Governance of Global Value Chains : An Analytic Framework », *Review of International Political Economy*, n° 12 (1), 2005, p. 78-104.

4. Voir Baldwin et Clark, *op. cit.*, chapitre 7, « Creating System/360, the First Modular Computer Family », p. 169-194.

5. C. Y. Baldwin et K. B. Clark, « Where do Transactions Come From ? A Perspective from Engineering Design », Communication préparée pour le 5e Congrès sur l'innovation organisationnelle dans les entreprises, Centre Saint-Gobain, 7-8 novembre 2002.

le secteur est passé d'un monopole virtuel [d'IBM] à un grand "*cluster* modulaire" qui comprend aujourd'hui plus de mille firmes cotées en Bourse et bien plus encore de start-up pleines d'espoir[6] ».

Pour que les composants séparés conçus par chaque équipe s'adaptent ensemble au terme du travail de conception des systèmes, les ingénieurs durent d'emblée se mettre d'accord sur ce que chaque sous-système devrait faire et sur les paramètres de leur coopération. Ces règles du jeu servent de normes, de spécifications que toutes sortes d'entreprises indépendantes prennent comme point de départ pour introduire sur le marché de nouveaux produits censés se combiner à une famille de produits existants. Ces normes sont parfois le résultat de l'immense succès d'une firme qui domine le marché, comme pour Windows, de Microsoft. Dans d'autres cas, les entreprises s'entendent sur ces normes.

Dans l'électronique, la production modulaire a réellement décollé dans les années 1990. Les nouveaux logiciels permettaient de fournir des instructions numérisées et, grâce à cette « codification », les entreprises pouvaient donner à leurs fournisseurs des informations précises sur les parties du processus dont ils se chargeaient. Auparavant, les firmes comptaient sur le savoir-faire et l'expérience des ingénieurs pour rattacher chaque phase de la production à la suivante. Mais dès que les ingénieurs eurent maîtrisé la numérisation permettant d'encoder les exigences spécifiques de leur entreprise, la transition entre deux étapes de production n'exigeait plus que les architectes de la production et les autres intervenants fussent réunis sous le même toit pour

6. *Ibid*, 7, 9.

résoudre les problèmes. L'ingénieur qui conçoit la carte circuit imprimé peut fournir des recommandations grâce au logiciel qui indique très précisément la marche à suivre aux techniciens chargés de la fabriquer.

Aujourd'hui encore, la négociation entre responsables de deux étapes différentes s'avère parfois nécessaire[7]. Cette tâche revient généralement à un ingénieur de l'entreprise qui détient la marque, même si, de plus en plus, les fabricants contractuels se chargent de ce nouveau rôle d'« intégrateur de la chaîne d'approvisionnement ». Il faut disposer de compétences techniques et d'expérience, et savoir gérer des situations rendues plus complexes par les différences de langue et de culture. Ce rôle pose aussi des questions cruciales quant à l'avenir des postes d'ingénieur dans les économies avancées. Où peut-on trouver des individus correspondant à ce profil et comment les former lorsque les grandes entreprises se dessaisissent de la fabrication ? La numérisation a fait disparaître du système tout savoir tacite, et il faut donc moins de gens pour assurer l'interface entre les différentes étapes. Mais des innovations radicales pourraient relancer le besoin d'ingénieurs capables de travailler comme intégrateurs « à cheval sur plusieurs fonctions[8] ».

7. Geoffrey G. Parker et Edward G. Anderson Jr, « From Buyer to Integrator : The Transformation of the Supply-Chain Manager in the Vertically Disintegrating Firm », *Production and Operations Management* 11 (1), 2002, p. 75-91.

8. Dieter Ernst, « Limits to Modularity : A Review of the Literature and Evidence from Chip Design », Document de travail n° 71, East-West Center, 2004.

L'effet multiplicateur

La fragmentation de la production favorise l'innovation en permettant de nouvelles combinaisons de pièces de Lego inventées à des fins tout à fait différentes. Prenons l'exemple d'un succès comme l'iPod d'Apple, introduit sur le marché en 2001. Fin 2004, les iPod occupaient 70 % du marché des lecteurs de musique numériques portables, et les ventes représentaient près d'un quart du chiffre d'affaires total d'Apple [9]. L'immense réussite de ce petit objet tient à son design élégant et au logiciel qui permet un usage facile et une connexion aisée avec d'autres appareils. Il est impossible de savoir ce que l'iPod doit à son design, qui a été en partie sous-traité, ce qu'il doit à iTunes, la base de données musicale d'Apple, et ce qu'il doit à sa technique sophistiquée. Comme pour la plupart des objets les plus appréciés aujourd'hui, les services et la fabrication sont étroitement liés.

Parce que Apple a conçu un produit qui combine des composants déjà fabriqués par d'autres, l'iPod a pu passer du stade de concept à celui de produit en moins d'un an. Les éléments essentiels de l'iPod sont un minuscule disque dur Toshiba, un lecteur de disquette Nidec, un processeur ARM, une carte Texas Instruments, une interface USB de chez Cypress, et une mémoire flash de Sharp [10]. L'assemblage final est assuré par Inventec, fabricant contractuel taiwanais dont le chiffre de ventes annuel dépasse les 2 mil-

9. Laurie J. Flynn, « Apple's 4th-Quarter Profit More Than Doubled », *The New York Times*, 14 octobre 2004.

10. David Carey, « Popular iPod Gets a Makeover », *EE Times*, 5 janvier 2004, http ://www.eetimes.com/article/showArticle.jhtml ?articleId=18310767.

liards de dollars (le coût de tous les composants et services achetés par Apple représente à peu près la moitié du prix de vente de l'iPod). Apple aurait-il pu développer un produit aussi vite et à un prix acceptable s'il avait dû élaborer son propre disque dur, ses propres puces de mémoire, etc. ? L'exemple de l'iPod, parmi des milliers d'autres, montre que la modularisation a contribué à l'explosion de nouveaux produits et de nouvelles entreprises. Elle a libéré l'entreprise des anciennes contraintes liées au temps de développement et aux coûts de l'investissement.

Comment la modularisation a transformé la fabrication des semi-conducteurs

Depuis la commercialisation des transistors dans les années 1950 jusqu'aux années 1980, les semi-conducteurs furent produits par des firmes à organisation verticale intégrée. Des entreprises comme IBM, Hewlett-Packard, Motorola, Siemens, Toshiba, Sony, NEC, Fujitsu et Matsushita faisaient tout dans leurs propres usines, de la conception à la vente en passant par la fabrication, l'assemblage et les tests, qu'il s'agisse des circuits intégrés ou de la plupart des produits utilisant de tels circuits (téléviseurs, walkmans, ordinateurs et imprimantes). À partir des années 1980, le soutien aux nouvelles technologies par le gouvernement des États-Unis et l'initiative privée se combinèrent pour permettre de séparer des fonctions jusque-là regroupées [11]. L'agence pour la recherche du Département américain de la

11. Richard N. Langlois et Paul L. Robertson, *Firms, Markets, and Economic Change*, Londres, Routledge, 1995.

défense (DARPA) finança le projet du Format d'interchange CalTech pour créer une norme favorisant les échanges de données entre les concepteurs de puces et les fonderies qui fabriquent ces puces. Il fallut près de dix ans pour mettre au point cette norme, appelée MOSIS. Enfin, au début des années 1990, deux entreprises, Cadence et Mentor Graphics, furent en mesure de proposer des logiciels aidant les ingénieurs à envoyer leurs indications précises directement aux fonderies.

De l'autre côté du Pacifique, à Taiwan, le gouvernement essayait depuis les années 1970 de créer une industrie locale des semi-conducteurs, notamment en finançant l'acquisition des technologies. Surtout, les ingénieurs taiwanais partis travailler dans les entreprises américaines furent incités à revenir afin d'aider à créer une industrie de pointe dans un pays encore très pauvre [12]. En 1987, l'Institut taiwanais de recherche en technologie industrielle (ITRI) créa une *joint venture* avec Philips pour fonder la Taiwan Semiconductor Manufacturing Company (TSMC). TSMC allait devenir le principal fabricant de semi-conducteurs, avec un bénéfice net de 2,76 milliards de dollars en 2004. Le président de la firme était Morris Chang, diplômé de Stanford et du MIT, qui avait longtemps travaillé aux États-Unis pour Texas Instruments et General Instruments. L'idée radicalement nouvelle de Morris Chang était de créer une fonderie de silicone qui fabriquerait des puces en sous-traitance pour toutes sortes de clients, mais sans développer ses propres

12. Anna Lee Saxenian, « Taiwan's Hsinchu Region : Imitator and Partner for Silicon Valley », *SIEPR Discussion Paper n^c 00-44*, Stanford, 2001 ; John A. Mathews et Dong-Sung Cho, *Tiger Technology. The Creation of a Semiconductor Industry in East Asia*, Cambridge, Cambridge University Press, 2000.

produits. Quand les nouvelles techniques de codification apparurent, dans les années 1990, TSMC put sauter sur l'occasion grâce à son expérience considérable.

L'idée de Morris Chang est une innovation organisationnelle qui a transformé le secteur électronique en permettant de fragmenter la fabrication des composants, laquelle peut être confiée à des spécialistes de la fabrication des puces. Il est possible de créer de nouvelles firmes (ou de transformer les firmes existantes) pour assurer une, deux ou plusieurs fonctions, alors que les entreprises intégrées comme Texas Instruments, Philips ou IBM fabriquaient jadis les produits et les composants. Les fonderies comme TSMC et toutes celles qui furent créées dans son sillage (comme United Microelectronics Corporation à Taiwan, Chartered à Singapour, Dongbu-Anam en Corée du Sud et maintenant Grace et Semiconductor Manufacturing International Corporation à Shanghai) ne se chargent que d'une fonction dans la chaîne de valeur des composants : la fabrication des « wafers », ces galettes de silicone sur lesquelles on grave des circuits et qui sont ensuite divisées en plusieurs puces autonomes. Grâce à cette nouvelle division du travail, chaque firme peut choisir ce qu'elle réussit le mieux, qu'il s'agisse de concevoir des circuits intégrés, de les fabriquer ou de les commercialiser. Les fonderies spécialisées dans la fabrication de « wafers » utilisent le même équipement pour répondre aux exigences d'une plus grande diversité de clients.

Une fonderie qui fabrique des puces pour les ordinateurs, les télécommunications, les appareils photo numériques, les téléphones portables et les automobiles est moins touchée par les hauts et les bas d'un secteur particulier, qu'une firme qui ne travaille que pour son propre usage, comme c'était le cas dans les années 1980. Bien sûr, quand la bulle Internet éclata en 2001, mettant presque tous leurs clients en difficulté, les fonderies connurent les mêmes ennuis mais, comme la TSMC, elles résistèrent à la tempête pour mieux rebondir ensuite. Une clientèle large et diversifiée permet aussi de supporter l'énorme investissement que suppose la construction d'une nouvelle fonderie. Souvent, les fonderies reçoivent des capitaux de plusieurs gros clients lorsqu'elles s'engagent à leur réserver une partie de leur capacité de production : les grandes firmes savent qu'ainsi elles pourront très vite lancer leurs nouveaux produits.

Pour convaincre les entreprises anciennes à organisation verticale intégrée et les nouvelles firmes de design spécialisées dans la conception des circuits intégrés, les fonderies disposent de ressources complexes. Elles dépendent non seulement des talents de leurs propres ingénieurs, mais aussi de la flexibilité d'un équipement de plus en plus sophistiqué. Aujourd'hui, ce sont les fabricants d'équipement qui se chargent des tâches de R&D qui se déroulaient auparavant à l'intérieur des entreprises intégrées. Dans les machines qu'ils vendent aux fonderies se trouvent déjà incorporées les connaissances qui n'existaient auparavant que dans le cerveau des ingénieurs travaillant dans les laboratoires des grandes firmes électroniques[13].

Autre point important, les fonderies doivent convaincre leurs clients qu'elles sont capables de protéger leur propriété intellectuelle. Une fonderie ne peut pas survivre si elle entre en concurrence avec ses propres clients. Elle doit éviter toute fuite d'informations entre les différents portefeuilles de brevets. Les dossiers créés par le concepteur de puces et envoyés à la fonderie contiennent des renseigne-

13. Entretiens avec Chikara Hayashi, ancien PDG d'Ulvac.

ments sur le positionnement des microcomposants. En cas de fuite, les plans pourraient être imités et donner lieu à des contrefaçons. Les concurrents ne pourraient plus avoir de secret les uns pour les autres.

L'essor des fonderies a servi de catalyseur à l'émergence de nouvelles firmes de design de circuits intégrés comme Broadcom et Silicon Labs aux États-Unis, Cambridge Silicon Radio en Grande-Bretagne, et VIA à Taiwan (qui vendent leurs produits à des clients nombreux et divers), et à des entreprises comme Sun qui conçoit des puces pour ses propres produits comme les serveurs Sun. Broadcom est spécialisée dans la définition des composants et le design de circuits intégrés pour le marché de la bande large, ce qui inclut les réseaux sans fil, les set-top boxes, les modems et les Digital Subscriber Lines.

La fabrication s'en va

La technologie numérique qui a transformé les semi-conducteurs eut un impact explosif sur l'ensemble du secteur électronique. Chez des géants comme Hewlett-Packard, IBM et Texas Instruments, qui fabriquaient leurs composants et leurs produits finis, la fabrication avait été considérée jadis comme une fonction centrale. Quand ces entreprises furent durement frappées par la concurrence japonaise, dans les années 1980, elles cherchèrent d'abord à renforcer l'intégration de la fabrication avec d'autres fonctions. Lorsqu'on analysait les faiblesses de l'industrie américaine à la fin des années 1980, on suggérait souvent des réformes fondées sur l'exemple du Japon où le réseau informel existant au sein de chaque firme et les relations étroites avec les clients et les fournisseurs permettaient de passer très vite du concept au produit, avec un haut degré de qualité.

Ces recommandations visant à accroître la productivité et la rentabilité des entreprises américaines mettaient l'accent sur la prise de décision conjointe à toutes les étapes du développement d'un produit. Cette intégration plus affirmée devait renforcer l'efficacité, la qualité et mettre les innovations rapidement sur le marché. Quand IBM vit ses bénéfices chuter de près de 27 % en 1986, des campagnes « à la japonaise » furent lancées : il fallait améliorer la qualité, être à l'écoute du client, devenir « plus svelte, plus compétitif, plus responsable [14] ».

Dix ans après l'affichage de ces ambitions, le monde avait pris un virage à 180 degrés. À partir du milieu des années 1990, les avancées techniques de la modularisation rendirent possible une approche complètement différente. Les entreprises n'avaient plus à se soucier d'intégrer la fabrication à la conception et au marketing ; avec les solutions modulaires, elles pouvaient désormais se débarrasser purement et simplement de la fabrication. En 1996, IBM créa une unité autonome (Celestica) pour fabriquer ses ordinateurs haut de gamme et revendit ses usines aux fabricants contractuels. Hewlett-Packard s'est débarrassée de la plupart de ses usines de fabrication. Les ouvriers ont été licenciés et les tâches jadis accomplies au sein de l'entreprise sont désormais accomplies par des fabricants contractuels, essentiellement en Asie. Comme l'ont découvert Geoffrey Parker et Edward Anderson, deux experts en management qui ont étudié Hewlett-Packard, les résultats furent spectaculaires. Dans le domaine des ordinateurs portables, où HP sous-

14. « Special Report : Creating a New IBM », *Think*, n° 5 (1992).

traite à présent tous ses produits à des ODM taiwanais, le chiffre d'affaires a été multiplié par dix et le rendement des actifs s'est amélioré. Côté emploi, même renversement : on est passé de 400 à 50 personnes [15].

Aujourd'hui, la fabrication est devenue un service aux marges étroites, vendu par divers contractuels à des clients eux-mêmes divers, sans que ceux-ci puissent personnaliser ce service en fonction de leurs besoins particuliers. Si la fabrication devient vraiment un bien comme les autres, il n'y aura plus aucune différenciation et un fournisseur pourra aisément en remplacer un autre. Alors que la fabrication contractuelle électronique n'a pas encore atteint ce degré, il est devenu possible d'acheter sur le marché ces fonctions de fabrication que les entreprises conservaient jadis entre leurs mains. Dans des secteurs de plus en plus nombreux, les responsables de grandes marques ne contrôlent plus la fabrication mais l'achètent à des fabricants contractuels qui ont réussi à s'emparer de séquences importantes du système de production. Pour offrir des produits de qualité supérieure, une entreprise devait auparavant se charger de toutes les fonctions importantes, soit dans ses propres usines, soit dans celles de fournisseurs « captifs » surveillés de près. Aujourd'hui, le même degré de qualité peut être atteint par la coordination d'une chaîne d'approvisionnement avec de nombreuses firmes autonomes remplissant chacune des fonctions situées entre la définition du produit et sa commercialisation. Beaucoup de composants et de produits peuvent être fabriqués par des fournisseurs indépendants et des contractuels aussi bien, voire mieux qu'au sein de la « maison mère ». Étant donné la facilité

15. Parker et Anderson, *op. cit.*, p. 81.

d'accès aux nouvelles options technologiques et la pression économique sévère, nombre de grandes multinationales se concentrent désormais sur quelques compétences essentielles.

Si IBM fut le modèle de réussite des années 1980, ce rôle emblématique revient aujourd'hui à Dell, l'une des firmes informatiques les plus grandes et les plus rentables au monde. Grâce à un système innovant, Dell permet à ses clients de personnaliser leur commande par Internet et de recevoir rapidement l'ordinateur demandé. Mais en matière de fabrication, Dell ne se charge que de l'assemblage final : quatre minutes et demie pendant lesquelles on visse toutes les pièces livrées par les fournisseurs et on installe les logiciels choisis par le client[16]. Ces fournisseurs sont des fabricants de composants comme Intel, qui construit les microprocesseurs, et des fabricants contractuels implantés en Asie, qui fabriquent les cartes mères, les écrans LCD, les souris, les disques durs, et d'autres éléments utilisés dans les ordinateurs, ainsi que des appareils photo numériques, des téléphones portables, des lecteurs de DVD et d'autres biens de consommation électroniques. Beaucoup de ces entreprises n'existaient pas il y a vingt-cinq ans.

Dans l'électronique, trois types de contractuels sont apparus : les Original Equipment Manufacturers (OEM), les Original Design Manufacturers (ODM) et les fournisseurs mondiaux. Hélas, ces appellations ne sont pas employées uniformément dans tous les pays. Dans ce livre, j'appelle OEM les entreprises qui fabriquent des produits sur commande pour de grandes marques, mais qui ne disposent pas

16. Entretien avec Dick Hunter, vice-président pour les opérations de fabrication, Dell, 12 janvier 2005.

de leurs propres marques et qui ne proposent ni modèles ni designs[17]. Les ODM sont au contraire des entreprises qui, comme les fabricants d'ordinateurs taiwanais (Quanta, Compal, Asustek), proposent des modèles, font de la conception et fabriquent sur commande pour de grandes marques comme Dell ou Hewlett-Packard, mais qui ne disposent pas non plus de leurs propres marques. Les fournisseurs mondiaux forment un groupe de fabricants contractuels très spécialisés (les principaux sont Sanmina-SCI, Solectron, Flextronics, Jabil et Celestica) qui se concentrent sur la fabrication et dont les sites sont répartis dans le monde entier. En 2004, le chiffre d'affaires de Flextronics était de 14,5 milliards de dollars[18]. Ses dix premiers clients représentent 64 % de son activité, Sony-Ericsson (les téléphones portables) et Siemens étant les plus gros comptes-clients.

La sous-traitance est un phénomène qui ne date pas d'hier, mais avec ces nouveaux OEM et ODM, il s'agit de tout autre chose. Autrefois, les entreprises sous-traitaient les éléments spécialisés qui dépassaient leurs compétences : les constructeurs automobiles achetaient les tapis de sol, par exemple. Elles pouvaient recourir à la sous-traitance quand elles voulaient répondre à une demande accrue sans embaucher ou sans ouvrir de nouvelles usines. Cette démarche est toujours d'actualité. Mais les OEM et les ODM se chargent à présent de fonctions qui étaient jadis assurées par les entreprises à organisation verticale intégrée. Ils assurent la conception technique et détaillée, ainsi que toute la fabrica-

17. Ce terme est le plus problématique, puisqu'on parle souvent d'OEM aux États-Unis dans un sens exactement contraire, pour désigner une grande marque dont « l'équipement original » est fabriqué par d'autres.

18. Pour l'exercice se terminant au 31 mars 2004, http ://www.flextronics.com/Investors/EarningsReleases/shareholder_letter_Q4_04.asp.

tion, et pas seulement à titre exceptionnel. Comme l'a montré Timothy Sturgeon, ce qui a changé dans le système de production, c'est que la sous-traitance ne concerne plus seulement la vente d'un composant ou d'un processus (les lecteurs de disquette ou l'usinage, par exemple), mais potentiellement l'ensemble du processus de fabrication, devenu générique et appliqué à toute une gamme de secteurs proches [19].

Les OEM, les ODM et les fournisseurs mondiaux ne sont plus les sous-traitants captifs, faibles et dépendants qu'ils furent jadis. Ce sont des entreprises puissantes, en position de force pour négocier avec les grandes marques. Une division du travail similaire est en train d'apparaître dans le prêt-à-porter, entre des marques comme Liz Claiborne ou New Balance et des contractuels comme Fang Brothers ou Pou Chen, ainsi que dans les composants automobiles, entre des assembleurs comme General Motors ou Ford et des fournisseurs comme Visteon et Delphi. L'essor de ces fabricants contractuels dans de nombreux secteurs apparaît comme l'une des principales évolutions de la nouvelle économie mondiale.

La réorganisation du secteur automobile

La modularisation s'est d'abord imposée dans des secteurs comme l'électronique où la codification a facilité la transition de part et d'autre des frontières technologiques, et le prêt-à-porter où il existait déjà des points de fragmentation naturels entre la conception et la fabrication. Mais

19. Timothy Sturgeon, « Modular Production Networks : A New Model of Industrial Organization », *Industrial and Corporate Change*, vol. 11, n° 3, 2002, 451-496.

dans les années 1990, la modularisation a réalisé de grandes avancées dans beaucoup d'autres secteurs où il n'existait guère de points de fragmentation naturels. Notre équipe s'est intéressée de près à l'industrie automobile dans laquelle l'architecture modulaire est très difficile à appliquer [20]. Les produits et les processus dotés de structures modulaires et ouvertes sont ceux où « chaque élément (composant, module ou sous-assemblage) est fonctionnellement complet [21] ». Cela signifie que chaque élément peut faire l'objet d'une conception séparée. Ces éléments peuvent être réutilisés à des fins nouvelles, et les mêmes Lego peuvent être assemblés différemment pour déboucher sur toute une gamme de produits différents. Le secteur électronique a la plupart du temps ce caractère ouvert, modulaire. On ne peut pas (encore) en dire autant de l'industrie automobile.

En pratique, l'architecture industrielle plus intégrale de la production automobile signifie que les assembleurs doivent travailler en contact étroit et constant avec les fournisseurs. C'est ainsi que les fabricants pourront livrer des composants qui s'adaptent parfaitement aux modèles conçus par les grandes marques. Contrairement aux fournisseurs élec-

20. Nous avons réalisé 84 interviews dans des entreprises situées aux États-Unis, au Canada, au Mexique, au Japon, à Taiwan, en Chine, en Thaïlande, en Allemagne et en Roumanie. Nous avons particulièrement cherché à voir les mêmes entreprises opérant sur des marchés différents : nous avons donc rencontré les cadres de Bosch aux États-Unis, au Mexique, en Chine et en Allemagne. Nous avons aussi visité des entreprises fabriquant plus ou moins les mêmes produits dans différents pays : nous avons par exemple rencontré des fabricants de faisceaux électriques au Mexique, en Chine et en Roumanie, ainsi que tous les grands assembleurs américains opérant dans différentes parties du monde.

21. Takahiro Fujimoto, « Architecture, Capability and Competitiveness of Firms and Industries », Communication préparée pour le 5e Congrès sur l'innovation organisationnelle dans les entreprises, Centre Saint-Gobain, 7-8 novembre 2002, p. 10.

troniques, ils ne peuvent fabriquer des éléments qui s'adaptent comme des Lego sur n'importe quelle voiture. Parce que les fournisseurs doivent livrer des éléments et des sous-assemblages (comme le tableau de bord, assemblé par un fournisseur à partir de pièces multiples) propres à un modèle particulier, ils ne peuvent réemployer les mêmes composants et processus pour réaliser des économies d'échelle, comme le font souvent les fabricants contractuels dans l'électronique. Cela tient en partie au fonctionnement de la voiture. Pour donner à chaque modèle sa physionomie distinctive, les concepteurs créent aussi certains détails qui exigent que les fournisseurs fabriquent des composants très différents, souvent pour remplir les mêmes fonctions. Quand les constructeurs automobiles tentent d'utiliser une « plateforme commune » pour différents modèles afin de réduire les coûts, ils courent le risque de produire des voitures qui se ressemblent aux yeux des consommateurs, et d'effacer les différences entre leurs produits haut de gamme et leurs modèles bon marché.

Plus une marque met l'accent sur ses singularités et sur la qualité de ses produits, plus il devient difficile de confier des modules entiers aux fournisseurs sans perdre le contrôle de l'identité globale du véhicule. Certains constructeurs automobiles américains ont essayé de se décharger d'une partie de leurs responsabilités en confiant la conception et l'assemblage des modules à des entreprises globales comme Lear Corporation, Magna, Bosch, Denso et TRW, mais cela a abouti à des voitures anonymes qui n'enthousiasment guère les consommateurs [22]. L'un des fournisseurs allemands

22. Timothy Sturgeon et Richard Florida, *Globalization and Jobs in the Automotive Industry*, Rapport final présenté à la fondation Alfred P. Sloan, Cambridge, International Motor Vehicle Program, MIT, 2000.

que nous avons rencontrés prévoit que, si les constructeurs européens suivent cet exemple, « il ne faudra pas longtemps avant que les assembleurs européens contrôlent aussi peu la conception que les assembleurs américains aujourd'hui ». Pour des voitures chères comme la BMW ou la Lexus, la perte d'identité pourrait s'avérer très grave. Les grandes marques se heurtent donc encore aux limites de cette « réutilisation » des éléments que pratiquent les firmes électroniques. Elles ont besoin que leurs fournisseurs leur livrent des pièces différentes pour les mêmes fonctions. Comme nous l'a dit un fabricant de composants, il est impossible de concevoir même un simple joint qui convienne à la fois à Volkswagen et à Toyota, car les exigences de durabilité sont différentes. Si le joint était fabriqué en fonction des critères de Toyota, Volkswagen « serait pénalisé par les coûts en payant un joint plus durable que ce qui a été commandé ».

Pour toutes ces raisons, les assembleurs ne peuvent se contenter de fournir des plans aux fournisseurs : ils doivent suivre tout le processus. Il est donc essentiel que les fournisseurs soient proches des centres de conception de Detroit, Turin, Guyancourt ou Toyota City. Le directeur d'un fournisseur de deuxième niveau de pièces de réservoir pour BMW en Caroline du Sud nous a expliqué que la proximité par rapport aux assembleurs donne un avantage sur les concurrents : cela réduit le temps de développement du produit et évite des malentendus coûteux [23]. Mais si les fournisseurs doivent s'installer près des centres de conception automobile, ils doivent aussi engager du personnel dans des lieux bien particuliers. Ils ne peuvent partir à la recherche de leurs ingénieurs et de leurs ouvriers dans le monde

23. Entretien, 1er janvier 2002.

entier. Les constructeurs raisonnent selon la règle « achetez où vous vendez » et, puisque les centres de conception se situent dans des pays à hauts salaires, c'est là que les fournisseurs doivent s'implanter aussi. Certaines activités exigeant une main-d'œuvre importante, comme la fabrication des faisceaux électriques, peuvent certes se transporter vers des marchés à bas salaires comme la Roumanie, situés très loin des assembleurs. Mais, en général, les fournisseurs du secteur automobile n'ont pas la même liberté que leurs homologues du secteur électronique lorsqu'il s'agit d'aller chercher la main-d'œuvre bon marché.

Une autre raison de s'installer près des assembleurs est que cette proximité permet de livrer les pièces « juste à temps », au moment exact où les voitures avancent sur les lignes de fabrication. Cela s'avère difficile, sinon impossible, quand les fournisseurs se trouvent loin des usines d'assemblage, même s'ils disposent d'infrastructures et de transports d'excellente qualité. En 2004, quand Ford a ouvert à Chicago sa nouvelle usine d'« assemblage flexible », les principaux fournisseurs ont été convaincus de s'établir non loin de là [24]. L'idée était de pouvoir produire huit modèles sur deux châssis dans la même usine. Grâce à la proximité des fournisseurs, les stocks seraient supprimés et les ingénieurs de Ford pourraient collaborer plus étroitement avec les fournisseurs sur les nouveaux modèles. Lear, l'un des fournisseurs de Ford, qui faisait parcourir 500 kilomètres à ses plafonds intérieurs assemblés, ne se trouve plus désormais qu'à un kilomètre.

DaimlerChrysler a fait mieux encore, en intégrant ses

24. Kathleen Kerwin, « How Would You Like Your Ford ? », *Business-Week*, 9 août 2004, 34.

fournisseurs au sein même de ses usines [25]. En 2004, dans le cadre de la transformation de son usine de jeeps dans l'Ohio, pour un montant de 1,2 milliards de dollars, Daimler-Chrysler a convaincu ses fournisseurs de financer et de gérer certaines parties de l'usine chargées des modules de soudage, d'assemblage et de peinture. Les composants que Ford et DaimlerChrysler exigent d'avoir sur le pas de leur porte ont ainsi peu de chances de partir pour la Chine ou pour un autre pays à bas salaires, sauf si les assembleurs eux-mêmes se mettent à fabriquer des voitures en Chine, comme nous le verrons bientôt [26].

Malgré tous les obstacles à la modularisation, la concurrence et la surproduction étaient telles dans le secteur automobile, dans les années 1990, que les entreprises avaient tendance à se dessaisir d'un nombre de fonctions aussi élevé que possible afin de réduire les coûts. Les firmes revoyaient les processus de manière à pouvoir « déverticaliser » leur organisation, même si la fragmentation était rarement aussi claire et nette que dans l'électronique. General Motors et Ford ont créé des subdivisions internes qui sont devenues des fournisseurs indépendants comme Delphi et Visteon. Lorsque nous avons demandé à l'un des dirigeants de l'entreprise pourquoi Ford s'était séparé de Visteon en 2000, il nous a expliqué amèrement qu'ils voulaient fonctionner « sur le modèle Dell : sans actifs ». Autrement dit,

25. Shoinn Freeman, « Chrysler to Expand Ohio Plant, In Novel Venture with Suppliers », *The Wall Street Journal*, 4 août 2004. On line Factiva Dow Jones & Reuters.

26. Timothy Sturgeon et Richard Florida, « Globalization, Deverticalization, and Employment in the Motor Vehicle Industry », in *Locating Global Adavantage. Industry Dynamics in the International Economy*, éd. M. Kenney et R. Florida, Stanford, Stanford University Press, 2004.

l'idée est de se décharger d'une partie du personnel et des capitaux fixes sur les épaules des fournisseurs. Ford a ainsi licencié plus de 78 000 employés et le chiffre d'affaires par employé a progressé.

Des assembleurs comme Ford et General Motors se sont mis à sous-traiter de plus en plus d'éléments auprès de fournisseurs de moins en moins nombreux. Les gros poissons comme Lear, Johnson Controls, Siemens Automotive, Valeo, Bosch, Magna et TRW ont grossi et ont fini par engloutir les petits. Alors que les grandes marques renonçaient à certaines fonctions afin de limiter le coût de la main-d'œuvre et l'investissement dans leurs propres installations, les fournisseurs durent cumuler les fonctions afin de satisfaire la demande des assembleurs qui souhaitent acheter des modules et des systèmes entiers. Les constructeurs automobiles voulaient que leurs fournisseurs leur apportent des sous-assemblages et non plus de simples pièces détachées : des tableaux de bord complets, la climatisation, le groupe motopropulseur avec moteur, transmission et essieux. Les modules livrés sont devenus de plus en plus gros. Dana, un fournisseur établi dans le New Jersey depuis un siècle, propose aujourd'hui des systèmes de châssis qui représentent près de 30 % de la valeur du véhicule. Magna, fournisseur canadien, peut produire « le module suprême : une voiture entière », sur certains créneaux, comme la Jeep Cherokee en Europe.

La plupart des ouvriers des trois grandes firmes automobiles américaines (Ford, General Motors et DaimlerChrysler) sont syndiqués, ils touchent des salaires élevés et ont une couverture sociale satisfaisante, alors que chez les fournisseurs, les ouvriers sont moins organisés : quand les assembleurs licencient et que les fournisseurs embauchent, les salaires ont tendance à baisser. Depuis le milieu des années 1970, l'écart s'est creusé entre les employés des assembleurs et ceux des fournisseurs. Au début des années 1970, le salaire horaire était légèrement inférieur chez ces derniers, tandis qu'en 2000, il ne représentait plus que 74 % du salaire versé par les constructeurs automobiles américains [27]. Avec 1,01 million de personnes en 1999, le nombre d'emplois dans l'industrie automobile américaine était équivalent à celui des années 1970, après être descendu à 700 000 au début des années 1980. Il y a vingt-cinq ans, il y avait cependant autant d'ouvriers chez les assembleurs que chez les fournisseurs. Aujourd'hui, environ deux tiers des ouvriers sont chez les fournisseurs. Le renouveau de ce secteur n'a donc pas entraîné la même amélioration du niveau de vie pour les ouvriers que si assembleurs et fournisseurs s'étaient développés au même rythme [28]. Selon toute vraisemblance, le déséquilibre en faveur des fournisseurs va continuer à s'accentuer. Signe des temps, quand DaimlerChrysler a annoncé son intention d'embaucher dans l'Ohio mais sans reprendre les contrats existants, les leaders syndicaux ont dû se soumettre : « Nous devons reconnaître que l'ennemi n'est pas dans la même pièce que nous : l'ennemi, c'est la concurrence, et elle est ailleurs [29]. »

27. Sturgeon et Florida, p. 55.
28. Teresa Lynch, « Internationalization in the Automotive Industry : Motivations, Methods, and Effects », Globalization and Jobs Project Research Note #2, Cambridge, International Motor Vehicle Program, MIT, 1998.
29. Freeman, 2004, *op. cit.*

Que faire avec ces nouveaux Lego ?

Nos systèmes de production connaissent des évolutions dont nous commençons à peine à découvrir les effets, et certains contrastent très nettement avec la pratique industrielle antérieure. Tout d'abord, dans beaucoup de secteurs, il est désormais possible de créer une entreprise prospère en n'assurant qu'une seule fonction ou quelques-unes. Cela facilite l'émergence de nouveaux venus, puisqu'ils n'ont plus à réinventer la roue, mais seulement une petite partie. En même temps, la modularisation est un défi pour les firmes plus intégrées. Elles ne peuvent réussir qu'en étant à la hauteur des meilleures firmes « à fonction unique », pour chacune des activités qu'elles choisissent de conserver sous leur toit. C'est la raison pour laquelle IBM a décidé en 2004 de vendre sa branche déficitaire de PC à l'entreprise chinoise Lenovo. Comme je le décrirai plus en détail dans la quatrième partie, IBM considérait la fabrication de PC comme un *« commodity business »* à gros volume, et non comme une fonction où il lui était possible d'exceller.

En outre, la révolution modulaire a entraîné plus d'égalité entre les entreprises situées aux différents points du processus de production. Autrefois, les grandes marques occupaient le poste de commandement : les fournisseurs et les sous-traitants devaient suivre. Aujourd'hui, il existe des entreprises puissantes pour pratiquement toutes les fonctions de la séquence de production. Quand la demande de puces est élevée, les fabricants de semi-conducteurs mènent le jeu. Quand les ordinateurs portables sont très demandés, les ODM sans marque comme Quanta et Asustek dictent leurs conditions.

Finalement, la fragmentation du système de production ne pousse pas seulement à se dessaisir de certaines activités en les sous-traitant. Elle signifie aussi que ces opérations peuvent partir pour l'étranger. Les prochains chapitres étudieront comment certains bouleversements politiques (l'ouverture de la Chine en 1979, la chute du rideau de fer en 1989) et les nouvelles règles de l'économie internationale ont permis au système modulaire de s'étendre à l'échelle globale.

TROISIÈME PARTIE

LES NOUVELLES FRONTIÈRES DE LA PRODUCTION

CHAPITRE V

Le dilemme : rester ou partir ?

Pour presque toutes les sociétés que nous avons étudiées, depuis les géants comme Dell, Hewlett-Packard et Sony, jusqu'aux petites « multinationales » comme l'opticien italien Luxottica, une question cruciale revient constamment : où implanter les différentes parties de l'entreprise ? Chaque fois que tombent de nouvelles barrières douanières, chaque fois que la main-d'œuvre qualifiée d'un pays étranger devient accessible, chaque fois que la concurrence locale devient trop forte ou que de nouveaux consommateurs apparaissent à l'horizon, les entreprises révisent leur politique. Il y a vingt ans, cette question était pratiquement absente du débat sur les performances industrielles. Pourquoi les choix de délocalisation sont-ils désormais au cœur de la discussion ?

En principe, la délocalisation n'est pas une nécessité dans le cadre du nouveau système de production. Fragmentée puis réassemblée comme autant de pièces de Lego, la production n'a pas nécessairement besoin de sortir des frontières nationales. En fait, l'essentiel de la sous-traitance se déroule à l'intérieur des pays (même si les organismes nationaux de statistiques ne collectent pas les données qui permettraient de l'affirmer catégoriquement). La sous-traitance concerne de plus en plus les services, et la conception des produits les plus sophistiqués est souvent confiée à des équipes installées dans des pays avancés [1]. Par exemple, le groupe Engineering and Technology Services, zone d'hypercroissance pour la société IBM, a conçu la puce électronique qui est au cœur de la console PlayStation3 de Sony, et l'équipe d'IBM travaille aux États-Unis. Les entreprises américaines et européennes vendent des usines à Solectron, à Flextronics et à d'autres fabricants contractuels qui en assurent la gestion mais sans forcément les délocaliser. Certaines sociétés confient leurs services informatiques et, de plus en plus, la gestion des ressources humaines, des services financiers, de la comptabilité, etc., à des firmes comme IBM, Accenture, Hewlett-Packard, EDS ou Siemens Capgemini [2]. En 2004, ce sont les entreprises européennes qui ont raflé le plus de nouveaux contrats de sous-traitance (49 %) ; les entreprises américaines en ont remporté 42 %, et le reste du monde s'est contenté de moins de 10 %. L'essentiel de la sous-traitance se déroule aujourd'hui au sein des pays industrialisés [3].

Si toute la sous-traitance se faisait sans sortir des frontières, le nouveau système de production n'aurait peut-être qu'un impact minimal sur l'emploi [4]. Mais ce n'est pas le cas. En réalité, dès lors que la modularisation rend possible

1. Claudia H. Deutsch, « Outsourcing Design », *The New York Times*, 20 décembre 2004.

2. William M. Bulkeley, « IBM's Palmisano Sees Huge Gains in Outsourcing », *The Wall Street Journal*, 20 mai 2004.

3. « Time to Bring It Back Home ? », *The Economist*, 5 mars 2005, p. 63.

4. Comme les fournisseurs et les sous-traitants sont moins syndiqués et ont des salaires plus faibles que les grandes firmes à organisation intégrée verticale, il aurait pu y avoir une baisse des salaires même si tous les emplois étaient restés aux États-Unis.

la fragmentation de la production, les entreprises ont le choix. Lorsque tout un secteur peut installer ses usines à l'étranger et rapatrier gratuitement les produits ainsi fabriqués, ou lorsqu'il devient facile d'importer ce qui était jusque-là produit à l'intérieur du pays, les emplois et les salaires nationaux deviennent vulnérables.

La délocalisation à l'étranger n'est possible que si les gouvernements suppriment les obstacles à la libre circulation du capital, des biens et des services. Depuis le milieu des années 1980, les accords signés dans le cadre du GATT et de l'OMC ont peu à peu libéralisé les flux d'investissements et le commerce entre les principales économies mondiales. Le rideau de fer qui isolait l'Europe de l'Est est tombé en 1989. Dix ans auparavant, les dirigeants chinois avaient décidé d'ouvrir leur pays à l'Occident. Quand la Chine devint membre de l'OMC le 11 novembre 2001, la plupart des frontières subsistant entre l'économie chinoise et le reste de la planète avaient disparu. Un immense espace s'est ouvert, permettant la construction d'un système économique international en réseaux reliant les sites de production tout autour du globe.

La modularisation du système de production et l'ouverture de l'économie internationale ont conjointement donné son élan à la mondialisation. Réorganisation et relocalisation, ces deux processus vont main dans la main, offrant à certaines entreprises de nouvelles possibilités et constituant pour d'autres une nouvelle menace pour les emplois et les revenus, dans les pays avancés comme dans les économies émergentes.

Selon les enquêtes du Bureau d'analyses économiques (BEA) américain, près de 75 % des emplois, des investissements et de la production des multinationales américaines se trouvent aux États-Unis[5]. Quand elles produisent à l'étranger, c'est surtout dans d'autres pays riches, au Japon, au Canada et en Europe occidentale ; leurs motivations sont donc autres que la simple réduction des coûts[6]. Nous nous pencherons plus loin sur ces motivations, mais il est clair que les investissements des multinationales dans d'autres pays riches ne constituent pas une menace pour les emplois et les conditions de travail, contrairement à ce que redoutent les adversaires de la mondialisation[7].

Le principal danger, s'il y en a un, c'est que les emplois soient déplacés ou créés à l'extérieur de ces multinationales, par le biais de la sous-traitance, dans des économies à bas salaires, dans des pays tels que la Chine ou l'Inde. Comme l'admet une étude menée en 2004 par le Government Accountability Office (GAO) des États-Unis, nous ne disposons pas d'informations fiables sur le degré de sous-traitance[8]. La valeur des biens et services que les multinationales américaines se procurent auprès de fournisseurs

5. J. Steven Landefeld et Ralph Kozlow, « Globalization and Multinational Companies : What Are the Questions, and How Well Are We Doing In Answering Them ? », communication prononcée au Congrès des statisticiens européens à Genève, 2003, p. 5-6. Voir aussi Raymond J. Mataloni Jr, « Survey of Current Business : US Multinational Companies », Washington, US Bureau of Economic Analysis, 2004.

6. Voir Mataloni, étude citée ; voir aussi United States Government Accountability Office, « International Trade. Current Government Data Provide Limited Insight into Offshoring of Services », Washington, GAO, 2004, p. 24.

7. Selon Dani Rodrik, même les importations de biens produits par des entreprises à hauts salaires rendent la demande plus souple sur le marché du travail national, ce qui rend donc les salaires et les emplois moins sûrs. Dani Rodrik, *Has Globalization Gone Too Far ?*, Washington, Institute for International Economics, 1997.

8. United States Government Accountability Office, « International Trade. Current Government Data Provide Limited Insight into Offshoring of Services », Washington, GAO, 2004.

est passée de moins de 60 % des ventes dans les années 1980 à plus de 70 % en 2001 : la sous-traitance a donc augmenté, mais nous ignorons si c'est avec l'étranger ou à l'intérieur du pays [9]. Nous n'avons pas de données fiables quant à son effet sur les emplois nationaux. Les enquêtes du Département du travail américain sur les licenciements dus aux délocalisations vers l'étranger montrent une hausse entre 1999 et 2003, mais les chiffres restent très faibles : sur l'ensemble des licenciements de 2003, seuls 13 000 sont la conséquence de ces délocalisations, soit moins de 1 % [10]. La plupart des pertes d'emplois dans l'industrie viennent des gains de productivité, lorsque l'introduction de technologies nouvelles permet de réduire le nombre d'employés.

Au premier trimestre 2004, le nombre d'emplois supprimés à cause des délocalisations à l'étranger a pratiquement atteint 2 % du total des licenciements, selon le Bureau américain des statistiques de l'emploi ; ce chiffre reste marginal [11]. En France, d'après les études de l'INSEE, entre 1995 et 2001, les délocalisations ont provoqué en moyenne la suppression de 13 500 emplois industriels, dont plus de la moitié furent transférés vers d'autres pays à hauts salaires [12]. Certains spécialistes affirment cependant que les statistiques officielles sont incomplètes et très en dessous de la réalité. Ainsi le gouvernement américain ne recueille d'informa-

9. *Ibid.*, p. 67.

10. *Ibid.*, p. 3.

11. Bureau of Labor Statistics, « Extended Mass Layoffs Associated with Domestic and Overseas Relocations, First Quarter 2004 », 10 juin 2004, http ://www.bls.gov/mls.

12. Voir Patrick Aubert et Patrick Sillard, « Délocalisations et réductions d'effectifs dans l'industrie française », document de travail, INSEE, 2005, http ://www.insee.fr/fr/nom_def_met/methodes/doc_travail/docs_doc_travail/g2005-03.pdf

tions que sur les entreprises de plus de 50 employés qui ont licencié au moins 50 personnes durant une période de cinq semaines. En outre, les employeurs hésitent à signaler qu'ils déplacent leur production vers l'étranger. En utilisant d'autres méthodes, notamment en traquant les articles sur les fermetures d'usines dans la presse locale et régionale, Kate Bronfenbrenner et Stephanie Luce, professeurs dans les universités de Cornell et d'Amherst, ont conclu que près de 406 000 emplois sont perdus chaque année à cause de la sous-traitance à l'étranger [13]. Comme leurs chiffres sont des estimations (elles considèrent que les médias ne couvrent que les deux tiers des délocalisations vers le Mexique et un tiers des délocalisations vers d'autres pays), leur méthodologie tend peut-être à surestimer le phénomène. Ces chiffres restent cependant modestes pour les États-Unis où le marché du travail compte 140 millions d'emplois et voit chaque année se créer entre 14 et 15 millions d'emplois et en voit disparaître 13 millions [14]. De plus, les résultats diffèrent tellement d'une enquête à l'autre qu'il est impossible d'y voir clair à l'heure actuelle. Le titre de l'étude réalisée par le GAO est éloquent : « Les données du gouvernement ne livrent qu'une vue partielle sur la sous-traitance des services ».

Certains emplois (jardiniers, mineurs, enseignants, policiers…) sont solidement attachés au territoire national, mais ils ne sont pas nécessairement intéressants ni bien payés. Il y a trente ans, seuls les emplois à très faible qualification

13. Kate Bronfenbrenner et Stephanie Luce, « The Changing Nature of Corporate Global Restructuring : The Impact of Production Shifts on Jobs in the US, China, and Around the Globe », article soumis à la US-China Economic and Security Review Commission, 14 octobre 2004, p. 79.

14. Charles L. Schultze, « Offshoring, Import Competition, and the Jobless Recovery », Brookings Institution, Policy Brief, n° 136, août 2004.

semblaient susceptibles d'être transférés vers les pays à bas salaires. La réaction du monde politique fut de financer des formations destinées aux victimes de licenciements pour leur permettre d'accéder à des emplois plus qualifiés qui risquaient moins de quitter les États-Unis. Le Trade Act de 1974 prévoyait d'aider les salariés dont l'emploi avait disparu à cause d'importations ou de délocalisations vers l'étranger; les lois suivantes ont développé ces allocations, sous la forme de programmes de reconversion, de compléments de revenus, et d'aides à la recherche d'emploi[15]. Les résultats obtenus par ces cours de reconversion ne rendent guère optimiste quant à la réorientation des chômeurs d'âge mûr dont le parcours scolaire initial est rarement brillant et qui n'ont pas eu l'occasion de suivre une formation continue par la suite.

Depuis quelques années, une question plus grave encore se pose: si nous étions capables de réorienter les victimes de licenciements, vers quels emplois les dirigerions-nous? Vers les services? À l'heure actuelle, dans l'informatique, la banque, l'assurance, les services médicaux et administratifs, de nombreux emplois de bureau quittent les pays industrialisés pour l'Inde, les Philippines et d'autres pays en voie de développement. Ces délocalisations suppriment des emplois jusque-là détenus par des salariés ayant fait des études supérieures[16]. Certes, en 2004, le phénomène ne

15. Lori G. Kletzer et Howard Rosen, « Easing the Adjustment Burden on US Workers », in *The United States and the World Economy: Foreign Economic Policy for the Next Decade*, éd. C. F. Bergsten, Washington, Institute for International Economics, 2005, p. 313-342.

16. Frank Levy et Richard J. Murnane, *The New Division of Labor. How Computers Are Creating the Next Job Market*, Russell Sage Foundation, Princeton, Princeton University, 2004.

concerne apparemment qu'une faible part de la population active des États-Unis : de 60 000 à 80 000 emplois tertiaires par an. Les importations de services sont faibles : elles ne représentent que 0,4 % du PIB, mais ce chiffre a doublé par rapport à 1993[17].

Ces données semblent négligeables mais les consultants en management prévoient une augmentation rapide. Forrester Research estime que 3,3 millions d'emplois de services partiraient pour l'étranger d'ici 2015[18]. Le Boston Consulting Group incite les entreprises à délocaliser sans tarder : « Les entreprises les plus compétitives seront celles qui auront été les premières à partir. Celles qui attendent seront prises dans un cercle vicieux : frais de production trop élevés, suppressions d'emplois, capitaux sous-employés, perte de valeur irréversible[19]. » Conclusion : « Les entreprises qui continuent à hésiter le font à leurs risques et périls. » Avec d'aussi sinistres perspectives pour l'emploi dans les services, quelle reconversion devons-nous proposer aux chômeurs ?

On ne sait pas exactement quelle formation serait nécessaire, ni pendant combien de temps, pour leur permettre de retrouver un emploi qui ne risque pas d'être à son tour délocalisé. J'y reviendrai dans la sixième partie. Ce qui me paraît incontestable, c'est que la plupart des travailleurs licenciés parce que leur employeur ferme boutique ou part

17. Mary Amiti et Shang-Jin Wei, « Fear of Service Outsourcing : Is It Justified ? », document de travail du FMI, WP/04/186, Washington, Fonds monétaire international, octobre 2004.

18. John McCarthy, Forrester Research, « 3.3 million US Services Jobs to Go Offshore », 11 novembre 2002, cité in GAO, p. 44-45.

19. Cité par Paul Blustein, « Implored to "Offshore" More ; US Firms Are Too Reluctant to Outsource Jobs, Report Says », *The Washington Post*, 2 juillet 2004.

pour l'étranger ont peu de chances de trouver un emploi aussi bon que celui qu'ils ont perdu. Toutes choses égales par ailleurs, leur situation serait meilleure s'ils avaient pu garder leur emploi. Mais, du point de vue de notre société, « toutes choses égales » implique que le maintien de ces emplois ne nuise pas à la productivité de l'entreprise, du secteur ou de l'économie nationale dans son ensemble. Ce sont les gains de productivité qui permettent à une nation d'offrir un meilleur niveau de vie que les pays pauvres. C'est ainsi qu'un chauffeur de bus allemand jouit d'un pouvoir d'achat treize fois supérieur à celui d'un chauffeur de bus kenyan, à qualification égale [20]. La question que nous devons nous poser est donc : quels emplois faut-il accepter de voir disparaître pour créer une économie innovante et compétitive ? Et lesquels faut-il conserver parce qu'ils sont vitaux pour les entreprises dynamiques et prospères de notre société ?

Le meilleur moyen d'aborder ce problème est d'étudier le cas de diverses entreprises proposant à peu près les mêmes biens ou services. S'il s'avère que toutes celles qui obtiennent de bons résultats dans les pays industrialisés éliminent les mêmes emplois, on pourra raisonnablement en conclure que ces emplois n'ont guère d'avenir dans les sociétés à hauts salaires. La concurrence qui résulte de l'évolution technologique et/ou de la libéralisation des échanges explique pourquoi ces activités disparaissent des économies avancées. Mais s'il apparaît, au contraire, que certaines entreprises

20. Martin Wolf, *Why Globalization Works*, New Haven, Yale University Press, 2004, p. 85 ; information tirée du rapport de la Banque mondiale, *World Development Report 1995 : Workers in an Integrating World*, Oxford, Oxford University Press, 1995, p. 10-14.

prospères conservent ces emplois à l'intérieur du pays alors que d'autres les délocalisent vers l'étranger, nous devrons en conclure qu'il n'y a là aucune fatalité économique, que ce n'est pas l'œuvre de la main invisible du marché. Il faudra alors se demander pourquoi les stratégies divergent, pourquoi elles sont également défendables et quelles en sont les conséquences pour l'avenir de l'entreprise, de ses employés et de la société en général.

Pour affiner la comparaison, notre équipe a décidé d'étudier des entreprises appartenant au secteur textile et à l'électronique. Dans l'électronique, les salaires ne représentent pas une part importante des coûts de production ; dans le textile et le vêtement, ils comptent pour beaucoup dans les frais généraux. En outre, la plupart des emplois dans l'industrie du textile requièrent une assez faible qualification : ce sont les plus faciles à apprendre aux nouveaux employés dans les pays en voie de développement. De fait, nous nous attendions à constater une forte tendance à la délocalisation dans le secteur textile, et cela n'a pas manqué.

Aux États-Unis, entre 1994 et 2004, l'industrie de l'électronique a perdu un cinquième de ses emplois, passant de 2,2 millions à 1,8 million de travailleurs. Durant la même période, l'industrie textile et du vêtement a supprimé 60 % de ses emplois : on comptait 576 000 travailleurs en 2004 contre 1,5 million en 1994 (moins 50 % dans le textile, moins 66 % dans le vêtement)[21]. Trois facteurs peuvent expliquer ce déclin : les nouvelles technologies, qui rendent le travail plus productif, de sorte que moins d'employés sont nécessaires pour fabriquer la même quantité de produits ; le rem-

21. Bureau of Labor Statistics, *Current Economic Survey*, site Web du Bureau of Labor Statistics, 24 août 2004.

placement des produits domestiques par des produits importés ; la délocalisation vers l'étranger. Les économistes ne sont pas d'accord sur l'importance relative de chacun de ces facteurs. De leur diagnostic dépend pourtant le choix d'une politique d'encouragement à la création d'emplois dans les pays à hauts salaires.

Dans l'électronique, la cause des suppressions d'emplois est tout aussi délicate à déterminer, notamment en raison de certaines évolutions technologiques spectaculaires, comme la numérisation. Dans le textile, en revanche, les bouleversements technologiques sont très lents et ne permettent pas de limiter la quantité de main-d'œuvre nécessaire. Il semblerait donc que, dans ce secteur, les pertes d'emplois soient le résultat de la mondialisation, de la concurrence avec les produits importés et de la sous-traitance confiée aux pays étrangers. On peut concevoir que, pour être compétitives, les entreprises doivent se transporter vers les pays à bas salaires. Notre équipe s'attendait à rencontrer une pression similaire dans l'industrie textile dans tous les pays à hauts salaires.

Mais même dans l'industrie du textile et du vêtement, les choses ne sont pas aussi simples. La situation diffère d'un pays à l'autre. Au sein du marché unique de l'Union européenne, entre 1991 et 2001, dans l'industrie du textile et du vêtement, 46,2 % des emplois ont été perdus ; 41 % au Royaume-Uni, 59 % en Allemagne, mais seulement 18,8 % en Italie. Durant la même période, le déclin aux États-Unis fut de 39,1 % [22]. L'Italie n'a pourtant pas de plus bas salaires

22. Ces chiffres proviennent de la base de données STAN de l'OCDE. Les chiffres de l'Organisation internationale du travail sont légèrement différents, mais la vision d'ensemble est à peu près la même. Voir Hilde-

que les États-Unis, la France ou le Royaume-Uni. Au contraire : les salaires y sont plus élevés et, depuis peu, la force de l'euro face au dollar rend plus difficile que jamais l'exportation de la production italienne. Alors comment expliquer que ce pays s'en sorte tellement mieux lorsqu'il s'agit de maintenir l'emploi dans des secteurs soumis à une forte concurrence des pays à bas salaires ? L'Italie a-t-elle des leçons à nous donner quant à la manière de conserver les emplois traditionnels ? Devons-nous imiter ce modèle ou vaut-il mieux se faire une raison et considérer le secteur du textile et du vêtement comme une industrie condamnée dans les économies avancées ? Je reviendrai sur ces questions dans la sixième partie.

L'impératif de localisation : fabriquez où vous vendez, sinon…

Avoir un pied dans la place

Le déplacement de la production vers l'étranger a commencé bien avant la mondialisation que nous connaissons. La première mondialisation (1870-1914) a vu de nombreux exemples d'investissement direct à l'étranger et d'entreprises qui s'installaient hors de leur pays d'origine afin d'exploiter d'autres marchés. Peu avant la Première Guerre mondiale,

gunn Kyvik Nordas, « The Global Textile and Clothing Industry post the Agreement on Textiles and Clothing », Genève, Organisation mondiale du commerce, 2004, p. 10.

les multinationales américaines et européennes s'étaient déjà solidement implantées à l'étranger, et le mouvement s'accentua après la guerre. Moins d'un an après leur création, Ford (1903) et General Motors (1908) ouvraient des usines en Europe. Ces investissements réalisés avant la libéralisation des échanges répondaient à une motivation bien simple : pour vendre à l'étranger, il fallait généralement produire dans le pays en question, sans quoi les quotas, taxes et frais de transport en rendaient le prix prohibitif. Dans un univers de fortes barrières douanières et de gouvernements résolus à décourager les importations, créer un site de production à l'intérieur même de la zone protégée était et reste encore souvent l'un des seuls moyens de contourner les obstacles.

L'investissement réalisé aux États-Unis par Courtaulds en 1910 illustre la logique de nombreuses multinationales du XXe siècle[23]. Courtaulds était un fabricant britannique de fibres synthétiques qui, en 1908, décida d'exporter de la rayonne vers les États-Unis. Alors qu'il était sur le point de créer des points de vente en Amérique, le Congrès vota une nouvelle loi élevant les taxes sur les importations de « soie artificielle » à 40 cents par livre. L'agent de Courtaulds aux États-Unis proposa de s'unir avec les passementiers américains et d'autres consommateurs de fibres synthétiques pour s'opposer à ces nouvelles taxes sur la rayonne, mais la maison mère hésita : « Les réclamations des fabricants étrangers en faveur d'une réduction ou d'une limitation des taxes risquent d'être plutôt perçues comme une raison supplémentaire d'intervenir[24]. » Le Congrès aurait pu augmenter encore le niveau des taxes.

23. D. C. Coleman, *Courtaulds. An Economic and Social History*, 3 vol., Oxford, Oxford University Press, 1969.
24. *Ibid.*, II, p. 106.

Courtaulds comprit qu'il faudrait produire aux États-Unis s'il voulait y vendre. La société racheta un petit fabricant de synthétiques installé en Pennsylvanie, État où les entreprises étrangères n'étaient pas autorisées à posséder des biens immobiliers : les avocats new-yorkais de Courtaulds en devinrent donc les propriétaires théoriques, par un jeu d'écritures [25]. Courtaulds se transforma ainsi en entreprise « américaine » et joua un rôle dominant sur le marché des États-Unis. Les barrières douanières américaines avaient pour but de protéger la production nationale, et Courtaulds fut l'un des industriels qui fit pression sur le Congrès pour protéger une « industrie naissante » contre « l'invasion » du marché par les importations « pirates » en provenance d'autres pays européens [26].

Plus récemment, de nombreuses entreprises ont connu un parcours similaire. En 1963, le gouvernement mexicain décréta que 60 % de la valeur des voitures vendues au Mexique seraient produits à l'intérieur du pays : les constructeurs automobiles du monde entier s'empressèrent d'y installer des usines. Le gouvernement chinois exigea que des constructeurs étrangers comme Jeep, General Motors et Volkswagen créent des *joint ventures* avec les Chinois et qu'ils investissent en Chine s'ils voulaient y vendre leurs voitures [27]. Le gouvernement voulait également que les multinationales apportent leur technologie aux assembleurs chinois pour avoir le droit d'opérer sur leur marché. En

25. *Ibid.*, II, p. 110.
26. *Ibid.*, II, p. 116-119.
27. Jim Mann, *Beijing Jeep : How Western Business Stalled in China*, New York, Simon & Schuster, 1989. Eric Thun, *Changing Lanes in China. Foreign Direct Investment and Auto Sector Development*, New York, Cambridge University Press (à paraître).

retour, les officiels chinois s'engageaient à n'autoriser qu'une concurrence limitée de la part d'autres entreprises étrangères ou même nationales. Comme Courtaulds, les constructeurs automobiles étrangers pouvaient s'attendre à récolter les bénéfices de leur implantation sur un marché protégé.

Les Chinois ne furent pas les seuls à exiger que la production se fasse chez eux. Les États-Unis et la Communauté européenne, eux aussi, mirent en place des politiques très restrictives. Dans les années 1980, quand les voitures japonaises commencèrent à représenter une part importante du marché américain, le gouvernement des États-Unis lança des menaces de sanctions économiques qui obligèrent le Japon à accepter la « limitation volontaire des exportations », puis poussèrent des firmes japonaises comme Toyota, Honda et Nissan à ouvrir des usines sur le territoire américain. En 1995, les deux tiers des voitures japonaises vendues aux États-Unis y étaient fabriqués.

Comme, dans les années 1990, les gouvernements de pays en voie de développement exigeaient que les véhicules soient assemblés là où ils seraient vendus, les fournisseurs durent suivre afin de conserver des contrats lucratifs. Des fabricants de pièces détachées comme Bosch, Benteler, Visteon, Delphi, Autoliv, etc., créèrent des usines en Chine, au Mexique et en Europe de l'Est. Nombre de fournisseurs nous ont déclaré que cette expérience s'était avérée quasiment désastreuse. Selon tous ceux que nous avons interviewés, les coûts de fonctionnement étaient plus élevés dans des pays comme le Mexique et la Chine parce qu'il fallait tout importer (l'acier spécial, l'aluminium, la peinture) et parce que les transports étaient très chers. Ces frais réduisaient à néant les économies réalisées sur les salaires, quand il y en avait…

Comme nous l'a raconté un sous-traitant, il lui fut impossible de trouver assez de techniciens qualifiés et d'ingénieurs pendant ses premières années au Mexique : il dut les faire venir d'Allemagne, à grands frais. Avec un personnel à 40 % allemand, « notre approche ressemblait à l'occupation d'un pays ». Pourtant, le fournisseur se sentait obligé de réussir au Mexique, sinon il perdait des contrats très lucratifs avec Volkswagen en Europe. On nous a également parlé d'une usine créée au Mexique où l'hostilité aux gérants étrangers (japonais en l'occurrence) était si vive que les ouvriers abandonnèrent le travail. General Motors dut reprendre la direction de l'usine, trouver un Mexicain à qui en confier la direction et proposer aux ouvriers un salaire six fois plus élevé que le salaire normal pour les faire revenir.

À chaque fois, ce n'est pas l'attrait de coûts réduits qui pousse les entreprises à délocaliser la production. Au contraire : les entreprises sont prêtes à accepter d'énormes difficultés administratives et des coûts de production élevés, parce que leur présence dans un pays étranger est indispensable si elles veulent y vendre leurs produits. Et elles veulent vendre à l'étranger pour conquérir de nouveaux marchés où les consommateurs sont déjà assez riches pour acheter, comme Ford et General Motors ont pu le faire en Europe occidentale, ou en raison du potentiel de consommation qui pourrait apparaître si des emplois, des revenus et des opportunités se créaient.

Pourquoi les blousons ont-ils des manches zippées ?

Le 1er janvier 2005, une grande expérience a commencé avec la disparition des quotas sur le textile et les vêtements, décidée par les membres de l'OMC. Les taxes douanières persistent, mais les quotas (les limites absolues imposées à l'entrée des produits étrangers) sont tombés. Un cycle de relocalisation massive de la production mondiale de vêtements (qui emploie près de 40 millions de personnes) est en cours. À part l'agriculture, dernier bastion résistant à la libéralisation des échanges, aucun autre secteur d'activité n'a été autant protégé et pendant aussi longtemps. Alors que le commerce mondial a entamé sa libéralisation après la Seconde Guerre mondiale, les accords internationaux ont concédé toute une série d'exemptions à l'industrie textile dans les pays développés, sous la pression des chefs d'entreprise et de leurs employés. Dans les années 1950, les États-Unis et divers pays européens signèrent des accords bilatéraux avec le Japon, l'Inde et le Pakistan pour limiter leurs exportations, comme les restrictions « volontaires » que le président Eisenhower soutira aux Japonais en 1957[28]. Puis, dans le cadre des négociations du GATT en 1962, les Américains et les Européens imposèrent le LTA, « l'Accord à long terme » concernant le commerce international des textiles de coton, afin de réguler les exportations des pays en voie de développement. Le LTA fut remplacé en 1974 par le MFA, « l'Accord multi-fibre » qui dura jusqu'en 1994 et étendit la protection à bien d'autres types de fibres naturelles ou artificielles. Quand l'OMC vit le jour en 1995, le MFA fut transformé en « Accord sur les textiles et les vêtements », avant d'être supprimé le 1er janvier 2005.

Ces conventions prétendument « temporaires » auront duré un demi-siècle, période pendant laquelle la réglemen-

28. Ellen Israel Rosen, *Making Sweatshops. The Globalization of the US Apparel Industry*, Berkeley, University of California Press, 2002.

tation commerciale fut le facteur déterminant quant au lieu de production des biens. Au début des années 1990, Hongkong était le principal exportateur de vêtements et le deuxième exportateur de textiles (après l'Allemagne)[29]. Hongkong avait eu la chance d'obtenir des quotas importants pour ses exportations vers les États-Unis et l'Europe, parce que son industrie était déjà puissante en 1974, quand le système des quotas avait été instauré, et parce que c'était une colonie britannique située stratégiquement en lisière de la Chine communiste. Les industriels de Hongkong étaient si dynamiques que, vers la fin des années 1970, ils atteignaient déjà le plafond de leur quota ; ils se mirent en quête de pays qui n'étaient pas soumis aux mêmes limitations afin d'y transplanter une partie de leur capacité de production. Cela les conduisit bien au-delà du monde sinophone. Même quand la Chine s'ouvrit aux investisseurs étrangers en 1978, elle ne disposait que d'un quota très limité, pour des raisons inverses de celles de Hongkong : arrivée tardivement dans le système commercial de l'après-guerre, c'était un pays communiste avec lequel les États-Unis et l'Europe occidentale n'étaient pas disposés à se montrer généreux.

Parmi les zones découvertes par les industriels de Hongkong, figurait l'île Maurice, pays pauvre et montagneux situé dans l'océan Indien, au large de Madagascar. A priori peu prometteuse comme base industrielle, l'île Maurice offrait pourtant un avantage incontestable. Elle avait été colonisée par les Français, puis par les Britanniques. Selon

29. À propos de l'industrie du textile et du vêtement à Hongkong, voir Suzanne Berger en collaboration avec David Gartner et Kevin Karty, « Textiles and Clothing in Hong Kong », in S. Berger et R. K. Lester, *Made By Hong Kong*, Hongkong, Oxford University Press, 1997.

la Convention de Lomé, négociée en 1975 par les pays du Marché commun au nom de leurs anciennes colonies, l'île Maurice pouvait exporter ses biens vers l'Europe sans taxes ni quotas [30]. Grâce aux investissements en provenance de Hongkong, l'île devint l'un des principaux exportateurs de tricots, de lainages et de T-shirts, et l'une des économies africaines les plus prospères. À présent, ce secteur emploie 15 % de la population active mauricienne. De tous les pays que les investissements de Hongkong transformèrent en grands producteurs de vêtements, l'île Maurice était sans doute le plus inattendu. Mais en Thaïlande, en Malaisie, aux Philippines, en Indonésie et en Chine, le système des quotas fit de Hongkong un agent du développement économique bien au-delà de ses propres frontières.

La réglementation commerciale n'a pas seulement modifié la géographie de la production. Elle a aussi influé sur la nature des produits. Toujours à Hongkong, quand les fabricants virent qu'ils allaient atteindre leur quota de coton et de lin, ils songèrent à la ramie, fibre naturelle semblable au lin, mais qui est plus grossière et se froisse encore plus facilement [31]. Cette fibre méconnue avait été laissée de côté par l'Accord multi-fibre : il n'existait donc pas de quota la concernant. Les fabricants de Hongkong s'engouffrèrent dans la brèche et des flots de vêtements en ramie débarquèrent tout à coup sur le marché américain. De même, le système des quotas limitait le nombre de blousons que Hongkong pouvait exporter vers l'Europe et les États-Unis,

30. Les deux tiers des exportations mauriciennes sont destinés à l'Union européenne.

31. La ramie et le blouson à manches zippées sont des exemples empruntés à James Lardner, « Annals », *The New Yorker*, 11 et 18 janvier 1988.

mais un industriel conçut des blousons aux manches zippées, donc détachables, c'est-à-dire échappant à la définition commerciale du blouson. Ces nouveaux blousons entrèrent aux États-Unis dans une catégorie sous-exploitée, tandis que les manches étaient acheminées séparément. Des vêtements qui auraient pu ne jamais exister furent ainsi créés afin de contourner les barrières commerciales.

Le secteur textile de Hongkong connut son apogée en 1980, puis l'emploi chuta quand les entreprises se mirent à déplacer leur production vers le Sud-Est asiatique et, quand la Chine s'ouvrit, vers le Guangdong, province méridionale voisine de Hongkong. Comme la Chine ne disposait que de quotas très faibles, il fallut diviser la production. Pour profiter du quota de biens fabriqués en Chine que Hongkong pouvait vendre, les fabricants maintinrent à Hongkong les éléments dont dépendait la définition légale du lieu d'origine, si bien que le tissu pouvait être découpé à Hongkong, emporté en camion de l'autre côté de la frontière pour être cousu en Chine, puis rapporté à Hongkong pour recevoir les touches finales.

Selon les règles édictées par l'OMC, les gouvernements ne peuvent plus exiger que les biens soient fabriqués dans un pays pour être vendus sur le marché national. Mais il existe des produits qui, par leurs caractéristiques, sont plus susceptibles que d'autres d'être fabriqués là où ils sont vendus. Dans certains cas, les gouvernements en sont de grands consommateurs, comme pour les projets d'infrastructures (bâtiment, électricité, alimentation en eau). De fait, si une multinationale veut vendre ses services, elle doit se déplacer dans de nombreux pays. Les uniformes et les tenues de protection que portent la police et les pompiers répondent à des exigences nationales, et il est très difficile, voire impossible pour les étrangers de s'introduire sur ce créneau. L'équipement de télécommunications exige des licences délivrées par le gouvernement. Les produits très lourds ou volumineux, tels que téléviseurs et camions, et les biens périssables (aliments à date de péremption rapprochée, vêtements susceptibles de se démoder rapidement) doivent tous être produits près des marchés de consommation. Étant donné les frais de transport pour le gros électroménager, il n'est pas étonnant que Haier, grande firme chinoise, ait investi 40 millions de dollars dans une usine de Camden, en Caroline du Sud, et recruté 200 employés pour que ses réfrigérateurs soient livrés rapidement et à peu de frais aux détaillants américains. Dans cette usine, les salaires sont dix fois supérieurs à ceux de l'usine de Qingdao, mais Haier juge, semble-t-il, que la rapidité de livraison et la création d'une présence américaine compensent le coût accru de la main-d'œuvre [32]. En 2005, Haier a fait une offre pour le rachat de Maytag, montrant encore une fois sa volonté de supporter des coûts plus élevés aux États-Unis afin d'être plus proche de ses consommateurs et de devenir une marque connue d'eux.

La proximité entre le lieu de conception d'un produit et ses futurs consommateurs a un autre avantage : elle permet aux chefs d'entreprise d'identifier les besoins et les goûts locaux. Les habitants de Hongkong trouvent lourds et encombrants les téléphones portables dont la forme plaît aux Américains ; et les adolescents japonais attendent de leurs portables des services de messagerie qui laissent les Français indifférents. Travailler dans un pays permet de saisir rapidement les

32. Yilu Zhao, « When Jobs Move Overseas (to South Carolina) », *The New York Times*, 26 octobre 2003.

préférences des consommateurs et d'en tenir compte. En renforçant ces facteurs économiques, les gouvernements peuvent encore influer sur ce qui se vend dans leur pays.

Les taxes et les quotas ne sont pas les seules armes dont les gouvernements disposent pour s'opposer à l'entrée de produits étrangers et pour inciter les étrangers à s'installer comme producteurs à l'intérieur du pays, au lieu de n'y être présents que par leurs exportations. La réglementation intérieure, le droit des marchés publics, les normes d'hygiène et de sécurité, de respect du personnel et de l'environnement sont exploités dans ce but. L'agriculture est riche d'exemples de ce genre. L'Union européenne interdit les produits agricoles américains incluant des organismes génétiquement modifiés parce qu'ils peuvent comporter des risques pour la santé (même si aucun effet de ce genre n'a encore été décelé). Les États-Unis ont suspendu les importations de bétail canadien lorsque, dans l'État de Washington, un animal atteint de la maladie de la vache folle s'est avéré provenir du Canada. Les Japonais ont mis un terme à leurs importations de viande de bœuf américaine à cause de ce même animal (et parce que les procédures d'inspection en vigueur aux États-Unis leur paraissent inadaptées).

Mais toutes ces explications ne suffisent pas à percer le mystère : pourquoi les produits fabriqués localement se vendent-ils bien mieux que les mêmes produits fabriqués à l'étranger (même si cette règle connaît des exceptions, surtout dans les pays en voie de développement où les consommateurs ont tendance à considérer comme supérieur tout produit fabriqué à l'étranger) ? La préférence générale pour les produits nationaux signifie que les frontières comptent encore. Même quand les gouvernements autorisent le libre-échange, même quand il existe une solide interdépendance économique entre les pays, comme entre les membres de l'Union européenne, et même quand les similitudes culturelles sont considérables, comme entre Américains et Canadiens, les « effets de frontière » restent importants. Ces effets se traduisent par un impact négatif sur le volume des échanges entre deux localités situées de part et d'autre d'une frontière : l'activité commerciale entre ces deux localités est moindre que celle qui peut exister entre deux localités du même pays dotées de profils économiques similaires.

Les hypothèses sur le volume d'échanges prévisible entre différents lieux s'inspirent des modèles d'attraction gravitationnelle [33]. À l'aide de ces modèles, les économistes ont mis en évidence des décalages importants entre les échanges prévus et les échanges réels entre des pays comme les États-Unis et le Canada, qui ont une langue en commun, de faibles barrières douanières et une forte interdépendance économique. Ces « effets de frontière » sont considérables : on observe entre dix et vingt fois moins d'échanges entre deux localités situées de part et d'autre de la frontière que si elles étaient du même côté de cette ligne [34]. Le fait de franchir une frontière au sein de l'Union européenne, où toutes les barrières douanières ont été officiellement éliminées, a sur les ventes un effet négatif équivalant à des frais de transport multipliés par quatre, ou à une taxation de 37 % [35].

33. Carolyn L. Evans, « The Economic Significance of National Border Effects », Federal Reserve Bank of New York, 15 octobre 1999, p. 4 *sq* ; James E. Anderson et Eric van Wincoop, « Trade Costs », *Journal of Economic Literature*, XLII (septembre 2004), p. 691-751.

34. John McCallum, « National Borders Matter : Canada-US Regional Trade Patterns », *American Economic Review*, 85 (juin 1995), p. 615-623.

35. Françoise Maurel, Rapport du Plan, *Scénario pour une nouvelle géographie économique de l'Europe*, Paris, Économica, 1999. Rapport du groupe « Géographie économique », p. 62.

CHAPITRE VI

Fabriquer moins cher

Si certaines entreprises délocalisent parce que c'est le seul moyen de vendre à l'étranger, elles sont bien plus nombreuses à partir pour d'autres raisons. Parfois, c'est en voyant les autres investir hors de son pays qu'une firme décide d'en faire autant[1]. Et il y a là un effet multiplicateur puisque, si une grande entreprise part pour la Chine en croyant que son avenir est là, elle entraînera également ses fournisseurs dans son sillage. En l'absence d'informations fiables et de résultats concrets, les firmes agissent surtout par mode et par imitation. Les entreprises s'implantent à l'étranger ou sous-traitent auprès de fabricants étrangers afin d'avoir accès aux ressources qu'elles ne peuvent trouver dans leur propre pays, ou d'abaisser les coûts de production. Lors de nos interviews, de nombreux patrons nous ont expliqué avoir épuisé toutes les possibilités d'expansion dans le cadre national. Dans de petites sociétés congestionnées comme Taiwan, Hongkong et les districts industriels italiens, ce raisonnement semble tout à fait justifié : on est

1. Witold J. Henisz et Andrew Delios, « Uncertainty, Imitation, and Plant Location : Japanese Multinational Corporations, 1990-1996 », *Administrative Science Quarterly*, 46, 2001, p. 443-475

très vite à court de terrain et de main-d'œuvre. Les patrons taiwanais préfèrent créer de nouvelles fonderies de semi-conducteurs en Chine parce qu'il est difficile de recruter à Taiwan assez d'ingénieurs, alors qu'on trouve en Chine quantité de techniciens qualifiés disponibles.

En Europe et aux États-Unis, pendant le boom économique des années 1990, les ingénieurs et les techniciens qualifiés étaient rares. Des centaines de milliers de travailleurs étrangers furent alors autorisés à entrer aux États-Unis grâce à des quotas d'immigration spéciaux. En 2003, plus de 865 000 étrangers travaillaient en Amérique, parfois pour les entreprises de leur pays d'origine. Faire plus largement appel à la main-d'œuvre immigrée ne semble pas être une solution viable, car cette tactique se heurte à de fortes oppositions politiques. La résistance est encore plus forte dans des pays comme l'Allemagne, où les législateurs rejettent toute proposition visant à faciliter l'entrée d'étrangers qualifiés. Quand les entreprises ont de plus en plus de mal à recruter dans leur pays, elles se laissent tenter par la délocalisation.

Tous les économistes le disent, la question de la disponibilité de la main-d'œuvre et de l'espace peut en fait être ramenée à la question du *prix* de la main-d'œuvre et de l'espace. Si les salaires des couturiers et des ingénieurs augmentaient aux États-Unis, en Italie et à Taiwan, plus de gens se tourneraient vers ces emplois. Il y aurait plus de candidats à l'emploi dans le prêt-à-porter et l'électronique. Si les fonderies taiwanaises étaient prêtes à payer des loyers plus élevés, les terrains actuellement affectés à d'autres usages (à l'agriculture, aux centres commerciaux ou aux réserves naturelles) deviendraient très vite disponibles.

Il existe évidemment des actifs et des compétences authentiquement indisponibles dans certains pays et qui imposent donc un déplacement. Si une firme pharmaceutique veut avoir facilement accès à la recherche biomédicale la plus pointue, elle doit s'implanter à proximité des universités de pointe américaines, comme le MIT, Harvard ou Stanford. C'est pourquoi, malgré les loyers, les salaires et les impôts élevés, presque toutes ces firmes ont un laboratoire à proximité de ces universités. Investir dans un pays doté d'une forte communauté de chercheurs devient une pratique courante dans les secteurs d'activité où la recherche compte beaucoup : c'est ce que font les firmes pharmaceutiques allemandes présentes dans les *clusters* biotech américains. Mais la plupart des facteurs de production (terrains, main-d'œuvre et capitaux) sont disponibles dans les économies avancées. Les entreprises sont-elles prêtes à y mettre le prix ? Et si elles paient, resteront-elles compétitives sur le marché international ?

La main-d'œuvre bon marché

Quand une entreprise délocalise sa production, c'est surtout le coût de la main-d'œuvre qu'elle compte réduire. Lors de nos interviews, les patrons ont souvent justifié leur décision de délocaliser par le désir de payer des salaires moins élevés. Cette explication de leur stratégie rejoint les inquiétudes du public sur la mondialisation et les conclusions de la plupart des économistes reconnus. Même dans des secteurs très gourmands en capitaux, où le coût de la main-d'œuvre est relativement marginal, les hommes d'affaires évoquent leur quête d'une main-d'œuvre moins chère comme une question de survie.

Au Japon, en 2001, nous avons rendu visite à Toray, l'un

des principaux producteurs mondiaux de fibres synthétiques. Sa toute nouvelle usine de filament en nylon et polyester se trouve à Ishikawa, dans la région de Tatsunokuchi Hokuriku, centre historique de la production de soie japonaise. Dans un cadre bucolique entouré de rizières, l'usine d'Ishikawa tourne 24 heures sur 24, avec seulement cinq ouvriers par équipe. Quand nous sommes entrés dans le bâtiment, le directeur dut allumer la lumière. L'usine était plongée dans le noir, car ce sont des robots qui sont chargés de collecter, remplacer et emballer les bobines et les fuseaux. Le coût de la main-d'œuvre ne représente que 5 % du total des coûts. Pourtant, les directeurs de l'usine nous ont déclaré que les salaires étaient « trop élevés » ; ils craignaient que la production ne se déplace un jour vers la Chine et que l'usine d'Ishikawa ne soit fermée. Si les salaires ne représentent que 5 % du total des coûts, pourquoi faudrait-il les réduire encore ? Mais en 2001, Toray traversait une période difficile. Quand les gens cherchent les causes et les solutions d'un problème, la main-d'œuvre figure invariablement en tête de liste. Même quand les sommes en jeu ne sont pas importantes, le coût de la main-d'œuvre paraît variable et compressible, alors que les autres frais semblent fixes, comme Marx l'avait déjà remarqué il y a bien longtemps.

Les premiers emplois à être délocalisés dans les années 1970 se trouvaient dans des secteurs exigeant une assez faible qualification : le jouet, le prêt-à-porter, la chaussure, l'assemblage de circuits imprimés. Dans les années 1980, le niveau croissant des compétences disponibles dans beaucoup de pays asiatiques à bas salaires comme Taiwan, la Malaisie et la Corée du Sud permit d'y installer des opérations de fabrication plus complexes, comme l'industrie des lecteurs de disque dur à Singapour. Seagate Technology, le principal fabricant mondial de lecteurs, a commencé par fabriquer des sous-assemblages à Singapour en 1982 [2]. Huit ans après, Singapour était devenu le premier fabricant mondial de lecteurs de disque dur. C'est dans les années 1990 que commencèrent à partir pour l'étranger les emplois de services simples : transcription médicale, traitement des factures de carte de crédit, fonctions d'arrière-guichet. Aujourd'hui, les entreprises peuvent envoyer à l'étranger toute une gamme d'emplois qualifiés et embaucher des ingénieurs en Chine, en Inde et en Russie pour des coûts réduits de moitié [3]. Les radiologues indiens analysent les radiographies pour les hôpitaux américains ; le centre de R&D d'IBM à Pékin élabore certains de ses projets les plus prometteurs ; des opérations complexes et gourmandes en capitaux comme les fonderies de semi-conducteurs s'installent en Chine.

Bien sûr, certaines contraintes pèsent sur la délocalisation : les entreprises ne peuvent pas toujours engager tous les ouvriers et techniciens qualifiés dont elles ont besoin dans un pays à bas salaires. Les patrons reconnaissent aussi qu'il est parfois impossible de fermer les sites de production dans leur pays sans susciter une vive hostilité politique et sociale. Mais quand le pays d'arrivée dispose apparemment d'ouvriers en nombre suffisant et quand les travailleurs du pays de départ ne descendent pas dans la rue pour protester, les hommes d'affaires considèrent que l'arithmétique

2. David G. McKendrick, « Leveraging Locations. Hard Disk Drive Producers in International Competition », in Martin Kenney et Richard Florida, éd., *Locating Global Advantage*, Stanford, Stanford University Press, 2004.

3. Voir Pete Engardio, Aaron Bernstein et Majeet Kripalani, « Is Your Job Next ? », *BusinessWeek*, 3 février 2003, p. 50-60.

la plus basique leur impose d'employer la main-d'œuvre étrangère la moins coûteuse.

Les coûts réels de la main-d'œuvre moins chère

La réalité est pourtant plus compliquée. Premièrement, il existe des pays comme la Corée du Nord ou le Liberia, où les risques politiques sont si élevés et les infrastructures si médiocres qu'ils ne parviendraient pas à convaincre les investisseurs étrangers d'y installer des usines même si la main-d'œuvre et le terrain étaient gratuits. Viennent ensuite les pays dangereux, mais envisageables. Le risque politique est évidemment une catégorie qui englobe toutes sortes de désastres possibles. Dans des pays comme l'Indonésie ou les Philippines, les conflits ethniques et religieux, les mouvements de guérilla et l'agitation politique créent un environnement instable pour l'investissement. Dans des pays comme la Birmanie, tout accord commercial suppose de négocier avec les forces policières ou militaires. À cause de l'indignation que suscitent en Occident les abus et les violences du régime birman, les entreprises hésitent à y investir, compte tenu de l'effet déplorable que cela peut avoir pour leur image.

Même en Chine, l'insécurité inquiète les entreprises. On parle beaucoup d'enlèvements de patrons taiwanais ou hongkongais. Affronter la mafia locale et les fonctionnaires corrompus est une source de préoccupation constante pour les firmes étrangères implantées en Chine. Les investisseurs étrangers s'interrogent également sur la longévité d'un régime politique autoritaire qui étouffe le mécontentement croissant de ceux qui ont perdu leur emploi dans l'effondrement des entreprises étatiques. Dans les zones frontalières, l'agitation de groupes minoritaires comme les Ouighours musulmans pose également la question de la stabilité politique. Ces sujets sont souvent évoqués à demi-mot dans les interviews. Par exemple, le PDG d'une marque française de vêtements de sport nous a dit que, pour la qualité, les T-shirts fabriqués en Chine étaient comparables à ceux qu'il faisait fabriquer en Italie. Alors pourquoi ne pas tous les faire en Chine ? « Voyons, Professeur Berger, je pensais que vous étiez spécialiste de sciences politiques ! »

Deuxièmement, il existe d'énormes différences entre les salaires d'un pays à l'autre. Toutefois le plus important n'est pas le niveau des salaires, mais le coût unitaire du travail, c'est-à-dire la valeur de la main-d'œuvre nécessaire pour produire une unité de produit ou de service. Ce coût prend en compte la productivité ; quand des travailleurs instruits et expérimentés utilisent un équipement dernier cri, même si les salaires sont élevés, il peut être faible. La valeur ajoutée par un ouvrier américain moyen, par exemple, est 28 fois supérieure à celle que crée son homologue chinois [4]. Les ouvriers américains sont plus productifs parce qu'ils travaillent avec un meilleur équipement et parce qu'ils fabriquent des produits qui se vendent plus cher. Mieux formés que les Chinois, les Américains utilisent le matériel et gèrent les usines plus efficacement. En outre, il y a moins de gâchis de matériaux précieux quand des ouvriers bien formés rattrapent rapidement les produits défectueux.

Même quand les usines des pays en voie de développement disposent de machines modernes, la mauvaise utilisation de

4. Martin Wolf, *op. cit.*, p. 175-177.

l'équipement entraîne inévitablement des interruptions et des défauts dans la production : le coût unitaire du travail augmente d'autant. C'est notamment un problème pour les firmes électroniques taiwanaises. Même si les ouvriers et les ingénieurs touchent de faibles salaires, leur « effectivité globale sur équipement » n'est que de 84 %, alors que la référence mondiale est de 95 % [5]. Cela signifie que les machines restent arrêtées régulièrement pendant qu'on répare les erreurs.

En visitant les ateliers, notre équipe a interrogé les chefs d'entreprise sur ce que coûte la fabrication dans leurs usines installées dans des pays avancés par rapport à ce qu'elles coûtent dans les pays à faibles salaires. Les réponses laissent apparaître une divergence bien moindre dans le coût unitaire du travail que dans le coût des salaires. Un producteur italien de cotonnades a comparé pour nous les coûts dans son usine du nord de l'Italie avec les coûts d'une usine toute neuve qu'il venait d'ouvrir en Inde. Il emploie 676 personnes (y compris les employés de bureau et les commerciaux) en Italie, et 450 en Inde. À l'époque de l'interview (juillet 2002), un ouvrier de l'usine italienne gagnait 2 300 dollars par mois ; en Inde, un ouvrier gagnait 70 dollars par mois. Le coût de la main-d'œuvre en Italie représentait 25 % des ventes, 4,5 % en Inde. Mais tout l'équipement utilisé en Inde devait être importé. Le contrôle de la qualité y coûtait deux fois plus cher. L'efficacité de l'usine indienne était de 10 % inférieure. Finalement, le PDG estimait que le coût par mètre de tissu était deux fois plus élevé en Inde qu'en Italie.

Nous avons reçu un témoignage semblable de la direc-

5. Estimation McKinsey, in Bout, 2003, p. 2.

Inculquer la mentalité italienne

La signora Elena, employée par Emilia Maglia, firme italienne de prêt-à-porter :

« Nous devons posséder et gérer nous-mêmes l'usine roumaine afin d'obtenir la qualité que nous désirons. Nous voulons leur apprendre notre système italien et notre mentalité italienne. Bien sûr, il serait plus facile d'avoir des agents et des intermédiaires ou des sous-traitants et cela représenterait un investissement moindre. Mais nous ne pourrions pas obtenir le même résultat. En quelques années, nous avons pu créer ici un contexte italien et nous leur avons transmis notre mentalité. »

trice d'Emilia Maglia, firme italienne qui possède une filiale en Roumanie, alors qu'elle nous faisait visiter l'usine de Timisoara[6]. Cela montre combien il est délicat de calculer le coût réel de la main-d'œuvre à bas salaires. Comme la grande majorité des entreprises interviewées sur les nouveaux sites de production, Emilia Maglia avait décidé qu'il fallait un patron italien pour son usine roumaine. C'est ainsi que fut recrutée la signora Elena. Comme elle devait vivre et travailler à plein temps à Timisoara pendant plusieurs années, son mari avait dû également être recruté. Quatre ans après l'ouverture de l'usine, la signora Elena et son mari la dirigent encore. Également, dans nos entretiens avec des entreprises de Hongkong dotées d'usines en Chine, nous avons découvert que même dans les usines âgées de cinq à dix ans, les positions clefs restent entre les mains de cadres originaires de Hongkong (dont le salaire est calculé selon les critères de Hongkong et non selon le niveau de vie en Chine).

6. Le nom de l'entreprise a été modifié.

Calculons le coût réel de la main-d'œuvre moins chère

Luxottica, fabricant italien de lunettes

« Nous centralisons notre processus de production en Italie et nous internationalisons notre structure commerciale. Notre objectif est de nous concentrer autant que possible dans les usines italiennes. Nous avons compris que l'avantage en matière de salaires était minimal, même dans les usines chinoises du Guangdong, dès lors qu'on prenait en considération les frais indirects. D'abord, il faut plus de contremaîtres : 5 pour 100 ouvriers en Chine, contre 2 pour 100 ouvriers en Italie. Et emmener en Chine des ouvriers italiens coûte trois fois plus cher que de les employer en Italie. L'incidence des frais indirects en Chine représente dix fois le coût de la main-d'œuvre en Italie. L'envoi de nos employés en Chine réduit donc fortement l'avantage d'une main-d'œuvre moins chère.

Fabriquer deux verres coûte 2,63 dollars à Fuling, en Chine ; 2,49 dollars à Waterford, en Irlande ; 1,20 dollar en Italie, avec le même équipement. La différence tient essentiellement au gâchis de matériaux précieux. Les économies réalisées grâce à la centralisation en Italie sont telles, et les verres fabriqués en Chine sont si souvent défectueux que cela annule les gains réalisés sur les salaires. Les arrêts machine sont très rares en Italie par rapport à ce qui se passe en Chine. Si une machine se casse en Chine, il faut un mois pour qu'un technicien vienne la réparer. Pour une production de haute qualité, on a besoin du soutien technique qu'on trouve dans les sociétés avancées. »

Les faits : Luxottica est un fabricant de montures et de verres pour lunettes de soleil implanté à Agordo, dans le district de Belluno, dans le nord-est de l'Italie. Il produit environ 32 millions de montures par an, avec un chiffre d'affaires annuel de 3,6 milliards de dollars. L'usine ouverte en Chine en 1996 emploie 1 200 personnes. À l'heure actuelle, 75 % de la production de Luxottica sort de ses usines italiennes[7].

7. Les données financières datent des rapports annuels de 2003. Notre équipe a réalisé ses interviews chez Luxottica le 12 octobre 1999. Voir aussi

La Signora Elena était fière d'avoir amélioré la productivité de l'usine roumaine en inculquant aux Roumains les méthodes de travail italiennes. Elle désigna une manche tricotée en fil de laine fine blanc et un pull brodé de perles, fabriqués à la fois en Italie par les sous-traitants d'Emilia Maglia et en Roumanie dans leur usine. Elle expliqua à regret que les manches coûtaient moitié moins cher à fabriquer en Italie parce que la productivité y est beaucoup plus élevée. Les ouvriers italiens ont des années d'expérience avec les machines et s'adaptent rapidement aux différents produits, ils détectent les problèmes et les résolvent avant que la production ne soit gâchée, ils entretiennent l'équipement. Pour toutes ces raisons, beaucoup de produits restent moins chers à fabriquer en Italie, même si les salaires italiens sont à peu près dix fois plus élevés que les salaires roumains.

Si la facture était calculée de manière à inclure le salaire des patrons expatriés, qui touchent toutes sortes de primes et d'aides au logement et au transport, on verrait que les chiffres sur les avantages de la délocalisation sont parfois trompeurs. Certaines entreprises ont bien réfléchi au coût réel de l'opération et ont préféré maintenir la production dans leur pays.

D'autres patrons, convaincus de pouvoir améliorer la productivité des ateliers et, à terme, de remplacer les expatriés par des locaux, restent optimistes quant à leur implantation dans des pays à bas salaires, dans l'espoir de récolter un jour les fruits de cette économie.

Bien sûr, à mesure que la productivité augmente, les salaires

---

Arnaldo Camuffo, « Transforming Industrial Districts : Large Firms and Small Business Networks in the Italian Eyewear Industry », *Industry and Innovation*, vol. 10, n° 4, 2003, p. 377-410.

croissent. En 2004, les principaux fabricants contractuels de prêt-à-porter dans le sud de la Chine affirmaient que les salaires qu'ils payaient étaient alors plus élevés que ceux pratiqués dans bien d'autres pays comme le Vietnam. Dans les zones de production, il est même difficile de trouver assez de main-d'œuvre. Avec une population supérieure à un milliard d'individus, on voit mal comment la Chine pourrait être à court de bras. Il y a pourtant des limites à la migration de cette main-d'œuvre potentielle vers les régions côtières et méridionales qui disposent maintenant d'autoroutes, de réseaux électriques, de télécommunications, de managers expérimentés et d'usines modernes qui permettent une production efficace. Recommencer à zéro en partant s'installer au Vietnam ou dans l'intérieur de la Chine est toujours possible, mais coûte énormément. En fin de compte, la course aux bas salaires suppose une fuite perpétuelle vers de nouveaux territoires, où l'on retrouve les mêmes concurrents acharnés que sur le site précédent.

Comme l'affirme David Birnbaum, dont les livres pleins d'esprit sur l'industrie mondiale du prêt-à-porter sont une référence en matière de réflexion sur les bas salaires : « Il n'existe aucune corrélation directe entre le coût de la main-d'œuvre et les coûts de fabrication [8]. » Birnbaum cite de nombreux exemples à l'appui de ses thèses, notamment une analyse des jeans 501 fabriqués en Corée du Sud par un employé payé 7,50 dollars de l'heure et en Indonésie pour 0,20 dollar de l'heure [9]. Le prix Free on Board (FOB) [10]

8. David Birnbaum, *Birnbaum's Global Guide to Winning the Great Garment War*, Hongkong, Third Horizon Press, 2000, p. XIX.

9. *Ibid.*, p. XX.

10. NdT : c'est-à-dire la somme de tous les coûts jusqu'au transport, transport non compris.

n'est que de 15 % supérieur pour les jeans fabriqués en Corée du Sud, même si les salaires coréens sont de 3 750 % supérieurs. Comment est-ce possible ? La toile représente 70 % du coût ; les 30 % restants incluent non seulement la main-d'œuvre mais aussi la garniture, les bénéfices, les frais généraux et les quotas (à présent éliminés). Dans les pays pauvres, les frais généraux sont souvent plus élevés que dans les pays avancés, et sont en fait plus bas en Corée du Sud qu'en Indonésie. Si le chef d'entreprise local doit financer ses opérations courantes, les taux d'intérêt à court terme deviennent très importants, or ils varient d'un pays à l'autre et sont très élevés dans les pays politiquement instables. En 1998, le taux d'intérêt était de 57 % en Indonésie et de 23 % en Corée du Sud [11]. Le taux d'inflation, qui varie d'un pays à l'autre, affecte les coûts de la matière première, des transports et de l'énergie. En moyenne, ces coûts non liés à la main-d'œuvre représentent au moins 80 % du prix FOB d'un vêtement [12].

Birnbaum estime que, dans les usines des pays en voie de développement, le coût total de la main-d'œuvre ne représente que 3 à 4 % du prix du produit lorsqu'il est chargé à bord des bateaux, soit 0,75 % de son prix de vente. Si l'impact des salaires sur les coûts totaux est si faible, même dans le prêt-à-porter qui est si gourmand en main-d'œuvre, quel sera-t-il dans des activités plus gourmandes en capitaux comme l'électronique ? Technology Forecasters, un groupe de consultants, a analysé la délocalisation des services de fabrication et de design électroniques dans de nombreux

11. David Birnbaum, *op. cit.*, p. 26.
12. Mike Flanagan, « The Ground Rules for Sourcing After 2005 », Management Briefing, Bromsgrove, Just-style.com, 2004, p. 22.

pays et a découvert que les grandes firmes sous-estiment souvent la plupart des coûts liés à la délocalisation : la gestion de la chaîne d'approvisionnement, les frais de courtage, les dégâts causés par le transport [13]. La conclusion, fondée sur l'étude de soixante cas, est que la main-d'œuvre ne représente en moyenne que 2 % du coût total d'un projet.

Mais ce ne sont pas seulement les salaires qui paraissent plus bas à l'étranger. Les loyers, le coût de l'énergie, les impôts et les normes écologiques, tout paraît moins cher ailleurs. Ces économies n'ont pourtant pas d'incidence directe. Si les loyers sont moins coûteux (le terrain est parfois offert par des villes désireuses d'attirer les industriels), le réseau de gaz et d'électricité, l'infrastructure routière, le service téléphonique, la police et les autres services publics sont souvent médiocres et peu fiables. Dans de nombreux sites (comme à Timisoara), on demande aux entreprises de construire elles-mêmes les routes et les lignes électriques pour se relier au réseau principal. Souvent, les usines doivent avoir leur propre générateur à cause des coupures de courant. Il faut recruter des gardes pour assurer la sécurité. Même quand la bureaucratie est moins contraignante, elle est souvent lente et arbitraire.

Dans ces pays, la corruption rend les rapports imprévisibles. La sagesse populaire veut que les entreprises de Hongkong et de Taiwan réussissent en Chine parce que leurs directeurs, de par leur proximité culturelle, savent négocier dans cet univers de pots-de-vin où tout se fait par relations (« guanxi »). Au contraire, nos interviews ont montré que même les managers qui partagent la langue et la culture des

13. Cette étude est évoquée par Barbara Jorgensen, « Where the Costs Are », *Electronic Business*, juillet 2004.

Chinois redoutent de devoir affronter la corruption. Beaucoup de patrons taiwanais affirment que si l'on tient compte des dessous-de-table à verser aux fonctionnaires chinois, la différence de coût entre produire en Chine et produire à Taiwan n'est pas si grande.

Pire encore que les sommes extorquées par la corruption: l'inquiétude quant aux possibles exigences futures. Un fabricant d'équipement de Hongkong nous a dit que, chaque fois qu'il envoie des machines à son usine en Chine, un fonctionnaire chinois lui propose de faire entrer le matériel sur le territoire sans payer de taxes. Les faveurs que cela suppose en retour ne sont jamais précisées. Le fabricant préférerait payer la taxe une fois pour toutes, mais il ne peut pas opposer un refus à ce puissant personnage. Lorsqu'il visite son atelier chinois, « chaque machine a l'air d'une bombe qui pourrait un jour [lui] exploser à la figure ». Les fonctionnaires corrompus ou simplement mal préparés, qu'ils soient percepteurs ou inspecteurs des douanes, juges influençables ou policiers en roue libre, tous rendent les coûts beaucoup plus imprévisibles dans un pays en voie de développement que dans les sociétés où la règle de droit est mieux établie.

La fin du protectionnisme

Les derniers bastions du protectionnisme sont désormais assiégés. Même l'agriculture, la sphère de production la plus protégée dans les sociétés riches, doit maintenant affronter la libéralisation des échanges. En mars 2005, un tribunal de l'OMC a considéré que les subsides versés par les États-Unis aux cultivateurs de coton augmentaient leur production et leurs exportations, et nuisaient donc aux cultivateurs de coton des autres pays [14]. Les États-Unis sont maintenant obligés de limiter leurs aides. Cette décision, qui fait suite à une plainte déposée par le Brésil, laisse entrevoir que l'agriculture nationale pourrait cesser d'être un sanctuaire intouchable. Chaque année, les pays riches offrent environ 300 milliards de dollars à leur agriculture, et les pays en voie de développement affirment depuis longtemps que ces aides de toutes sortes font baisser les prix mondiaux et imposent une concurrence déloyale aux cultivateurs des pays pauvres. Pour les produits manufacturés, le grand bouleversement fut la fin de l'Accord sur les textiles et les vêtements en janvier 2005, connu sous diverses appellations depuis la fin de la Seconde Guerre mondiale, et qui protégeait des importations l'industrie du prêt-à-porter des pays à salaires élevés. Craignant une riposte protectionniste aux États-Unis et espérant peut-être garder le contrôle sur les producteurs nationaux, Pékin a annoncé début 2005 l'instauration de taxes à l'exportation, mais ces mesures semblent sans grand effet.

La fin des quotas a eu un impact immédiat et spectaculaire : aux États-Unis, durant les premiers mois de l'année 2005, les importations de textiles et de vêtements chinois ont progressé de plus de 63 % par rapport à l'année précédente ; dans certaines catégories comme les chemises et les pantalons en coton, la hausse était supérieure à 1 000 % [15]. Au sein

14. Elizabeth Becker, « US Loses Final Ruling on Subsidies For Cotton », *The New York Times*, 4 mars 2005.

15. David Barboza, « Stream of Chinese Textile Imports Is Becoming a Flood », *The New York Times*, 4 avril 2005.

de l'Union européenne, ce fut également un déluge de produits chinois. Aux États-Unis, le Département du commerce a lancé une enquête pour déterminer s'il fallait prendre des mesures afin de limiter l'invasion ; même chose en Europe[16]. Cette concurrence chinoise libérée de tout quota exerce une pression énorme, et pas seulement sur les producteurs des pays à salaires élevés, qui ont eu le temps d'absorber l'impact de la concurrence des pays à bas salaires et ont dû s'adapter d'une manière ou d'une autre. En fait, en 2003, 77 % des vêtements achetés par les Américains étaient déjà fabriqués à l'étranger[17]. La fin des quotas sera bien plus douloureuse pour les pays très pauvres. Le système des quotas, en leur garantissant l'accès au marché des pays riches, leur a permis de développer leur propre industrie. Maintenant que plus rien ne limite les ventes de la Chine et de l'Inde au reste du monde, les jeunes industries du Bangladesh, du Cambodge, du Honduras et d'autres semblent condamnées à la catastrophe.

Dans le prêt-à-porter, la fabrication a commencé à quitter les pays à hauts salaires il y a quarante ans. Dans les années 1970, quand les barrières douanières et les frais de transport se sont mis à diminuer, la plupart des marques et des détaillants américains ont décidé de délocaliser. En 1994, avec l'Accord de libre-échange nord-américain (ALENA) et la dévaluation du peso (qui a réduit les coûts de moitié), la confection au Mexique de vêtements réalisés à partir de tissu fabriqué aux États-Unis est apparue comme l'avenir du secteur. Beaucoup de grandes firmes textiles américaines

16. Paul Meller, « Rise in Chinese Textiles Imports Prompts Inquiry in Europe », *The New York Times*, 23 avril 2005.

17. American Apparel and Footwear Association, *Trends*, http ://www.apparelandfootwear.org/data/trands2003Q2.pdf, tableau 2.

ont investi au Mexique. Pour des marques comme Liz Claiborne, Ralph Lauren et Gap, l'idée était celle du « magasinage centralisé ». Les firmes asiatiques vendant aux magasins américains ont également construit des usines au Mexique et en Amérique latine. Quand des groupes de grande distribution comme Wal-Mart ont fait monter la pression pour obliger les fabricants à réduire les délais et à procéder à des réapprovisionnements rapides, la proximité du Mexique fit passer ce pays pour une base de production naturelle [18].

À la fin des années 1990, la tendance qui poussait la fabrication de vêtements vers le Mexique semblait irrésistible. Mais les coûts ont rapidement augmenté au Mexique et les fournisseurs mexicains se sont avérés incapables de satisfaire les exigences de qualité. La déception avait des causes multiples : le Mexique ne pouvait fabriquer des produits de haute qualité, les usines manquaient de souplesse, les délais étaient encore trop longs. Beaucoup de firmes ont donc choisi de partir pour l'Asie [19]. Des milliers de *maquiladoras* ont dû fermer (il s'agit d'usines qui travaillent uniquement pour l'exportation, en profitant de la régulation douanière qui autorise les composants et l'équipement à entrer gratuitement au Mexique et les produits finis à partir vers les États-Unis sans taxes ni quotas).

Au Mexique, l'essentiel de l'investissement étranger direct

18. Frederick H. Abernathy, John T. Dunlop, Janice H. Hammond et David Weil, « Globalization in the Apparel and Textile Industries : What is New and What Is Not ? », in *Locating Global Advantage : Industry Dynamics in the International Economy*, éd. M. Kenney et R. Florida. Stanford, Stanford University Press, 2004.

19. Marcos Ancelovici et Sara Jane McCaffrey, « From NAFTA to China ? Production Shifts and Their Implications for Taiwanese Firms », in S. Berger et R. K. Lester, *Global Taiwan*, Armonk, M. E. Sharpe, 2005, p. 166.

concernait ces *maquiladoras*, qui ont contribué à l'essor rapide de l'économie. Quand les investisseurs étrangers décidèrent de se retirer du jeu, l'effet fut désastreux. En 2001, l'industrie mexicaine perdit près d'un quart de son million d'emplois. Cela reflète en partie l'impact de la récession américaine, mais aussi une modification structurelle plus profonde. Le problème ne tenait pas seulement à la hausse des coûts au Mexique, mais aussi à la faiblesse de la base d'approvisionnement. Par comparaison, les entreprises ont trouvé en Chine des fournisseurs capables de répondre à toutes leurs attentes. Même le tissu et la finition (les étapes les plus délicates à maîtriser) commençaient à devenir très accessibles en Chine. Les marques américaines ont compris qu'il ne leur coûterait pas plus cher de rapporter en avion les vêtements fabriqués en Chine que ceux provenant du Mexique.

Toute la production va-t-elle partir pour la Chine ?

Dès avant la date fatale de janvier 2005, une bonne partie de l'industrie du textile et du prêt-à-porter s'était déjà regroupée en Chine et le reste se préparait à l'y rejoindre très vite. Maintenant que les résultats des premiers mois sans quotas sont connus, la tendance paraît s'accélérer. Même les entreprises bien implantées au Mexique semblent envisager une nouvelle délocalisation. Voici par exemple la déclaration de Roger Williams, président de Warnaco Swimwear, subdivision de Warnaco, firme de prêt-à-porter qui pèse 1,4 milliard de dollars : « Nous irons toujours vers l'endroit le moins cher. Une fois réglée la question des quotas, notre niveau de confort augmentera. Avec le temps, il y aura un déplacement vers la Chine[20]. » Warnaco, qui produit des sous-vêtements, est le premier fabricant mondial de maillots de bain (sous des marques comme Speedo, Catalina, Calvin Klein et Anne Cole). Actuellement, l'usine Warnaco près de Mexico emploie 4000 personnes, tourne 24 heures sur 24 et produit chaque année environ 20 millions de maillots de bain.

Tout le secteur va-t-il se déplacer ? À Washington, les lobbyistes du secteur prévoient un mouvement géographique pour 30 des 40 millions d'emplois que compte l'industrie mondiale du textile et du prêt-à-porter. En 2003, Cass Johnson, de l'Association des fabricants de textile, prévenait les industriels réunis en congrès : « Si on ne freine pas la Chine, c'est la mort du textile et du prêt-à-porter aux États-Unis ; 630000 personnes perdront leur emploi et 1300 usines fermeront. Tous les gens ici présents se retrouveront au chômage[21]. » En 2004, un rapport du représentant des États-Unis pour le commerce extérieur concluait plus diplomatiquement : « On s'attend à ce que la Chine devienne le "fournisseur de choix" pour la plupart des importateurs américains (les grandes firmes de prêt-à-porter et les détaillants) grâce à sa capacité à fabriquer presque tous les types de produits, à tous les niveaux de qualité, pour un prix compétitif[22]. » Les lobbyistes ont également souligné l'impact de la fin des quotas : « Non seulement les États-Unis vont perdre plus de 75 % de leur industrie textile, mais sur

20. Cité par David Barboza, « Stream of Chinese Textile Imports Is Becoming a Flood », *The New York Times*, 4 avril 2005.

21. « The China Threat », Unified Industry Briefing, 3 septembre 2003.

22. US International Trade Commission, Textiles and Apparel : Assessment of the Competitiveness of Certain Foreign Suppliers to the US Market, Washington, 2004.

les 30 millions de pertes d'emplois prévues, plusieurs millions se produiront dans les pays concernés au premier plan par la guerre contre le terrorisme comme le Bangladesh, le Sri Lanka, la Malaisie, la Thaïlande, l'Indonésie, le Maroc, la Tunisie, la Turquie, la Jordanie et l'Égypte [23]. »

Mais il est peu probable que la Chine finisse par contrôler l'ensemble du secteur. La grande distribution et les grandes marques trouvent trop risqué de mettre tous leurs œufs dans le même panier, surtout quand ce panier est un pays doté d'un grand potentiel d'agitation politique interne. Et tout le monde a encore en tête l'épisode du SRAS. Une étude menée par la Banque mondiale prévoit qu'après la fin de l'Accord multi-fibre, la Chine pourrait récupérer jusqu'à 50 % du marché mondial du prêt-à-porter, mais parmi tous les patrons américains, européens et japonais que nous avons interviewés, un seul prévoyait de transférer en Chine l'ensemble de sa fabrication. Comme les coûts montent dans les régions facilement accessibles, même ce chiffre de 50 % risque de paraître trop élevé.

Pour une entreprise qui veut répartir ses œufs entre différents paniers, la meilleure option reste celle des autres pays à bas salaires. Dans l'avenir, il existera sans doute moins de pays dotés d'une industrie textile importante. Dès que les quotas appartiendront définitivement au passé, la fabrication n'aura plus aucune raison économique de se disperser aussi largement qu'aujourd'hui. Dans de nombreux pays ; la production déclinera, avec des effets dévastateurs pour les pays pauvres. Le système des quotas a donné naissance à

23. Auggie Tantillo, directeur exécutif de l'American Manufacturing Trade Action Coalition, cité dans un communiqué de presse du National Council of Textile Organizations, 16 juin 2004.

l'industrie du prêt-à-porter sur l'Île Maurice, mais aussi dans un pays très peuplé comme le Bangladesh, où près de la moitié de la population active travaille dans ce secteur : 1,8 million d'emplois, principalement détenus par des femmes. Avec la baisse des commandes des acheteurs étrangers, beaucoup de ces emplois disparaîtront. Quels sont alors les pays les plus prometteurs pour la production des vêtements et des tissus qui ne se fera pas en Chine ? Quelques pays à faibles coûts comme l'Inde et la Turquie semblent tout désignés, puisqu'ils disposent de grandes usines modernes et pratiquent des salaires relativement bas. Le Vietnam pourrait également survivre à cette tempête, grâce à ses bas salaires, à sa main-d'œuvre relativement instruite et à la forte présence des investisseurs de Taiwan et de Hongkong.

Une autre raison rend peu probable une production à 100 % chinoise : pour certains produits, les compétences chinoises ne sont pas à la hauteur. Presque 50 % des exportations de l'Europe de l'Est vers l'Europe de l'Ouest se composent de costumes et de manteaux assez coûteux, qui sont le point faible de la Chine [24]. Notre enquête suggère que ces vêtements continueront à être fabriqués en Europe de l'Est, même si la fabrication quittera la Pologne et la Hongrie pour se déplacer vers la Roumanie, la Bulgarie et l'Ukraine.

Enfin, tous les textiles et les vêtements ne seront pas faits en Chine parce que la livraison et le réapprovisionnement ultrarapides sont des services qui valent cher dans les socié-

24. Bob Begg, John Pickles et Adrian Smith, « Cutting It : European Integration, Trade Regimes, and the Reconfiguration of East-Central European Apparel Regimes », *Environment and Planning*, 35, p. 2191-2207, 2003, p. 2198. Voir aussi Hildegunn Kyvik Nordas, « The Global Textile and Clothing Industry post the Agreement on Textiles and Clothing », Genève, Organisation mondiale du commerce, 2004.

tés aisées. Les gens sont prêts à payer pour avoir les nouveautés tout de suite, pas dans un mois. Ce facteur privilégie la production dans les économies à salaires élevés, qui comptent un nombre important de consommateurs riches. Même à New York, avec des loyers, des salaires et des impôts élevés, il existait encore 33 200 emplois dans la fabrication de prêt-à-porter en 2003 (il y en avait 78 300 en 1994)[25]. Bien d'autres emplois mieux payés leur sont associés : stylistes, employés de showrooms, acheteurs, mannequins, journalistes de mode, détaillants spécialisés, etc. De petites entreprises new-yorkaises, dont le nom est inconnu hors du milieu, imitent très vite les dernières tendances. Elles sont capables de reconstituer rapidement le stock de vêtements commandés à des usines lointaines, le tout en moins d'un mois. À Los Angeles, la mode représente 24 milliards de dollars, c'est le principal secteur d'activité de la ville, qui compte encore 68 000 emplois dans le prêt-à-porter. Pour beaucoup d'entreprises de Los Angeles, la rapidité est la clef du succès.

Si le seul facteur retenant le textile et le prêt-à-porter dans les économies à salaires élevés était le réassortiment rapide, la disparition des barrières douanières devrait changer la donne. De fait, même dans les villes spécialisées dans le renouvellement rapide comme New York et Los Angeles, les chiffres diminuent : en dix ans, New York a perdu plus de la moitié de ses emplois dans le textile, et Los Angeles, près d'un tiers de 1996 à 2003. Ce phénomène est-il inévitable ? Beaucoup le pensent, ou estiment que la seule mesure permettant de l'éviter serait de rétablir les quotas et le pro-

25. *Crain's New York Business*, « Garments Makers Find the Right Fit », 17-23 mai 2004, p. 2.

tectionnisme. Faut-il ou non maintenir le textile dans nos pays ? Après tout, c'est un secteur à mutation lente, où les salaires sont bas pour une société avancée, et la concurrence des économies émergentes rude. C'est une question sur laquelle je reviendrai au chapitre VI.

Avant de se demander s'il est souhaitable de maintenir la fabrication aux États-Unis, il faut prendre un peu de recul. Dans une économie internationale ouverte, la concurrence asiatique laisse-t-elle la moindre chance à l'industrie textile en Occident ? Avec ses technologies qui évoluent très lentement, ses compétences rapidement acquises et ses opérations facilement transportables, le secteur du prêt-à-porter est un cas critique. Si notre équipe découvrait de réelles possibilités pour cette industrie dans les économies à salaires élevés, la leçon s'appliquerait à plus forte raison aux secteurs exigeant plus de qualification, plus de capitaux et un plus fort degré d'innovation. Si même dans le textile il existait des entreprises rentables aux ouvriers bien payés, il serait difficile d'affirmer que la mondialisation condamne l'industrie dans les économies avancées. Et c'est exactement ce que nous avons découvert. L'Italie et l'Allemagne prouvent, chacune à sa manière, que la survie et la prospérité sont possibles, même pour le textile et le prêt-à-porter. Même si, dans une bonne partie de l'Europe, ce secteur est en déclin rapide, en Italie l'emploi reste stable et les bénéfices satisfaisants.

Cela devient frappant si l'on compare les États-Unis et l'Italie. Entre 2001 et 2003, les États-Unis ont perdu 33 % de leurs emplois dans le prêt-à-porter. À la même époque, l'Italie n'en a perdu que 6,5 % [26]. Ce secteur employait

26. Sistema Moda Italia-Associazione Tessile Italiana, données révisées de l'ISTAT et recensement de 2001.

569 733 Italiens en 2003 et 709 500 Américains en 2004 (la population des États-Unis est à peu près cinq fois celle de l'Italie : 293 millions contre 58 millions). Dans le sud des États-Unis, avec ses filatures sinistrées, on désespère de pouvoir trouver un emploi. Par contraste, dans les districts italiens spécialisés dans le textile et le prêt-à-porter, concentrés en Vénétie et en Émilie-Romagne, le chômage est pratiquement inconnu [27].

Dans le nord de l'Italie, le problème serait plutôt de trouver assez d'ouvriers pour accroître la production. Le manque de main-d'œuvre pousse certaines firmes à investir à l'étranger, dans des pays voisins comme la Roumanie, à quelques heures d'avion. Une vague d'immigration (légale ou clandestine, chinoise, albanaise et yougoslave) a déferlé sur ces villes, comblant le besoin de petites mains et créant un nouveau groupe de chefs d'entreprise. Dans la province de Modène, au cœur des districts spécialisés dans le textile et le prêt-à-porter, 200 entreprises sur 3 200 appartiennent à des Chinois. On estime qu'elles emploient environ 6 000 Chinois [28]. Pour les nouveaux venus, ces districts restent prometteurs, comme le montre l'arrivée d'un nouvel ensemble d'entreprises. La presse révèle que la plupart de ces travailleurs immigrés travaillent dans de mauvaises conditions et sont mal payés, comme leurs prédécesseurs dans les ateliers clandestins des années 1950 qui sont à l'origine des usines modèles d'aujourd'hui dans ces régions. Mais étant donné les ressources économiques complémentaires dispo-

27. En 1998, par exemple, le taux de chômage dans ces districts était de 4,3 % à Biella (lainages), de 3,4 % à Belluno (chaussures), de 3,4 % à Reggio Emilia et à Trévise (vêtements), et de 4,7 % à Modène (vêtements).

28. Barbara Fiammeri, « Il distretto di Carpi, la città proibita delle imprese cinesi », *Il Sole-24 Ore*, 18 juin 2002, p. 1, 15.

nibles en Italie (design, marketing, compétences techniques) et les atouts politiques d'un système où les partis de gauche et les syndicats sont les principaux acteurs, ces firmes et leurs travailleurs ont sans doute de belles années devant eux. Les occasions d'améliorer la production et les conditions de travail sont bien là.

Mêmes moteurs, résultats différents

Au cours du dernier quart de siècle, l'économie internationale s'est énormément développée grâce à la politique et au progrès technologique. De manière totalement imprévisible, les dirigeants du bloc soviétique et de la Chine ont eux-mêmes fait tomber le rideau de fer qu'ils avaient dressé et se sont ouverts aux économies de marché occidentales. Les réseaux de production et d'échanges englobent maintenant l'essentiel de la population mondiale. Il reste quelques nations comme la Corée du Nord qui tentent de s'isoler systématiquement de l'économie mondiale. Mais pour la plupart, les pays situés en périphérie ou même en dehors des réseaux internationaux de production et d'échanges sont des nations misérables et politiquement instables qui découragent même les investisseurs étrangers en quête exclusive de main-d'œuvre à bon marché.

Beaucoup de pays pauvres souffrent de leur dépendance en matière de biens manufacturés et de la concurrence déloyale de la production agricole subventionnée de l'Occident riche. Pourtant, la principale difficulté n'est pas que ces sociétés soient exploitées au sein de l'économie mondiale, mais qu'elles ne puissent s'intégrer aux réseaux d'échanges, d'investissement et de production. Le continent africain est très largement hors d'atteinte de la mondialisation, et sa pauvreté est accrue par son isolement et son exclusion. L'instabilité politique, la violence et la corruption y sont telles qu'elles dissuadent les investisseurs nationaux et étrangers. Les salaires ont beau y être très bas, l'illettrisme, la démoralisation et la mauvaise santé de la main-d'œuvre potentielle n'attirent pas l'industrie. Quand des pays dotés d'une population immense et désespérément pauvre comme l'Inde et la Chine sont devenus pleinement intégrés dans la production et les échanges mondiaux, le niveau de vie de leurs habitants s'est amélioré, bien que de manière certainement très inégale.

L'économie internationale couvre maintenant de vastes territoires nouveaux, et les règles du système ont changé aussi. Comme je l'ai esquissé dans ce chapitre, la progression hésitante et zigzagante vers la libéralisation des échanges a commencé avec les accords de Bretton Woods en 1944. La libéralisation du mouvement des capitaux a démarré plus tard. Aujourd'hui, d'énormes portefeuilles d'investissement peuvent franchir les frontières : il suffit de pianoter sur le clavier d'un ordinateur. Le seul facteur de production qui reste bloqué par les contrôles douaniers, c'est l'être humain. L'hostilité aux travailleurs étrangers qui existe dans de nombreux pays riches ainsi que les normes de sécurité instaurées après le 11 septembre 2001 rendent de plus en plus difficile le déplacement des personnes d'un pays à l'autre. Notre monde d'aujourd'hui est bien plus fermé que le monde sans frontières de la « première mondialisation » de la fin du XIXe siècle, quand 55 millions d'Européens sont partis s'installer dans le Nouveau Monde.

Au début de ce livre, j'ai affirmé que les avancées technologiques permettant de découper le système de production en réseaux modulaires étaient les auxiliaires de la mondialisation. Les forces de la concurrence, du changement, de la croissance et de la destruction créatrice, libérées dans ce vaste monde de production et d'échanges internationaux, sont les moteurs de la mondialisation. Ces *moteurs* et ces *auxiliaires* constituent des contraintes et des opportunités pour tous, mais même les chefs d'entreprise des mêmes secteurs présents sur les mêmes marchés ne les perçoivent pas d'une seule et unique façon et n'y réagissent pas semblablement. Alors que les trois premières parties proposaient une cartographie du nouveau monde de la production comme un jeu de Lego, je vais passer maintenant aux applications pratiques. Les chercheurs de l'Industrial Performance Center ont demandé à chacun des dirigeants des 500 entreprises étudiées ce qu'ils fabriquent dans leurs usines, ce qu'ils sous-traitent, ce qu'ils confient à des entreprises étrangères, et pour quelles raisons.

QUATRIÈME PARTIE

RÉUSSIR DANS UN MONDE MODULAIRE

« Il existe différentes options et, chez Fujitsu, nous hésitons encore. Les uns disent : "Il devrait nous suffire de bien faire le choix des meilleurs composants et de les accompagner de services." D'autres managers disent : "Si nous utilisons des pièces standardisées, n'importe qui pourra proposer la même offre. Où est l'avantage compétitif pour Fujitsu ?" S'il n'y a pas moyen de différencier les appareils, il est impossible de réussir en vendant uniquement des services. Comment pourrait-on faire des bénéfices ? De ce point de vue, nous devons conserver des compétences avancées dans le matériel informatique aussi bien que dans le software. »

Akira Takashima, vice-président
et membre du conseil d'administration de Fujitsu[1]

1. Interview réalisée en octobre 2004. Nous avons également rencontré M. Takashima en 2001 et 2002.

CHAPITRE VII

Suivre les stratégies de la base vers le sommet

Dans l'économie mondiale aujourd'hui, presque toutes les entreprises connaissent les hésitations de Fujitsu sur ce qu'elles devraient fabriquer elles-mêmes et ce qu'elles devraient acheter aux autres. Il est devenu possible de se procurer services et fabrication auprès de dizaines de milliers de nouvelles firmes spécialisées dans différentes fonctions qui se déroulaient jadis à l'intérieur des entreprises intégrées. Les deuxième et troisième parties de ce livre ont présenté les moteurs et les auxiliaires de ce mouvement : l'ouverture et l'expansion de l'économie internationale et la fragmentation de la production. Dans les pages qui suivent, on se posera une autre question : toutes les entreprises réagissent-elles de la même façon à ces changements fondamentaux ? Et, si oui, est-ce par nécessité ?

Notre équipe a voulu savoir si les entreprises opérant dans le même secteur et sur le même marché prenaient les mêmes décisions quant aux fonctions qu'elles doivent conserver et celles qu'elles doivent externaliser. Nous avons donc étudié les réponses reçues lors des interviews réalisées dans 500 firmes d'Extrême-Orient, d'Amérique et d'Europe. Chaque fois, nous avons posé les mêmes questions aux

PDG, aux directeurs des secteurs R&D, aux responsables des chaînes d'approvisionnement : quelles opérations gardez-vous ? Lesquelles sous-traitez-vous ? Pourquoi ? Comment calculez-vous les avantages et les inconvénients ? Quels concurrents prenez-vous comme points de repère pour vos décisions ? Êtes-vous satisfaits du résultat ? Aujourd'hui, les options sont beaucoup plus nombreuses que jadis. Autrefois, pour garantir la qualité, la rapidité et les compétences, on avait simplement le choix entre conserver la production chez soi et travailler en étroite collaboration avec des fournisseurs attitrés. À chaque nouveau projet, les équipes d'ingénieurs et de managers incorporaient les leçons de leur expérience passée. Bien souvent, ces leçons ne pouvaient pas être rigoureusement codifiées : il s'agissait de connaissances tacites qui ne pouvaient être appliquées aux situations nouvelles que par un ingénieur compétent et expérimenté.

Envisageons la façon dont a été transformée la fabrication du masque, la matrice utilisée pour graver le dessin d'un circuit intégré sur une puce semi-conducteur. Aujourd'hui, le circuit est dessiné sur ordinateur, de sorte que les instructions numérisées peuvent être transmises directement d'une machine à l'autre. Les circuits sont gravés par un rayon d'électrons. Dans les années 1970, le masque devait être découpé à la main, comme un patron de couturière, par un technicien qualifié muni d'une lame de rasoir, en étroite collaboration avec le concepteur du circuit et un dessinateur. Il fallait rassembler l'expérience et les compétences de trois personnes pour aboutir à la bonne découpe. L'exploitation de ces compétences était si importante que les entreprises veillaient à les conserver à l'abri de leurs propres ateliers. Les plus grandes entreprises intégrées comme IBM et Hitachi s'organisaient autour de l'acquisition de ces compétences (souvent protégées par des brevets ou par une technologie propriétaire), combinées à l'expérience concrète des employés.

Aujourd'hui, de nouveaux logiciels permettent aux marques de codifier les données qui dépendaient jadis de jugements personnels et d'extrapolations sur la base de l'expérience passée. Ces fichiers numérisés sont envoyés aux fournisseurs sur une disquette ou par Internet. La numérisation permet aux grandes firmes de donner des instructions si détaillées que l'intégration des différentes étapes, de la définition d'un produit à sa commercialisation, peut se dérouler sans heurts avec un minimum de coordination humaine (en théorie, du moins ; la réalité est souvent loin de cet idéal). La modularisation et la fragmentation de la production permettent désormais des résultats égaux ou supérieurs à ceux de l'intégration verticale, et souvent à moindres frais. Quand de nouveaux concurrents apparaissent dans le monde entier et rétrécissent les marges, les entreprises se sentent obligées de se concentrer sur leurs points forts et d'acheter les autres produits et services auprès de celles qui peuvent les fournir à meilleur prix.

Il ne s'agit pas seulement de réduire les coûts. La modularisation permet aux innovateurs de lancer rapidement de nouvelles firmes en se spécialisant dans la fonction qu'elles maîtrisent le mieux et en achetant le reste. Dès lors qu'un concepteur de puces peut envoyer ses commandes par Internet à une fonderie de semi-conducteurs, les entreprises de design dépourvues de capacité de production peuvent s'épanouir. Elles n'ont pas à trouver une capacité excédentaire chez quelque grande société ou à suivre leurs designs à travers le processus de fonderie. Quand un producteur de chaussures de sport comme Nike peut communiquer l'esquisse d'un nouveau modèle avec un fichier CAD à un fournisseur taiwanais, il n'est plus nécessaire d'envoyer des ingénieurs Nike dans les usines chinoises pour surveiller les détails du processus de production. Quand Ulvac, fabricant japonais d'équipements de production sous vide pour l'industrie électronique, introduit dans ses nouvelles machines des fonctions qui limitent le besoin d'ajustements par les techniciens, les fonderies peuvent s'implanter dans de nouveaux sites parfois très éloignés des maisons mères.

Qui est gagnant ?

Il n'a pas été difficile de comprendre quelles fonctions les managers choisissent de conserver ou de sous-traiter. Il a été beaucoup plus complexe de déterminer quelles stratégies sont couronnées de succès. Malgré le nombre de cas étudiés, nous n'avons pu découvrir LA meilleure solution, même pour des entreprises d'un même secteur, produisant plus ou moins les mêmes biens ou services. Premièrement, identifier les gagnants et déduire de leur exemple un modèle à suivre est un exercice à date de péremption très rapprochée. Pendant les cinq années qu'a duré notre étude, nous avons été témoins de bouleversements spectaculaires entre les différentes visites rendues à une entreprise. Rares sont les firmes dont la réussite est constante, et notre évaluation se fonde sur l'instant où nous avons arrêté les horloges. La recherche n'a pas de recette miracle. Elle ne peut identifier les gagnants à long terme ; les entreprises qui faisaient la une de la presse économique il y a cinq ans ne sont plus nécessairement les plus rentables aujourd'hui.

La difficulté ne tient pas uniquement à la rapidité des transformations du paysage compétitif. Dans un même environnement, les possibilités sont multiples. Nous avons étudié un grand nombre d'entreprises opérant dans un même secteur : 187 dans l'électronique, 84 dans l'automobile et les pièces détachées automobiles, 170 dans le textile et le prêt-à-porter. À chaque point de la chaîne de valeur, nous avons pris en compte toutes les options disponibles. Nous avons étudié quelles fonctions chaque firme décidait de conserver. Selon leur héritage, selon leurs ressources humaines et matérielles du moment, les entreprises ont accès à un éventail plus ou moins large de possibilités. Ce que nous voulions apprendre, c'est pourquoi certains choix étaient faits plutôt que d'autres, et quels étaient les arbitrages coût/revenu. Nous voulions savoir s'il existe plus d'un choix pertinent pour les firmes opérant sur un même marché.

Une fois les réponses collectées, nous nous sommes demandé si toutes les entreprises produisant les mêmes biens pour le même marché optaient pour la même stratégie. Cela aurait confirmé l'hypothèse de la « convergence », évoquée au chapitre II : sous une pression commune, les entreprises s'orienteraient vers un même ensemble de pratiques optimales pour leur organisation et leur stratégie. Mais en découvrant des réactions très variées, nous avons compris qu'il existait (au moins) deux possibilités. Il y avait certes (première possibilité) des retardataires, certaines entreprises sombrant à cause de leurs réticences à s'adapter aux nouvelles pressions de l'économie mondiale. Mais les écarts constatés allaient bien au-delà : ils révélaient une vraie diversité de stratégies (seconde possibilité).

Chaque fois que plusieurs stratégies semblaient réussir dans un même secteur, un membre de notre équipe contestait les résultats et suggérait que certains succès seraient éphémères. Les producteurs italiens de montures de lunettes qui réussissent en fabriquant dans leur pays d'origine sont-ils sur une voie aussi sûre que ceux qui sous-traitent dans des pays à bas salaires ? Même si leurs bénéfices sont élevés aujourd'hui, le seront-ils encore dans cinq ans ? Prenons l'exemple des firmes électroniques japonaises qui fabriquent pour l'essentiel au Japon. Elles ont retrouvé la rentabilité en exportant les composants vers des assembleurs implantés en Chine. Elles ont également réduit leurs coûts en s'alliant avec d'autres grandes entreprises électroniques afin de partager les dépenses d'investissement dans les coûteuses fabriques de semi-conducteurs et de LCD. Pourront-elles réussir à long terme sans sous-traiter leur fabrication comme l'ont fait la plupart de leurs concurrents américains ?

Samsung est l'un des rares survivants parmi les géants à organisation verticale intégrée. L'entreprise surfe sur une vague de succès spectaculaire dans les composants et les biens de consommation électroniques : est-ce l'exception qui confirme la règle ? Ou un modèle alternatif ? Nous avons souvent pu reconnaître les stratégies perdantes, comme le pari désespéré de L.W. Packard qui a envoyé toutes ses machines en Mongolie intérieure pour créer un *joint venture*, malgré un manque total d'expérience antérieure dans cette région et malgré l'absence sur place de personnel de Packard pour surveiller les opérations. Mais nos conclusions sur les stratégies gagnantes sont plus incertaines et sujettes à la discussion.

Quels sont les secteurs, les produits, les opérations qui peuvent survivre et prospérer dans les pays avancés ? Lesquels sont condamnés ? Telles sont les questions que nous nous posions au départ. En rencontrant les cadres de centaines d'entreprises à mutation lente ou rapide, nous avons commencé à entrevoir que la force des firmes innovantes ne se trouvait pas dans les produits eux-mêmes, mais plutôt dans leur capacité à assurer certaines fonctions.

Regardez les fonctions, pas les produits

Par-delà les produits banalisés

Le 7 décembre 2004, IBM a annoncé la vente de sa division de PC à Lenovo, fabricant chinois d'ordinateurs. Cette vente marquait l'arrivée de la Chine dans l'industrie informatique des États-Unis et la fin d'une époque pour une entreprise américaine qui avait été l'un des pionniers de l'ordinateur. L'innovation révolutionnaire introduite vingt-trois ans auparavant par IBM dans la vie des Américains avec son PC 5150 avait finalement atteint le statut de produit banalisé (*commodity*). Les ordinateurs peuvent maintenant être fabriqués dans le monde entier, et les marges sont très réduites.

Ce geste n'était pas totalement inattendu. Depuis 2001, IBM perdait de l'argent avec ses PC. Avant même de vendre cette unité, IBM avait confié toute la fabrication à Sanmina-SCI, fournisseur mondial travaillant sous contrat avec quantité de grandes marques. Les ordinateurs portables étaient assemblés au Mexique, en Écosse et dans une grande usine de Shenzhen en Chine, dont les 4000 ouvriers représentaient 40 % du personnel total d'IBM PC. Mais aucune de ces mesures n'avait suffi à rendre radieux l'avenir des PC. Samuel J. Palmisano, le PDG, expliqua aux employés que les entreprises du secteur informatique n'ont que deux options : « investir massivement dans la R & D et fournir des innovations aux autres entreprises, ou se différencier par le prix, les volumes et d'énormes économies d'échelle ». IBM avait choisi la première solution.

Comme beaucoup d'autres entreprises étudiées par notre équipe, IBM a décidé de renoncer à une production dont elle avait fait un produit banalisé, pour se concentrer sur une activité plus rentable de services et de matériels haut de gamme : les logiciels de solutions système, les serveurs et les composants spécialisés comme ceux qui seront les moteurs des nouvelles consoles de jeux Sony. Philips, la principale firme européenne d'électronique à usage domestique, a suivi IBM, annonçant que la production d'écrans d'ordinateur et de téléviseurs à écran plat bas de gamme serait vendue à TPV Vision, un OEM taiwanais, fournisseur de PC, écrans et tablettes dont les usines sont implantées en Chine. La maison mère de TPV est Pou Chen, entreprise qui a fait fortune en tant que premier fabricant mondial de baskets pour des marques comme Nike, New Balance, Reebok et Adidas. En 2002, la filiale de Pou Chen à Hongkong, Yue Yuen, a fabriqué 130 millions de paires de chaussures. Pour Philips, TPV fabriquera des écrans d'ordinateur.

En 2001, alors que Pou Chen démarrait à peine dans l'électronique, nous avons interrogé les managers de leur vaste parc industriel situé à Huang Jiang, en Chine, où les usines d'électronique côtoient les usines de chaussures : comment un fabricant de chaussures pouvait-il s'introduire dans le secteur électronique ? Pas de problème ! ont-ils répondu. Seul le produit change. Pour le reste, qu'il s'agisse de chaussures ou d'électronique, l'organisation de la chaîne de valeur n'est pas très différente [2]. Il existe à Taiwan et en Chine beaucoup de bons ingénieurs qu'on peut engager pour cela.

2. Interview réalisée le 2 juillet 2001. Voir aussi Richard Dobson, « Pou Chen Corp : Shoe-In For Success », *Topics* (chambre de commerce américaine, Taipei), vol. 33, n° 8, p. 52-54.

Et pour mettre au point sa nouvelle ligne de production, Pou Chen a également créé des *joint ventures* avec des firmes taiwanaises établies dans le secteur, comme Chi Mei Optoelectronics, pour acquérir une expertise.

Alors que Philips et IBM se retirent des produits banalisés, Pou Chen (ou TPV) se développe dans ce domaine. Une question se pose : qu'est-ce donc aujourd'hui qu'un produit banalisé ? Tous les PC sont-ils désormais des produits qui peuvent être confiés à tellement de fabricants différents à travers le monde que la concurrence sur le prix réduit inévitablement les marges à presque rien ?

Cela dépend. Si on considère les ordinateurs, ou même les baskets, comme de simples objets manufacturés, alors ce sont effectivement des produits banalisés. Mais beaucoup de produits sont aujourd'hui vendus avec tout un ensemble de services. Fabrication, design, livraison et marque se combinent pour créer des produits de valeur difficiles à imiter.

Autre preuve qu'il faut réfléchir en termes de fonctions et non de produits, l'attitude des deux concurrents directs d'IBM dans le domaine des PC : Dell et Sony. Ni l'un ni l'autre ne songe à quitter ce marché. Est-ce une erreur ? Comment ce créneau peut-il être porteur pour eux s'il ne l'est pas pour IBM ? Évidemment, on peut considérer que tous les trois produisent des ordinateurs, et l'on pourrait s'attendre à les voir affronter les mêmes pressions et y réagir de la même façon. Mais chaque entreprise assortit ses ordinateurs de services et de produits différents, de sorte qu'elles opèrent sur des créneaux différents. Sony s'est beaucoup diversifié : composants, électronique grand public, musique, film, jeux et finance. Dell, de son côté, s'est spécialisé dans la distribution et la logistique ; partant des PC, il a étendu ses impressionnantes capacités vers d'autres produits

Nous créons la mode

Lucky Jeans, firme américaine de prêt-à-porter

On peut acheter un jean pour 10,77 dollars au supermarché Wal-Mart de Farmington, dans le Maine. C'est un vrai produit banalisé, car ce pantalon peut être fabriqué pratiquement n'importe où dans le monde. Un jean de la marque Lucky, division de Liz Claiborne, incorpore en revanche des services de design qui identifient et créent la mode ; des composants de qualité (toile, fermeture Éclair, garniture) ; des procédés de délavage et une finition qui donnent à chaque pantalon son aspect spécifique ; une publicité et une stratégie de marque qui confèrent aux jeans Lucky un caractère unique et désirable. Un tiers d'entre eux sont vendus dans les boutiques Lucky. Lucky ne se charge pas personnellement de toutes ces fonctions. Les composants sont achetés à des fournisseurs ; l'assemblage et la finition sont confiés à des ouvriers hispaniques travaillant à Los Angeles dans des usines appartenant à des Coréens (sous la surveillance vigilante des managers de Lucky). Mais Lucky contrôle la définition du produit, le design, le marketing et la stratégie de marque. C'est sa capacité à concevoir le produit et à combiner ces fonctions qui fait de Lucky le producteur d'un objet de valeur et non d'un simple produit banalisé. Même si Liz Claiborne, la maison mère, sous-traite et délocalise l'essentiel de la fabrication de ses vêtements, elle maintiendra sans doute Lucky à Los Angeles, puisque le design et la finition évoluent très rapidement en fonction des tendances de la mode.

électroniques. Dell offre au client des services très appréciés en permettant de personnaliser facilement les options et à prix réduit. Le client peut en effet « concevoir » son propre ordinateur, l'acheter sur Internet et Dell le lui livre en quelques jours. L'entreprise se concentre sur ses points forts : le marketing et la distribution. En fait, la firme étend à présent ses activités en offrant les mêmes services aux acheteurs d'imprimantes, de téléviseurs, et bientôt d'autres produits encore.

Qui fabrique les ordinateurs Dell, et où ? Un long article paru dans le *New York Times* cite les propos du PDG, Kevin D. Rollins, selon lequel Dell les fabrique aux États-Unis : « Aucun d'entre eux n'est sous-traité, aucun n'est fabriqué dans d'autres pays puis rapatrié. » Le journaliste note au passage que cela n'est pas tout à fait vrai, puisque les portables Dell sont assemblés à l'étranger. L'article se conclut pourtant ainsi : « L'équipement informatique constitue l'essentiel du chiffre d'affaires de Dell, et continue à être fabriqué par les ouvriers de Dell dans les usines Dell[3]. » Cette affirmation révèle la confusion qui existe autour de la production dans un monde modulaire. En fait, les seules opérations qui se déroulent dans les usines Dell aux États-Unis concernent l'assemblage final : visser les pièces et installer les logiciels choisis par le client.

Tous les composants, ainsi que le corps de l'ordinateur, sont fabriqués par des fournisseurs, d'où une noria de camions à l'extérieur des usines Dell afin de garantir un approvisionnement ininterrompu. Le microprocesseur a des chances d'être fabriqué aux États-Unis (Intel ou AMD) tout comme le logiciel (Microsoft). Le reste (moniteur, carte mère, disque dur, souris, boîtier) a sans doute été réalisé à partir de puces conçues dans une firme américaine ou taiwanaise, avec des puces de mémoire venant des États-Unis, de Corée, du Japon ou de Taiwan, puis assemblé à Taiwan ou en Chine. Dick L. Hunter, vice-président chargé des opérations de fabrication,

3. Gary Rivlin, « Who's Afraid of China ? Not Super-Efficient Dell », *The New York Times*, 19 décembre 2004.

souligne : « Nos trente principaux fournisseurs représentent environ 75 % de nos coûts totaux. Si l'on prend en compte les vingt suivants, on arrive à 95 %. Nous sommes chaque jour en relation avec ces cinquante fournisseurs, et pour beaucoup d'entre eux, plusieurs fois par jour [4]. »

Quant à l'assemblage final, M. Hunter explique ce qui se passe dans les usines américaines de Dell : « Nous recevons les pièces, nous les vissons, nous les fixons (de plus en plus, il suffit de les cliquer l'une sur l'autre). Nous téléchargeons le logiciel choisi par le client. C'est un processus remarquablement orchestré et un seul employé peut s'en charger en à peu près 4 minutes et demie [5]. » Ce sont les seules opérations qui se déroulent dans leurs usines, mais Dell estime « fabriquer de l'équipement informatique » aux États-Unis. En ce sens, un grand producteur de chaussures de sport qui assemble à Los Angeles les semelles et les dessus fabriqués en Chine peut déclarer ses baskets « Made in USA ».

Comme ils nous l'ont appris lors de nos interviews, les ODM taiwanais offrent de plus en plus souvent à Dell des services de design, outre la fabrication des pièces. Mais Dell contrôle encore l'essentiel : le contact avec le client et la faculté de réagir très vite à l'évolution de la demande.

En ce qui concerne la Recherche et le Développement (R&D), le directeur d'IBM, Sam Palmisano, explique que son entreprise a fait le choix « d'investir fortement dans la R&D et d'être un fournisseur d'innovations pour les autres entreprises », alors que Michael Dell estime superflu de dépenser beaucoup dans ce domaine. Dell consacre moins de 1 % de son chiffre d'affaires à la R&D. Michael Dell a

4. « Q & A : How Dell Keeps from Stumbling », *BusinessWeek online*, 14 mai 2001.

5. Interview accordée par Dick Hunter, 12 janvier 2005.

Nous connaissons le client
Dick Hunter, vice-président chargé des opérations de fabrication, Dell, firme américaine d'informatique

« Nous savons ce que veulent les clients parce que nous recevons chaque jour des milliers de réactions de leur part. Nous en faisons profiter nos fournisseurs. Nous avons aussi nos propres équipes d'ingénieurs de design qui travaillent à l'intégration des composants et à la conception industrielle. Nous ne cherchons pas à améliorer le microprocesseur (c'est le travail d'Intel), mais quand les clients nous ont dit que l'ordinateur tirait trop sur la batterie, nous en avons fait part à Intel, qui s'est efforcé d'améliorer ses processeurs. C'est ainsi qu'est né Centrino. Nous jouons donc un rôle vital dans la conception[6]. »

présenté sa philosophie dans une interview réalisée en 2004 : « Beaucoup d'entreprises se disent meilleures que nous parce qu'elles dépensent plus en R&D. En quoi sont-elles meilleures ? Beaucoup des dépenses de R&D servent en fait à protéger ce qui leur appartient et n'apportent rien au consommateur. Nous ne nous intéressons à la recherche que si elle profite au consommateur. Nous n'essayons pas de réinventer ce que d'autres firmes ont inventé. Nous ne développons pas des projets dont personne ne sait que faire. Nous développons ce que les gens ont envie d'acheter, et d'acheter en grande quantité. L'innovation peut concerner la chaîne d'approvisionnement et la logistique, la fabrication et la distribution, les ventes et les services[7]. »

6. *Ibid.*
7. Karen Southwick, *The Pragmatic Radical*, 21 novembre 2004, http :news.com.com/The+pragmatic+radical/2008-1001 3-5110303.html.

Créer le Big Bang

Quand notre équipe a rendu visite à Sony à son siège social de Tokyo, en 2001, 2002 et 2004, nous avons découvert une entreprise reposant sur des choix très différents de ceux d'IBM et de Dell quant aux activités à conserver afin d'utiliser au mieux les ressources et les compétences. En 2003, Sony était le principal producteur d'électronique grand public, mais ses ventes et ses bénéfices déclinaient depuis la fin des années 1990. En 2002, tout à coup, ses actions ont connu une chute de 25 % après d'importantes pertes trimestrielles. Sony a annoncé qu'il allait licencier et réduire les coûts en limitant le nombre de composants utilisés dans ses produits.

En 2005, l'entreprise paraît encore en difficulté. En ce qui concerne l'électronique et les jeux, les bénéfices sont en baisse, et la firme a perdu sa position de leader dans plusieurs domaines. Après avoir été le pionnier des lecteurs de musique portables en lançant le walkman en 1978, Sony a été distancé par Apple avec son iPod. Parce que les ingénieurs japonais exigeaient de n'utiliser que la technologie qui leur appartient, les appareils Sony n'acceptaient pas les fichiers MP3 dont se servent la plupart des consommateurs qui téléchargent de la musique. Pour d'autres produits électroniques grand public comme les téléviseurs, Sony fabrique à la fois les composants et les produits, mais n'a pu réduire les coûts des composants comme ont su le faire ses concurrents Matsushita, Sharp et Samsung. En mars 2005, cherchant à redresser l'entreprise par un geste spectaculaire, le conseil d'administration a nommé PDG un étranger, Sir Howard Stringer, qui dirigeait jusque-là la branche américaine de Sony pour le cinéma et la musique.

Censé transformer l'entreprise, Stringer a défini des objectifs assez proches de ceux de ses prédécesseurs : profiter des synergies avec une entreprise pionnière dans de nombreux domaines, comme la fabrication des composants, l'électronique grand public (DVD, appareils photo, téléphones portables), les jeux avec la PlayStation Portable, les films, la musique… Selon les dirigeants de Sony, le problème ne tient pas à la structure fondamentale de la société ni à sa diversification. Il vient de la réalisation manquée des objectifs, et l'on attend toujours que prennent forme les synergies imaginées sur le papier entre les compétences extraordinaires des ingénieurs et les importantes branches de l'entreprise. La tâche de Stringer est de réussir tout en conservant le modèle existant.

Sony a toujours considéré qu'une entreprise se développe en inventant des produits-phares. L'entreprise peut se vanter d'un bilan impressionnant en la matière ; elle a littéralement transformé notre mode de vie : le magnétophone en 1950, la radio à transistor en 1955, le téléviseur couleur Trinitron en 1969, le walkman en 1979, le lecteur de CD en 1982, le caméscope en 1983, l'appareil photo numérique en 1988 et la console de jeux PlayStation en 1994. Chacun de ses produits a connu un immense succès et a créé des marchés entièrement nouveaux. Quand Ken Kutaragi, le créateur légendaire de la PlayStation et ancien vice-président, a annoncé aux investisseurs les mauvais résultats de l'entreprise en 2003, il a ajouté ce commentaire : « Sony peut donner l'impression d'être aspiré dans un trou noir…

Mais nous espérons créer un Big Bang qui débouchera sur de nouvelles possibilités[8]. »

Ces espoirs se fondent sur un nouveau processeur que Sony est en train d'élaborer avec Toshiba et IBM. Il s'agit d'un semi-conducteur composé de plusieurs processeurs gérant plusieurs tâches en même temps et capable de transporter de grandes quantités de données sur les réseaux à bande large[9]. La puce Cell est beaucoup plus puissante que les puces d'aujourd'hui ; ses capacités la placent aux premiers rangs parmi les super-ordinateurs mondiaux. Sony veut l'utiliser d'abord comme moteur de la PlayStation3, une console de jeux qui sera commercialisée en 2006. Mais la firme espère s'en servir également pour les téléphones portables, les appareils photo, les téléviseurs haute définition et les stations de travail. Incorporée à un PC, elle pourrait conférer au produit des compétences infiniment supérieures à celles des appareils qui utilisent aujourd'hui Windows et Intel. Avec de tels espoirs, il n'est pas étonnant que Sony dépense énormément pour la R & D (6,4 % de son chiffre de ventes en 2003).

Nous avons demandé à Teruaki Aoki, vice-président de Sony, pourquoi il ne réduisait pas les coûts en sous-traitant. Pourquoi conserver la fabrication des Vaio ? Pourquoi ne pas confier les PC et les portables à des fabricants contractuels, comme le fait Dell ? Il nous a répondu que Dell et Sony étaient des entreprises radicalement différentes. Dell lui paraît dominé par les ventes : gros volume et faibles

8. Cité par James Brooke, « Sony Plans to Eliminate 20,000 Jobs Over 3 Years », *The New York Times*, 29 octobre 2003.

9. John Markoff, « Smaller than a Pushpin, More Powerful than a PC », *The New York Times*, 7 février 2005.

marges ; c'est une entreprise centrée sur un produit-phare, comme le serait Sony s'il ne se consacrait qu'à la fabrication de PlayStation (entre 1994, date du lancement de la PlayStation, et 2004, Sony a vendu 170 millions de consoles de jeux, qui représentent 68 % des bénéfices de l'entreprise en 2004).

Mais Sony ne se limite pas aux PlayStation ; la firme contrôle près de 100 000 produits, dans l'électronique, le cinéma, la musique, les jeux, les services financiers et les logiciels. Dans chaque branche, la gamme de produits, de composants et de services est extrêmement large. Les produits électroniques vont des semi-conducteurs dernier cri aux téléphones portables en passant par les ordinateurs. D'année en année, la rentabilité de chaque segment fluctue considérablement. En même temps, cette diversité rend Sony moins vulnérable aux cycles économiques. Nous voulions savoir si cette diversification signifiait que l'entreprise conservait des activités dont d'autres auraient pu se charger aussi bien et pour moins cher. Nous avons donc demandé à Aoki de nous expliquer la stratégie de Sony pour l'ordinateur Vaio et pour la PlayStation.

Pourquoi Sony ne sous-traite-t-il pas autant que Dell ? Dans sa branche électronique, pourquoi ne pas recourir aux fonderies taiwanaises comme le fait Cisco, au lieu de fabriquer tant de ses propres puces ? Aoki réplique qu'il y a des limites à la sous-traitance. Cela ajoute une étape supplémentaire entre le producteur et le consommateur, et le flux d'information s'en trouve ralenti. Cela conduit à la constitution de stocks et aux drames qu'on a vus se produire lorsque la bulle Internet a éclaté : les fabricants contractuels se sont retrouvés avec un énorme stock de produits invendables. Les fabricants indépendants ne peuvent pas évoluer assez vite pour Sony, dont les produits ont un cycle de vie compris entre trois et six mois (contrairement à la PlayStation, dont le cycle est de cinq ans).

En outre, Sony peut négocier de meilleurs prix auprès de ses fournisseurs que ne peuvent le faire les fabricants contractuels. Ceux-ci n'ont aucune raison de vouloir réduire le prix des composants, car il faudrait également en faire profiter leurs clients. Sony a recours aux OEM et ODM taiwanais pour fabriquer certaines PlayStation et les Vaio les moins chers, mais la firme construit ses propres usines en Chine afin de récupérer la fabrication du bas et du milieu de gamme. Nous avons repéré cette stratégie chez d'autres entreprises japonaises. Parmi les managers japonais qui délocalisent leur production dans l'électronique, beaucoup nous ont dit utiliser leurs propres usines à l'étranger ; seule une minorité a recours à la sous-traitance. Parmi les managers américains qui délocalisent, 46 % utilisent leurs propres usines, et presque autant ont recours aux contractuels (certains n'ont pas voulu répondre à cette question).

La moitié des Vaio sont des ordinateurs haut de gamme, dont le design et les caractéristiques techniques changent tous les deux ou trois mois. Sony les fabrique dans son usine de Nagano et prévoit de continuer ainsi. Aoki nous a montré le tout dernier Vaio : c'est un bel ordinateur portable très mince, avec une finition laquée noire. Les deux chercheurs du MIT présents ont immédiatement eu envie de toucher l'appareil et de le soupeser. Pour parvenir à un tel résultat, le Vaio requiert des composants très spéciaux et des techniques de fabrication très complexes qui ne peuvent être parfaitement contrôlées ou standardisées. Le Japon est le seul pays où les fournisseurs sont capables d'une telle finition sur le métal. Si Sony voulait employer un OEM

Ne créons pas notre propre concurrent
Teruaki Aoki, vice-président, Sony,
entreprise électronique japonaise

« Nous devons constamment nous demander si nous créons la concurrence. Nous pouvons retarder l'apparition de concurrents en ne confiant à chaque fournisseur qu'une partie du processus, alors que si nous les utilisions comme ODM, ils pourraient se charger de l'ensemble. En jargon informatique, je dirais que nous devons mettre dans une "boîte noire" la technologie de nos produits pour que les autres n'y aient pas accès trop vite. Le meilleur usage des ODM consiste à leur confier le bas de gamme… En outre, si nous passions à la production modulaire, il n'y aurait aucun bénéfice pour nous. Les bénéfices de Sony viennent des composants, pas de l'assemblage. Nos ventes de puces nous ont rapporté 2 milliards de dollars cette année. Nous devons réduire les coûts, mais pas déplacer la production. Nous devons demander aux contractuels de travailler uniquement sur des pièces qui n'ajoutent guère de valeur. »

taiwanais, il faudrait d'abord lui apprendre à fabriquer les pièces. Or Sony tente d'éviter les risques de fuites en matière de propriété intellectuelle, du moins durant la période de lancement du nouveau produit, quand les marges réalisées sont les plus fortes.

Nous avons ensuite abordé la question de la PlayStation. Alors que les Vaio haut de gamme changent si rapidement que Sony préfère protéger ses nouvelles technologies pour rester compétitif, la PlayStation est un produit plutôt stable, aux cycles longs. Pourquoi ne pas sous-traiter l'ensemble de la PlayStation, composants et assemblage ? Alors que certains composants essentiels sont fabriqués par des fournisseurs (Sanyo, Texas Instruments, Cirrus Logic, On Semiconductor) et que l'assemblage se déroule dans l'usine chinoise d'un fabricant contractuel taiwanais (Foxconn), les composants Sony restent au cœur de la PlayStation [10]. Ces composants représentent plus de 50 % du coût matériel de la PlayStation. Si la nouvelle puce Cell propulse les PlayStation à des années-lumière de ses plus puissants concurrents, pourquoi renoncer à fabriquer les composants ? Sony ne cherche pas à se débarrasser de ces produits, contrairement à IBM, ni à réduire les coûts et à offrir d'autres services aux clients, contrairement à Dell. Son principal objectif est de transformer ses produits par l'innovation radicale.

Quand nous avons demandé à un haut responsable de Toshiba pourquoi la firme conservait ses ordinateurs portables, il a, lui aussi, évoqué les avantages compétitifs qui résultent d'un accès privilégié aux nouveaux composants fabriqués par Toshiba, comme l'appareil de télécommunications sans fil qui, en 2002, a remis les ordinateurs Toshiba en tête des ventes [11]. Les dirigeants de Toshiba et de Sony ont reconnu que les coûts de Dell sont moindres, parce que cette entreprise a des stocks plus réduits et sous-traite davantage ; ils ont même chiffré cette différence de façon très détaillée. Mais ils attachent plus d'importance aux avantages compétitifs qu'offre le fait de maintenir composants et produits au sein de la même firme. Comme l'a expliqué le manager de Toshiba : « Nous restons ensemble en tant que groupe intégré parce que nous percevons un fort potentiel d'inno-

10. David Carey, « Sony PlayStation 2 : Got(analog)game ? », *PlanetAnalog*, 26 août 2003, http ://www. planetanalog.com/showArticle ?articleID=13900168.

11. Interviews avec Toshiba, 21 janvier et 12 juillet 2002.

vations à partir de nos compétences présentes et à venir, ce qui n'est pas le cas de Dell. »

Dans dix ans, nous pourrons peut-être dire qui, d'IBM, de Dell, de Sony ou de Toshiba, aura choisi la meilleure stratégie. Pour l'heure, la question reste en suspens. IBM s'est retiré des PC, mais les modèles Dell, Sony et Toshiba continuent à fonctionner. Pourtant, même ces modèles utilisent différents types de ressources lorsqu'ils attachent à leurs PC des services et des qualités spécifiques. Le client de Dell achète une personnalisation facile, la logistique, le marketing et une marque ; celui qui achète un Vaio ou un Toshiba achète une technologie innovante, un design extraordinaire et une marque. Puisqu'un produit banalisé est un produit ou un service que peuvent offrir de nombreuses entreprises, il est évident qu'aucune de ces firmes ne propose de simples produits banalisés.

Transformer un appareil médical en accessoire de mode

Dans le cadre de notre étude, nous avons découvert beaucoup d'exemples comparables dans d'autres secteurs, où le « même » produit prend l'aspect d'un bien de consommation basique qu'on peut fabriquer dans le monde entier, ou au contraire d'un produit de grande valeur. Des montures de lunettes sont-elles un produit banalisé ? Après tout, on peut en fabriquer partout dans des usines employant une main-d'œuvre peu qualifiée et peu payée. Nous avons visité des entreprises à Hongkong, en Chine, en Italie, au Japon et en

Allemagne pour déterminer comment se portait ce secteur. Certaines firmes sont les leaders dans le domaine de l'optique, comme le groupe Carl Zeiss, implanté à Oberkochen, en Allemagne. En 2003-2004, le groupe employait 13 700 personnes et ses ventes atteignaient 2,7 milliards de dollars. Zeiss se concentre sur la haute technologie : microscopie, optoélectronique et applications médicales. Quand notre équipe a interviewé Franz-Ferdinand von Falkenhausen, le président, il nous a dit que les entreprises allemandes comme BMW, Daimler et la sienne avaient appris qu'il ne fallait jamais renoncer à produire pour le marché de masse. Sans être forcément compétitif dans le bas de gamme, Zeiss peut proposer de bons produits en milieu de gamme. En 2004, l'entreprise a décidé de racheter Sola, firme qui produisait des verres ophtalmiques, et de la fusionner avec sa propre branche spécialisée dans ce domaine afin de créer une nouvelle société : Carl Zeiss Vision. En mars 2005, cette fusion ayant été approuvée par les autorités antitrust, la nouvelle firme a commencé sa carrière sur le marché mondial, avec 9 000 employés et un chiffre d'affaires annuel de 1,03 milliard de dollars.

Luxottica et Sàfilo, dont nous avons visité les sièges sociaux et les usines en 1999, dans une région montagneuse du nord de l'Italie, sont les leaders mondiaux de l'industrie optique et sont spécialisés dans les montures de prescription et les lunettes de soleil. En 2003, les ventes de Luxottica atteignaient 3,61 milliards de dollars et celles de Sàfilo, 1,16 milliard[12]. Luxottica est le premier opticien

12. Ces données proviennent des rapports annuels de 2003. Notre équipe a interviewé les dirigeants de Luxottica le 12 octobre 1999. Voir aussi Arnaldo Camuffo, « Transforming Industrial Districts : Large Firms and Small Business Networks in the Italian Eyewear Industry », *Industry and Innovation*, vol. 10, n° 4, 2003, p. 377-401.

détaillant aux États-Unis et au Canada avec 2 500 points de vente Lenscrafter et Sunglass Hut. L'entreprise possède ses propres marques comme RayBan, Vogue et Persol, et ses marques sous licence comme Prada, Versace, Chanel, Brooks Brothers et Anne Klein. Sàfilo distribue sous licence des marques comme Burberry, Diesel, Giorgio Armani, Gucci, Nine West et Yves Saint Laurent. Étant donné leur diversité et leur ampleur, ces entreprises ne constituent pas une simple niche dans le marché. Luxottica emploie 38 000 personnes à travers le monde. Même Sàfilo, le plus petit des deux, a vendu 26 millions de montures en 2003. Ce sont aussi des entreprises très rentables. Une forte proportion de leurs ventes se situe sur le marché américain. Bien sûr, comme le dollar a perdu du terrain par rapport à l'euro depuis 2003, les deux firmes ont été pénalisées. Pourtant, la marge de Sàfilo était de 11,2 % en 2003 (contre 16 % en 2002) et celle de Luxottica de 15,9 % (contre 18,9 % en 2002).

Toutes deux maîtrisent toutes les étapes de la production depuis la définition du produit (avec certains apports des marques qui leur accordent une licence). Luxottica contrôle également une part significative de la vente au détail, par le biais de ses boutiques Lenscrafter et Sunglass Hut. Luxottica décrit sa stratégie comme « une complète intégration verticale avec contrôle direct de tous les composants essentiels des processus de production et de distribution, incluant le design, la fabrication et la commercialisation mondiale en gros comme au détail[13] ». Sept des sites de production de Luxottica se trouvent en Italie, et un en Chine. L'usine de Dongguan, dans le Guangdong, compte 1 200 ouvriers ; sa

13. Luxottica, rapport annuel 2003, sixième partie. « Luxottica Group-History and Overview », p. 3. www.luxottica.com/english/investor-relation/index-datifinanzieri.html.

production est destinée au marché bas de gamme américain et au marché interne chinois.

En 1999, en rachetant Bausch & Lomb, Luxottica est devenu propriétaire de RayBan et de ses usines de Nuevo Laredo, au Mexique, et de San Antonio, au Texas. Luxottica les a fermées, a emporté tout l'équipement et a réinstallé l'ensemble en Italie. Les salaires italiens sont certes plus élevés que ceux pratiqués dans les usines de la frontière américano-mexicaine, mais la qualité et la productivité américaines étaient trop faibles par rapport à celles de l'Italie. Selon les dirigeants du groupe, il valait beaucoup mieux consolider la production à l'intérieur d'usines où les ouvriers italiens qualifiés pouvaient contrôler de près les processus. Pour les mêmes raisons, Luxottica a peu à peu absorbé dans ses propres usines les tâches jadis confiées à ses sous-traitants dans les petites villes de la région.

La fabrication de montures de lunettes n'a rien de bien complexe, et quantité de fabricants sont apparus dans des pays à bas salaires comme la Chine, la Slovénie et la Hongrie. On trouve aujourd'hui des montures de prescription pour 18 dollars au Wal-Mart de Danvers, dans le Massachusetts, et des lunettes de soleil encore moins chères. Pourtant, 25 % des montures mondiales sont encore fabriquées en Italie par les ouvriers bien payés des usines implantées dans les districts industriels de Vénétie. Certaines différences entre les montures italiennes vendues plusieurs centaines de dollars et les montures chinoises tiennent à l'utilisation de matériaux plus coûteux comme le titane. Mais la principale différence, qui explique l'écart entre les prix, c'est que la monture à 18 dollars est un « porte-verre », comme nous l'a dit l'un des cadres italiens, alors que la monture à 300 dollars est un accessoire de mode. Les entreprises italiennes ont réussi à transformer un appareil médical indispensable en objet de désir.

Grâce aux licences de marques comme Chanel et Dior, le prestige de la haute couture est assimilé aux lunettes. Pour que ce procédé fonctionne, il faut cependant que la valeur de la marque soit visible et protégée. Sàfilo et Luxottica ont besoin d'employés capables de travailler avec ces marques et de traduire les tendances de l'année dans le design des montures. Si Prada décide que la mode est au chic rétro, les designers de Luxottica doivent pouvoir convertir cette idée en un certain type de montures. Surtout, les designers de Luxottica et de Sàfilo doivent deviner l'idée avant même que ceux de Prada ou d'Armani ne se présentent dans leurs bureaux. Pour cela, ils doivent puiser leur inspiration dans l'atmosphère où se crée la mode, à Milan donc, et pas à Pékin ou à San Antonio.

Pour les fabricants de lunettes, faut-il alors choisir entre une production haut de gamme reposant sur une organisation à intégration verticale et produire des lunettes grand public qu'on vend dans les supermarchés ? Non, un troisième modèle est possible, comme le montre le cas de Zoff, la start-up que nous avons visitée à Tokyo en juin 2003 [14]. Zoff a ouvert en 2001 avec six employés en magasin et cinq dans l'arrière-boutique. Le prix moyen d'une paire de lunettes à Tokyo tournait alors autour de 280 dollars. Dix détaillants contrôlaient la moitié du marché, et les marges se situaient aux alentours de 80 %. Les détaillants achetaient les montures aux grossistes, qui payaient les licences accordées par les marques. La fabrication des verres et des montures avait

14. Interview réalisée le 18 juin 2003 et e-mail de Takashi Ueno, 3 février 2005.

déjà largement quitté le Japon pour la Chine. Zoff comprit qu'on pourrait réduire les prix en se passant des grossistes pour acheter directement aux fabricants chinois. Une paire de lunettes pourrait être vendue pour bien moins de 100 dollars. Mais il ne s'agissait pas simplement de faire baisser les prix ; il fallait aussi transformer les lunettes en articles de mode afin que les clients en achètent deux fois plus, avec des paires différentes assorties à leurs vêtements, et pour toutes sortes d'occasions.

C'est par Internet que les designers de Zoff envoient maintenant aux usines chinoises leurs fichiers de design assisté par ordinateur. Les verres sont achetés en Corée, et les vendeurs des boutiques Zoff remettent les lunettes au client quarante minutes après leur entrée dans le magasin où il est également possible de procéder à un examen des yeux. Avec ces nouveaux services, Zoff a transformé la profession d'opticien. Fin 2002, les ventes atteignaient 19 millions de dollars, pour 90 employés au Japon. Deux ans plus tard, le chiffre d'affaires était passé à 28,7 millions, avec 145 employés à plein temps et 100 à temps partiel.

La leçon que notre équipe a tirée de son enquête sur les producteurs d'ordinateurs et de lunettes est que des produits et des services haut de gamme peuvent être créés à presque chaque point de la chaîne des fonctions. La différence essentielle entre les entreprises réside moins dans leur secteur que dans les fonctions qu'elles privilégient. Le statut de produit banalisé n'est pas inhérent à un produit ; il est toujours possible d'y échapper à condition de conférer à l'objet des qualités que les concurrents potentiels auront du mal à imiter. En se concentrant sur ces services et produits de valeur, les firmes optent pour des fonctions différentes dans la séquence des opérations reliant la définition du produit à sa commercialisation. Pour comprendre la dynamique de ces décisions stratégiques, nous devons nous intéresser aux fonctions et classer les entreprises non à partir de leur produit final (Dell vend-il des ordinateurs ou des services ? Luxottica et Sàfilo vendent-ils des articles de mode ou des lunettes ?), mais à partir des activités dans lesquelles elles se spécialisent.

CHAPITRE VIII

Les fonctions observées au microscope

Notre équipe a commencé l'analyse des données collectées en définissant chacun des deux secteurs (l'électronique et le textile) comme une chaîne de fonctions formant une séquence[1]. Dans l'un et l'autre cas, il existait des marques à intégration verticale comme Samsung ou Zara qui fabriquent les composants (les puces, les tissus) *et* les produits (les téléphones portables, les chemisiers). D'autres ne fabriquent que les composants (Intel et les puces, L.W. Packard et les lainages). Certaines ne font que le design (comme les firmes qui conçoivent des circuits intégrés), ou se limitent au design et à la vente au détail (comme Liz Claiborne et Kellwood). Une entreprise comme Samsung se charge de tout, de la définition à la commercialisation en passant par le design et la fabrication (sans oublier parfois le service après-vente). D'autres encore ont renoncé à la fabrication qu'elles sous-traitent (comme Liz Claiborne et Cisco); d'autres ne font que la fabrication (comme les OEM taiwanais, ou comme Flextronics, le fabricant contractuel américain). Notre équipe a regroupé les entreprises selon les

1. Le secteur de l'automobile et des composants automobiles est évoqué au chapitre II.

fonctions qu'elles conservent et celles qu'elles sous-traitent, selon les fonctions qui restent au pays et celles qui partent pour l'étranger, décisions que j'évoquerai plus tard, dans la cinquième partie de ce livre.

Fabriquer des produits ET des composants ? des produits OU des composants ?

Les firmes à intégration verticale sont celles qui font presque tout, du design à la vente, pour les composants comme pour le produit fini. Le modèle classique dans le secteur électronique américain était IBM dans les années 1970. IBM concevait, fabriquait et vendait des composants, concevait, fabriquait et vendait des machines à écrire, des ordinateurs et toutes sortes d'autres produits pour les entreprises et les consommateurs. À l'époque, des firmes comme Texas Instruments, Motorola, Siemens, Hewlett-Packard, Philips, Hitachi, Fujitsu, Toshiba, NEC et Matsushita avaient le même type d'organisation. Aujourd'hui, plus aucune grande firme américaine spécialisée dans l'électronique ne fonctionne de la sorte. Les services sont devenus l'activité principale d'IBM. Tout en fabriquant encore certains semi-conducteurs utilisés dans les appareils, IBM externalise auprès de contractuels une bonne partie de la fabrication des composants et des produits vendus sous sa marque. Texas Instruments a renoncé à la fabrication de produits et se concentre désormais sur la fabrication des composants. Motorola a regroupé le design de circuits intégrés et la fabrication de semi-conducteurs au sein d'une entreprise indépendante, Freescale, avec un premier Appel public à l'épargne (IPO) en 2004 (tout comme, en avril 1999, Siemens s'était détaché d'Infineon, sa branche spécialisée dans les semi-conducteurs).

Les entreprises japonaises d'électronique à intégration verticale ont abandonné un moins grand nombre de fonctions que leurs homologues américaines. Lors de nos visites (dans 25 firmes électroniques japonaises, avec 57 interviews entre 1999 et 2004), nous avons perçu l'écho des débats internes quant à l'étendue de leur gamme d'activités. Sony, Toshiba, Matsushita (Panasonic), NEC, Sharp et Hitachi fabriquent composants et produits finis. Comme M. Aoki chez Sony, la plupart des dirigeants de ces entreprises affirment qu'il est vital de conserver la fabrication des composants afin de garder un avantage compétitif. Sharp, par exemple, considère que la production d'écrans à cristaux liquides (LCD), son point fort, lui permet d'introduire des changements rapides dans des produits comme les téléviseurs, les téléphones portables et les panneaux solaires ; à l'heure qu'il est, c'est Sharp qui touche les plus fortes marges dans l'électronique grand public au Japon [2].

Parce que Sharp conserve l'essentiel de la fabrication dans ses propres usines japonaises, il n'y a pas eu de licenciements importants dans cette entreprise, même si les ouvriers ont dû passer de la fabrication d'appareils électroménagers (fours à micro-ondes) à de tout autres activités. Entre 1994 et 2004, le nombre d'employés est resté stable : 30000. Cependant, la « stratégie en spirale » consistant à vendre à la fois des composants et des produits suppose que Sharp entre en concurrence avec ses propres clients, comme lorsque la firme vend des panneaux LCD à des fabricants européens

2. Bruce Einhorn, David Rocks et Andy Reinhardt, « How Sharp Stays on the Cutting Edge », *BusinessWeek*, 18 octobre 2004. Interview réalisée par l'IPC en 2004.

de téléphones portables, rivaux de Sharp dans ce domaine. Pourtant, la firme japonaise y voit l'occasion de s'imposer dans l'électronique grand public et de contrer l'avance de la technologie concurrente, les écrans plasma.

Pour beaucoup d'entreprises japonaises, américaines et européennes comme Philips et Siemens, la construction de nouvelles fonderies de « *wafers* » est d'un coût trop élevé pour permettre de conserver la fabrication des puces. Les firmes américaines sous-traitent la fabrication de leurs semi-conducteurs auprès de fonderies *pure-play* taiwanaises. Celles-ci fabriquent les puces en fonction du design et des spécifications commandés par le client, mais n'ont pas de marque propre. Il existe aussi d'autres méthodes pour affronter le coût de l'investissement tout en gardant le contrôle des opérations. Les multinationales s'allient de plus en plus aux fonderies pour créer de nouvelles usines. En cinq années de restructuration de l'industrie japonaise, même les vieux concurrents ont conclu des alliances afin de survivre en partageant les coûts d'investissement. Hitachi et NEC ont fusionné leurs branches spécialisées dans les puces de mémoire pour créer la société Elpida. Toray et Matsushita investissent ensemble dans des fabriques de panneaux plasma. Ces géants avaient chacun auparavant une stratégie autonome mais aujourd'hui, malgré leur réticence à transférer la production vers les fonderies taiwanaises, ils ont besoin de trouver des partenaires.

En étudiant les entreprises japonaises, notre équipe s'est demandé si les Japonais étaient en train de suivre la même trajectoire que les firmes américaines qui se concentrent sur leurs compétences de base et sous-traitent le reste. Les Japonais évoluent-ils lentement vers une division entre fabrication des composants et fabrication des produits ? La réussite d'une entreprise comme Sharp prouve-t-elle que le modèle à intégration verticale conserve sa vitalité ? Ou bien ses marges opérationnelles de plus en plus réduites trahissent-elles la fragilité de ce modèle ?

Il existe un exemple d'entreprise à intégration verticale dont le succès est incontestable : Samsung. Cette firme sud-coréenne, qui a frôlé la faillite lors de la crise financière asiatique de 1997, est ensuite devenue le numéro trois mondial de l'informatique (après IBM et Hewlett-Packard). En 2004, Samsung affichait des bénéfices nets de 10 milliards de dollars, soit deux fois plus que le total des dix premières entreprises japonaises dans le domaine de l'électronique [3]. La capitalisation de Samsung (environ un quart de celle de Sony en 2000) a aujourd'hui presque doublé. Samsung fabrique à la fois des composants et des produits grand public. C'est le leader mondial en ce qui concerne les puces DRAM et l'entreprise est très bien placée pour la mémoire flash, les LCD et autres composants essentiels. Elle fabrique des téléviseurs à écran plat, des téléphones portables, des lecteurs de musique numériques, et le tout dans ses propres usines. Son ampleur, son efficacité et ses investissements considérables dans la fabrication des composants font de Samsung un producteur d'électronique grand public à faibles coûts. Selon son PDG Yun Jong Yong, « Si nous nous retirons de la fabrication, nous y perdrons [4] ». Non seulement Samsung continue à exceller dans les générations successives

3. http ://english.chosun.com/w21data/html/news/200501/200501160007.html ; James Brooke et Saul Hansell, « Samsung is Now What Sony Once Was », *The New York Times*, 10 mars 2005.

4. Pete Engardio et Moon Ihlwan, « The Samsung Way », 16 juin 2003, *BusinessWeek online*, www.businessweek.com/print/magazine/content/ 03_24/ b3837.

de puces semi-conducteur, mais la firme a su transformer son image de fabricant d'appareils démodés, en remportant des concours de design international grâce à certains des gadgets électroniques les plus « tendance » à l'heure actuelle.

S'il existe un équivalent de Samsung dans l'industrie du prêt-à-porter, ce doit être Zara, entreprise familiale espagnole qui a connu une croissance extraordinaire au cours des cinq dernières années, avec des ventes s'élevant à 5,6 milliards de dollars en 2004 et des bénéfices nets pratiquement multipliés par trois entre 1999 et 2004, période pendant laquelle la plupart des fabricants européens ont connu de graves difficultés [5]. Zara est une firme à intégration verticale qui concentre de nombreuses fonctions : elle tisse et teint environ 40 % du tissu qu'elle utilise, conçoit les vêtements, les découpe, organise toute la logistique de distribution, possède et gère quelque 600 magasins, surtout en Europe, même si l'on trouve plusieurs boutiques Zara dans des villes comme New York. Elle sous-traite toute la couture, auprès de 500 ateliers implantés près de son siège social, de ses usines et de ses centres de distribution. Environ la moitié des produits Zara sont fabriqués dans le cercle étroit de la maison mère, par des fournisseurs attitrés, dans la région de La Corogne. Les principaux concurrents, H&M et Gap, n'ont aucune production interne (et font presque

5. La maison mère est Inditex. Ces informations proviennent de Kasra Ferdows, José A. D. Machuca et Michael Lewis, « Zara », European Case Clearing House, n° 603-002-1, 2002 ; Nicolas Harlé, Michael Pich et Ludo Van der Hayden, « Marks & Spencer and Zara : Process Competition in the Textile Apparel Industry », INSEAD, n° 602-010-1, 2002 ; Arnaldo Camuffo, Pietro Romano et Andrea Vinelli, « Back to the Future : Benetton Transforms Its Global Network », *MIT Sloan Management Review*, vol. 43, n° 1 (automne 2001), p. 46-52.

Zara vu par la concurrence

D'après une interview accordée par le responsable d'une grande marque américaine de prêt-à-porter, qui sous-traite toute sa fabrication

« Zara est le roi de la vitesse. Tout le monde veut imiter ses cycles de production courts, mais à moins de contrôler les filatures comme ils le font, cette rapidité est quasi impossible. Sans ce genre de contrôle local, on ne peut réduire à deux mois une opération qui en prend six ou sept. Zara réunit tout : design, tissu, assemblage, transport. Les autres grossistes ont réparti leur production un peu partout, au Sri Lanka, en Jordanie, en Afrique du Sud, et leurs bénéfices sont grignotés par les 80 à 90 cents qu'ils paient par vêtement pour les faire rapatrier par avion. En outre, quand on ne contrôle pas ses propres filatures, on ne peut pas persuader les patrons de garder leurs machines disponibles jusqu'à la dernière minute. »

tout fabriquer à l'étranger). En 2002, Benetton se procurait encore 70 % de ses produits en Italie, mais seulement 30 % étaient fabriqués par l'entreprise elle-même [6].

Zara se distingue de ses plus proches homologues par la rapidité avec laquelle ses vêtements passent du stade du design à celui de la commercialisation. Les boutiques Zara renouvellent leur offre toutes les deux semaines, avec de nouveaux produits qui arrivent constamment. Les clients viennent souvent voir les derniers arrivages. Parce que Zara adapte sa production à la demande et produit en moins grande quantité que ses concurrents, l'entreprise a moins de vêtements à vendre, à des prix moins élevés. Sa marge nette

6. Interviews réalisées le 13 octobre 1999 et le 18 janvier 2002.

sur les ventes est donc plus forte que celle de ses rivaux. En 2001, la marge nette de Zara était de 10,5 %, celle de Benetton, de 7 % ; celle de H&M, de 9,5 %. Pour Gap, l'année fut mauvaise, avec une marge proche de 0 % [7].

Comme les grandes marques américaines ont depuis longtemps renoncé à la fabrication, confiée surtout à l'Asie, le modèle de Zara leur paraît inconcevable. Cela montre à quel point l'héritage influe sur la gamme d'options disponibles. Dans le prêt-à-porter comme dans l'électronique, les entreprises à intégration verticale fabriquant composants et produits sont aujourd'hui beaucoup plus rares que dans les années 1970, mais la bête n'est pas complètement morte. Chez Samsung comme chez Zara, la véritable intégration verticale garde de sa vitalité et a un bel avenir devant elle.

De l'intégration verticale à l'entreprise propriétaire de marques

L'histoire de Hewlett-Packard au cours des vingt dernières années illustre les difficultés rencontrées par les géants à intégration verticale qui tentent d'améliorer leur rentabilité en sous-traitant certaines fonctions. Comme je l'ai expliqué, HP s'est dessaisi d'une grande partie de la fabrication et ne fait plus sous son propre toit que de l'impression et de l'imagerie. Pionnier de la technologie à jet d'encre thermique, HP produisit les premières imprimantes à jet d'encre dans les années 1980. En 2004, la vente de cartouches d'encre représentait 34 milliards de dollars aux États-Unis,

7. Ksara Ferdows, Michael A. Lewis et Jose A. D. Machuca, « Rapid-Fire Fulfillment », *Harvard Business Review*, novembre 2004, p. 104-110.

soit plus de deux fois les ventes d'imprimantes[8]. Pour HP, les cartouches d'encre comptent parmi les produits à plus forte marge. Fin 2004, la branche impression réalisait près des trois quarts des bénéfices de l'entreprise[9].

En 2003-2004, les investisseurs se sont impatientés en voyant que Carleton S. Fiorina était incapable d'améliorer les bénéfices et les parts de marché après la fusion HP-Compaq pour laquelle elle avait tant insisté. Ils ont exigé que la branche impression soit transformée en firme indépendante. Carly Fiorina a été renvoyée en 2005 et son successeur s'est empressé de licencier 10 % du personnel. C'est en pleine controverse que notre équipe est allée interviewer les dirigeants de Hewlett-Packard.

Fawkes résume la stratégie de son entreprise en expliquant que les différentes branches de HP fonctionnent différemment. Les cartouches d'encre représentent une bonne partie de la propriété intellectuelle de HP, tant pour le design que pour la fabrication. Les imprimantes à jet d'encre utilisent un design propriétaire, mais leur fabrication est générique. Les ordinateurs, quant à eux, n'ont besoin que d'un design générique et de compétences génériques en matière de fabrication. Il est possible de gagner de l'argent dans toutes ces branches, mais pas de la même façon.

HP a une filiale spécialisée dans les imprimantes à jet d'encre, implantée à Barcelone ; depuis vingt ans, l'entreprise hésitait entre conserver la fabrication ou la sous-traiter. Son histoire reflète les bouleversements survenus dans l'organisation industrielle depuis un quart de siècle[10]. HP a ouvert son

8. Robert Gavin, « It's Like Printing Money », *The Boston Globe*, 1er novembre 2004.

9. Ben Elgin, « Can Anyone Save HP ? », *BusinessWeek*, 21 février 2005, p. 28-35.

10. Cet exposé s'inspire d'une interview accordée par Joan Canigueral,

Faut-il continuer ou renoncer à fabriquer ?

Mike Fawkes, vice-président du groupe Imagerie et impression, Hewlett-Packard

« Plusieurs variables sont à prendre en considération (le coût de la main-d'œuvre, le coût du capital, etc.), les questions d'avantage compétitif (propriété intellectuelle, processus propriétaire, etc.) et le cycle de vie du produit. Pour la branche impression de HP, la stratégie de fabrication en est arrivée au point où nous sous-traitons 100 % de la production d'imprimantes, mais où nous conservons pratiquement 100 % de la production de cartouches d'encre. Nous fabriquons chaque année à peu près 40 millions d'imprimantes, contre 400 millions de cartouches d'encre.

Nos appareils ont un cycle de vie relativement court, alors que celui de nos cartouches d'encre est de dix ans ou plus. La fabrication de nos appareils utilise les processus d'assemblage standard, au contraire de la fabrication de nos cartouches, qui a recours à des processus propriétaires d'automatisation avancée. Par conséquent, la part représentée par la main-d'œuvre dans la fabrication des imprimantes est relativement élevée, mais avec un coût très faible en capital. Il y a dix ou quinze ans, nous étions encore convaincus que notre stratégie consistant à fabriquer les imprimantes chez nous nous conférait un avantage. Avec le temps, l'émergence de fabricants contractuels très efficaces a modifié la donne, et HP est devenu leader dans la sous-traitance à ces contractuels.

D'un autre côté, la fabrication de nos cartouches d'encre nécessite une main-d'œuvre limitée, mais avec un coût élevé en capital. Économiquement, il n'y aurait pas grand intérêt à sous-traiter cette fabrication, parce que nous sommes propriétaires des brevets et nous ne les plaçons pas sous licence. Si nous avions recours à un fabricant contractuel, nous ne partagerions pas des compétences extérieures avec d'autres grandes firmes. Nous considérons que la propriété intellectuelle de nos cartouches et de leur processus de fabrication est une véritable source d'avantages compétitifs pour HP. »

usine à Barcelone en 1984 et s'est mis à y fabriquer des imprimantes en 1993, alors que les entreprises se demandaient si la Communauté européenne finirait par devenir la « Forteresse Europe », avec des barrières douanières si hautes qu'il serait impossible d'y importer quoi que ce soit. La production démarra au rythme de 50 000 imprimantes par mois et s'accéléra rapidement. HP décida de ne pas courir le risque d'agrandir sa propre usine, craignant les périodes d'inactivité en cas de récession. Des fabricants locaux ont donc été sollicités, et les produits plus anciens et moins complexes furent ainsi cédés à des sous-traitants. Mais les usines locales étaient trop petites et, si HP leur donnait trop de travail, elles risquaient de dépendre de l'entreprise américaine pour leur survie.

HP se tourna donc vers Flextronics, fabricant contractuel d'envergure globale déjà implanté en Europe. En 2000, Flextronics et SCI fabriquaient en Hongrie un million d'imprimantes par mois. Certaines imprimantes haut de gamme étaient encore fabriquées à Barcelone. Puis vinrent la récession et les décisions pénibles. À Barcelone, les managers comprirent que « HP ne serait jamais leader pour l'assemblage du produit. Nous sommes payés pour créer, pas pour améliorer les mêmes processus jusqu'à la fin de nos jours ». Ils fermèrent les opérations d'assemblage en Espagne et partirent pour la Hongrie et l'Asie. En 2004, HP transféra en Ukraine les activités hongroises, parce que les taux de change rendaient la Hongrie trop coûteuse. Mais cette ins-

directeur des opérations de la chaîne d'approvisionnement, IPG Consumer HW-EMEA, le 19 mai 2003. Nous le remercions de nous avoir accordé cette interview qui reste l'une des plus précieuses et des plus détaillées de toutes celles que nous avons réalisées.

tallation en Ukraine fut éphémère : en 2005, l'usine fut fermée et les opérations partirent pour la Chine. En Ukraine, les salaires étaient bas, mais tous les autres coûts étaient trop élevés. En même temps, sous la pression de la crise, les ingénieurs de HP se révélèrent doués pour concevoir des imprimantes à faible coût, et l'essentiel du design resta donc aux États-Unis.

Les composants seulement

Tout aussi rares sont les producteurs de composants électroniques qui conservent les cinq fonctions : définition, design, design détaillé, fabrication et marketing. La plupart des entreprises produisant aujourd'hui des puces, comme Analog Devices, Infineon, ST Microelectronics (fabricant franco-italien de semi-conducteurs) et Texas Instruments, fabriquent chez elles quelques composants, mais sous-traitent aussi auprès de fonderies *pure-play*, comme clientes ou comme partenaires de *joint ventures*. Quand notre équipe a rencontré les hauts responsables de ST Microelectronics, ils nous ont expliqué qu'ils sous-traitent environ 20 % de leurs puces, mais que leur stratégie fondamentale est de conserver toutes les fonctions vitales afin de pouvoir travailler avec des clients très divers : certains, comme Nokia, assurent presque tout le design, alors que d'autres veulent que ST se charge de design et de customisation [11]. Conserver un large éventail de fonctions permet à ST de travailler pour toutes sortes de clients sur toutes sortes de marchés avec

11. Interview réalisée le 21 janvier 2002. Voir aussi Yvez Doz, José Santos et Peter Williamson, *From Global to Metanational*, Cambridge, Harvard Business School Press, 2001.

toutes sortes de besoins. ST a aussi ses propres fonderies qui peuvent produire rapidement afin de profiter des occasions qui s'offrent lorsqu'un nouveau produit est lancé, alors qu'il serait difficile d'obtenir la même disponibilité de fonderies taiwanaises qui travaillent pour de multiples clients. Finalement, ST pense devoir conserver certaines compétences clefs dans toutes les fonctions, comme garantie pour l'avenir : qui sait, dans la chaîne des fonctions, où la plus forte valeur se créera demain ? Il pourrait se révéler dangereux de renoncer à développer ses compétences dans certaines parties du processus. De même, Infineon, Texas Instruments et Analog Devices ont tous des stratégies mixtes : certains semi-conducteurs sont sous-traités, d'autres sont fabriqués dans leurs propres usines. Alors que pour ST, la sous-traitance semble être une sorte de tampon pour absorber les variations de la demande, certaines entreprises choisissent en fonction du type de composant. Analog Devices sous-traite la fabrication de ses processeurs de signal numérique mais conserve les convertisseurs qui exigent une technologie silicone non standard.

Intel est le meilleur exemple de producteur de composants électroniques qui continue à assurer toutes les opérations. Intel est numéro un sur le marché mondial des semi-conducteurs et vend 83 % des microprocesseurs utilisés dans les PC et les serveurs, un marché qui représente 27 milliards de dollars. Intel est le seul producteur de composants dont le grand public connaît le nom. Le logo « Intel inside » signale au consommateur que, même s'il est invisible, le microprocesseur Intel est bien présent et confère au produit une valeur bien plus grande que la marque figurant sur l'emballage.

Dans pratiquement tous les secteurs, c'est à ce capital de réputation attaché à la marque que les producteurs de composants aspirent et parviennent rarement. Pour les composants automobiles, Bosch et Brembo sont deux noms reconnus par le consommateur. Même Solstiss, fabricant français de dentelle installé à Caudry, qui vend aux maisons de haute couture, espère à long terme obtenir une réputation qui obligerait les couturiers à identifier « Solstiss » comme composant de leurs vêtements et sous-vêtements [12]. À l'heure actuelle, les dentelliers de Caudry ont quasiment le monopole de la production, parce qu'ils ont racheté la plupart des métiers Leavers, les seuls qui permettent de produire de la dentelle de grande qualité ; la firme britannique qui les fabriquait a fermé boutique il y a des années. Solstiss sait que les Japonais cherchent à améliorer les machines qui produisent une dentelle similaire pour les installer en Chine. La différence créée par le quasi-monopole des métiers risque donc de disparaître un jour. Dès lors, la dentelle de Caudry devra survivre grâce à sa créativité et à sa réputation. À part le succès relatif des dentelliers de Caudry, la plupart des producteurs de composants dans le domaine de la mode (tout comme dans l'électronique et l'automobile) restent inconnus du consommateur.

Ne faire que du design

Intel fait tout, mais la plupart des firmes électroniques se limitent à quelques fonctions. Des entreprises comme Nvidia, Broadcom, Qualcomm, SanDisk et Xilinx, qui se concentrent sur la conception de circuits intégrés et la défi-

12. Interview réalisée le 22 janvier 2004. Voir aussi Anne-Laure Quillleriet, « Dentelles en mutation », *Le Monde*, 7 janvier 2004, p. 25.

nition de nouveaux produits utilisant ces circuits, proposent leurs services sur toutes sortes de marchés : multimédia, sans fil et puces de PC, entre autres. Certaines sont encore plus spécialisées ; comme la britannique ARM, l'une des plus prospères entreprises d'une grappe de maisons implantées à Cambridge (Grande-Bretagne), elles proposent des blocs de code. Ces firmes innovantes élaborent des séquences qui peuvent être employées dans toutes sortes de produits électroniques et vendent la même séquence à plusieurs ODM ou OEM. Les leaders du design sans fonderie sont des entreprises américaines qui accomplissent encore l'essentiel du travail de pionnier. Ces firmes ont recours au vivier de talents qui existe dans la Silicon Valley. Elles s'installent dans ces régions non seulement pour recruter du personnel, mais aussi pour profiter de la recherche menée dans les universités et les autres institutions locales financées par le gouvernement.

En dehors des États-Unis et de l'Europe, il existe assez peu de firmes de design de circuits intégrés dotées de réelles capacités innovantes. Les cerveaux créatifs dont elles ont besoin sont rares dans la plupart des pays. Taiwan est une exception, puisque l'on y trouve le deuxième groupe mondial de firmes de design de circuits. Ces entreprises bénéficient de relations très étroites avec les fonderies. Mediatek, par exemple, a été créé par des ingénieurs qui ont quitté United Microelectronics Corporation (UMC) en 1997, quand UMC est devenu une fonderie. En 2004, *BusinessWeek* a classé Mediatek parmi les firmes informatiques les plus rentables au monde, avec un rendement des actions de 55,2 % [13].

Aujourd'hui, les firmes taiwanaises élaborent rarement

13. « The Into Tech 100 », *BusinessWeek*, 21 juin 2004.

leurs propres designs, mais elles fournissent à toutes sortes de secteurs des produits tout à fait sophistiqués et fiables, pour des prix raisonnables. Beaucoup envoient leurs ingénieurs monter des entreprises en Chine afin de concevoir des puces pour le marché chinois et pour les nouvelles fonderies (SMIC, Grace) établies en Chine, financées et gérées par les Taiwanais.

Avoir ou ne pas avoir de marque ?

Les vingt dernières années ont vu une expansion considérable de la fabrication contractuelle sous toutes ses formes et dans presque tous les secteurs. Par définition, les fabricants contractuels n'ont pas de marque et tirent leurs bénéfices de l'assemblage, ainsi que de divers services de design et de logistique qui soutiennent la fabrication. En 2003, dans l'ensemble du secteur électronique, environ 17 % de la valeur de tous les produits vendus était assurée par les fabricants contractuels [14]. Les cinq grandes entreprises nord-américaines de fabrication électronique (Flextronics, Jabil, SCI-Sanmina, Celestica et Solectron) sont des géants internationaux dotés d'usines dans le monde entier, qui fabriquent des myriades de produits pour les grandes marques [15]. L'essor ultrarapide de la fabrication contractuelle dans les années 1990 s'est principalement déroulé dans ces entreprises.

14. Données fournies par Eric Miscoll, Technology Forecasters, interview téléphonique, 7 octobre 2004.

15. Flextronics est officiellement domicilié à Singapour, mais la direction et les principales fonctions sont implantées à San José, en Californie. La législation fiscale rend vraisemblable un maintien du siège social à Singapour.

Lors de notre visite en octobre 2001, nous avons découvert, dans le vestibule du bâtiment de Flextronics à San José, la liste des produits fabriqués ce mois-là à travers le monde par l'entreprise : panneaux avant pour autoradios Philips (Hongrie) ; souris Microsoft (Chine) ; terminaux Internet Sony (Mexique) ; commutateurs rapides Ethernet pour Cisco (San José) ; équipements de commutation Ericsson (Hongrie) ; chargeurs de documents pour photocopieuses HP (Mexique) ; Palm Pilot (Mexique, Malaisie, San José) ; tests de fertilité pour Unipath (Australie) ; boîtiers externes pour lecteurs de disquette zip Iomega (Colorado) ; et bien d'autres encore. Comme les fonderies *pure-play*, les fournisseurs mondiaux insistent toujours sur l'idée qu'ils ne sont pas en concurrence avec leurs clients et qu'ils ne créeront jamais leur propre marque. Leur activité se borne à la fabrication.

Un nouveau venu parmi ces géants est un fabricant taiwanais peu connu, Hon Hai Precision Industry [16]. Sous le nom de Foxconn, il travaille pour des firmes comme Hewlett-Packard, Sony et Motorola, et fabrique également toute une gamme de composants essentiellement destinés aux PC. Hon Hai est devenu le premier fabricant taiwanais (en termes de ventes) et c'est le principal exportateur de Chine. En 2003, il employait 38 000 ouvriers. Alors que, dans l'électronique, les fabricants contractuels ont traversé des moments difficiles après 2000, licenciant du personnel et fermant des usines souvent récemment acquises, Hon Hai a continué à connaître une croissance explosive, pour atteindre un chiffre de ventes d'environ 10 milliards de dollars en 2003. Ses bénéfices ont

16. Interview réalisée à Foxconn, 29 juillet 2002 ; Dennis Normile, « Why is Hon Hai So Shy ? », 1er avril 2004, http ://www.reed-electronics.com/eb-mag/ index.asp?layout=articlePrint&articleID=CA405740.

aussi progressé très vite. La clef de ce succès ? Hon Hai fut l'une des premières entreprises taiwanaises à s'implanter en Chine, à Shenzhen, dès 1988, et a su exploiter les possibilités de fabrication à faibles marges. On dit que ses coûts sont les plus bas du secteur. De manière générale, cependant, la plupart des fabricants contractuels sont très différents de Hon Hai : ils sont beaucoup plus petits que les grandes firmes pour lesquelles ils travaillent, ils cherchent constamment un moyen d'être moins dépendants de leurs clients et affrontent une concurrence sans pitié.

Dans le secteur électronique, la vie des fabricants contractuels est dominée par quelques clients. En 2002, 63 % de leurs ventes allaient vers cinq entreprises seulement : HP / Compaq, Dell, Sony, Apple et IBM [17]. Les contractuels sont généralement des PME dont toute la fabrication se fait à Taiwan ou en Chine. Sous la pression de leurs clients et de leurs concurrents chinois qui les rattrapent, les Taiwanais doivent différencier leurs produits et leurs services des simples produits banalisés. Pour éviter une concurrence fondée exclusivement sur les prix, ils ont le choix entre développer les compétences en matière de design et recourir à une stratégie de marque.

Créer une marque internationale est difficile et coûteux, surtout pour une entreprise établie dans un pays à marché national limité, comme Taiwan qui ne compte que 23 millions d'habitants. Il existe pourtant quelques exemples de réussite brillante. Giant Bicycles est un de ces fabricants

17. Timothy J. Sturgeon et Ji-Ren Lee, « Industry Co-Evolution : A Comparison of Taiwan and North American Electronics Contract Manufacturers », in Suzanne Berger et Richard K. Lester, *Global Taiwan*, Armonk, M. E. Sharpe, 2005, tableau 2.3, p. 51.

contractuels qui ont su se réinventer en tant que firmes de réputation mondiale[18]. Fondée par King Liu en 1972, la firme se contenta jusqu'au début des années 1980 de fabriquer des vélos pour Schwinn. En 1981, Giant se mit à commercialiser de petites quantités sous sa propre marque. La réaction de Schwinn fut de créer une *joint venture* avec un fabricant chinois et de suspendre toutes ses commandes auprès de Giant. Aujourd'hui, Giant est devenu l'un des principaux producteurs de bicyclettes au monde et vend 70 % de sa production sous sa propre marque. La création de cette marque a nécessité des investissements considérables dans les centres de design européens, américains et taiwanais ; il a fallu également sponsoriser des événements sportifs et des courses de vélos dans le monde entier. Giant s'est aussi étendu verticalement, en créant une usine à Kunshan, dans la province chinoise de Jiangsu, pour fabriquer des tubes en aluminium, et une autre pour la fibre de carbone. Beaucoup des composants sont achetés à des fournisseurs (pneus Michelin et Continental, dérailleurs Lee Chi, freins Shimano). Giant conçoit alors le produit, fabrique le cadre et se charge de l'assemblage. Chaque année, Giant fabrique à Taiwan environ 600 000 bicyclettes haut de gamme qui sont surtout vendues aux États-Unis, en Europe et au Japon, et fabrique en Chine environ 2,5 millions de modèles allant du bas au milieu de gamme, destinés à l'exportation vers des magasins comme Toys'R Us et à la vente sur le marché national chinois, où la marque Giant est numéro un.

Malgré quelques réussites, les contractuels ont peu de chances de se faire un nom dans l'électronique. Les grandes

18. Interview réalisée le 15 avril 2003, et articles parus dans le *Jingji Ribao (Economic Daily)*, 21 mai, 24 juin, 30 septembre, 13 octobre et 6 novembre 2002.

entreprises ne veulent pas voir leurs fabricants devenir leurs concurrents. Ce problème n'est pas spécifique à l'électronique. Nous l'avons rencontré également dans le secteur du textile et du prêt-à-porter. Quand Fang Brothers, gigantesque fabricant de vêtements implanté à Hongkong, a lancé sa propre marque et ouvert ses boutiques, Liz Claiborne a cessé d'avoir recours à ses services. Les grandes firmes craignent pour leur propriété intellectuelle. Elles soupçonnent même les ODM sans marque de vouloir se ruer sur le marché sous leurs propres couleurs à la première occasion.

Quand Acer, la plus grand fabricant taiwanais de produits électroniques (et cinquième fabricant mondial de PC) a voulu créer sa propre marque d'ordinateurs, il a perdu une bonne partie de son activité d'OEM, puisque ses clients avaient l'impression qu'il venait marcher sur leurs plates-bandes. Acer tirait d'IBM la moitié de ses bénéfices de contractuel. Quand Acer s'est mis à vendre des ordinateurs sous sa propre marque, IBM a cessé de lui acheter quoi que ce soit. Les autres clients redoutaient que, dans la fabrication, Acer ne donne la priorité à ses produits plutôt qu'aux leurs. Comme le dit l'un des dirigeants d'Acer, « Quand il y a une première épouse, la deuxième épouse s'inquiète toujours ».

En 2001, Acer s'est divisé afin de créer une marque à part entière, sous le nom de BenQ [19]. Cette firme fabrique à présent des appareils photo numériques, des téléphones portables, des périphériques pour PC, des ordinateurs portables et des téléviseurs à cristaux liquides ; elle compte 13 000 employés et son chiffre d'affaires était d'environ 5,1 mil-

19. Interview réalisée auprès des dirigeants de BenQ dans leur usine de Suzhou, 30 juillet 2002 ; Jason Dean, « BenQ Builds A Brand », *Far Eastern Economic Review*, 23 octobre 2003, p. 38-40.

liards de dollars en 2004. En 2003, BenQ était devenu la septième marque la plus connue en Chine, mais réalisait encore 60 % de son activité en tant qu'ODM pour d'autres marques. En 2005, BenQ a fait une avancée spectaculaire en rachetant la ligne de combinés sans fil de Siemens. Pendant les cinq années à venir, les produits porteront le logo BenQSiemens. BenQ profitera du prestige de l'entreprise allemande vieille de 158 ans, de sa clientèle européenne et de ses précieuses compétences technologiques. D'ailleurs, Siemens a payé BenQ pour lui reprendre une subdivision déficitaire.

Le pouvoir dans la chaîne d'approvisionnement

« Il n'y a que les imbéciles qui possèdent des usines », nous a déclaré Patric Hollington dans le bureau de son magasin parisien de la rive gauche, qui vend d'élégants vêtements déstructurés pour hommes, qu'il conçoit et qu'il fait fabriquer à partir de fibres naturelles. Nous l'avons interrogé par une journée pluvieuse de mai 2002 : il venait de rencontrer un fabricant portugais, remplaçant possible pour les usines françaises. Les fournisseurs italiens auxquels Hollington achète sa toile de jean, son lin, son velours côtelé et ses lainages se portent à merveille, et il a su persuader quelques filatures françaises de fabriquer pour lui de nouveaux produits. Mais tout l'assemblage est « made in France » ; ses sous-traitants français survivront-ils ? Ses cinq fabricants français ont fait faillite à tour de rôle. Quand le principal sous-traitant a mis la clef sous la porte il y a quelques années,

Hollington a d'abord envisagé de racheter l'usine et de la gérer lui-même. Son actionnaire majoritaire lui a dit que ce serait de la folie. C'est finalement une entreprise de Bordeaux qui a racheté l'usine et la production a redémarré, mais bientôt un autre fournisseur français a été repris par des Allemands. Entre 2002 et 2005, les ventes de Hollington ont progressé d'un tiers ; grâce aux clients rencontrés à Florence lors du salon « Pitti Uomo », il a reçu de nouvelles commandes du Japon. Mais Hollington continue à se demander s'il est prudent de compter sur d'autres firmes pour fabriquer ses vêtements.

Hollington est une très petite entreprise, mais la même question se pose pour les plus grandes firmes interviewées par notre équipe. Quand des fonctions aussi importantes que la fabrication sont sous-traitées, le sort de l'entreprise dépend d'autres intervenants au sein de la chaîne d'approvisionnement. Dans un monde où la demande est très instable et où la production est fragmentée, aucun acteur économique ne peut entièrement contrôler son devenir. Les firmes peuvent difficilement remplacer un groupe de fournisseurs par un autre. Le problème de la conservation des fonctions indispensables se présente souvent à propos du design : quelles parties du design technique une grande marque doit-elle conserver ou au contraire confier à des sous-traitants ? Il s'agit surtout de protéger la propriété intellectuelle, mais aussi d'avoir une capacité de production suffisante quand le besoin s'en fait sentir.

Les entreprises tentent d'éviter les dangers de la dépendance en répartissant la fabrication entre de nombreux contractuels. Elles établissent une sorte de plafond pour limiter leur collaboration avec tel ou tel fournisseur. Certaines conservent la majeure partie de la fabrication, tout en sous-traitant le reste.

D'autres créent des usines pilotes afin de pouvoir continuer à s'instruire sur les processus de fabrication des produits et des services qu'elles sous-traitent. Une autre stratégie pour éviter une dépendance fatale consiste à envoyer des équipes d'ingénieurs chez les contractuels afin de surveiller de près leurs opérations. Pour les fabricants, bien sûr, le problème inverse se pose lorsqu'ils ne travaillent que pour un nombre limité de clients, qui peuvent eux aussi connaître des périodes difficiles.

Aux États-Unis, les principaux acteurs dans le secteur du prêt-à-porter sont aujourd'hui des entreprises qui possèdent des marques ou des magasins, mais qui ne fabriquent rien. Ces grands noms incluent Ralph Lauren, Jones NY, Liz Claiborne, Gap, The Limited. Ces géants ne possèdent pas d'usines, mais leur taille leur donne du pouvoir et ils peuvent contrôler la production en remplissant les usines d'un fournisseur avec leurs produits.

Nos interviews nous ont appris que des firmes comme Fang Brothers étudient de près les hauts et les bas de leurs clients, dont dépend leur réponse aux exigences de contrôle des usines. Quand nous avons demandé à un grand fabricant contractuel de chaussures de sport quel type de plafond une marque comme Reebok ou Nike fixait dans ses commandes, il nous a répondu que les choses se passent dans l'autre sens : c'est le fournisseur qui doit décider quel pourcentage de sa production il consacre à tel ou tel client.

Il n'est pas facile de contrôler la production lorsqu'elle se déroule dans des usines appartenant aux contractuels, mais les marques américaines ont encore plus de mal avec la grande distribution. Certaines, comme Warnaco, Ralph Lauren ou Liz Claiborne, vendent une partie de leurs vêtements dans leurs propres boutiques. Mais la majorité de

Contrôler une usine sans

L'un des dirigeants d'une firme de prêt-à-porter
dans des usines qui ne vous appartiennent pas

« Jones, Liz, Kellwood ou Ralph, quand ils trouvent une excellente usine, ils veulent en prendre le contrôle. Ils ne peuvent le faire qu'en faisant une commande assez grande pour accaparer toutes les capacités de l'usine en question. Comment cela se passe-t-il ? Le PDG de Liz Claiborne ou de Jones NY dit à Kenneth Fang [le président de Fang Brothers] : "Nous vous commandons 30 000 pièces par mois ; quelle usine nous donnez-vous ?" Quand vous vous appelez Liz Claiborne, Jones NY ou Kellwood, vous voulez avoir la part du lion. Ils se disent : nous devons avoir le contrôle de notre destinée, alors l'usine où nous commandons doit être contrôlée par nous, même si elle appartient à Fang. Le grossiste ne la possède pas, mais il s'y est installé. Fang utilise les bénéfices de ce contrat pour construire une autre usine qui sera consacrée à une autre marque, afin de diversifier les risques.

La question la plus importante qu'un grossiste pose à un fabricant, c'est : "Dans quelle usine allez-vous me mettre ?" Et il faut que la

celles que nous avons interviewées vendent surtout dans les grands magasins ou dans des hypermarchés comme Wal-Mart ou Target. Depuis vingt ans, un vaste mouvement de concentration s'est produit dans la grande distribution [20]. Le marché est désormais dominé par quelques grandes firmes. L'un des responsables d'une grande marque nous a décrit la transformation des relations entre les marques et les grands

20. Frederick H. Abernathy, John T. Dunlop, Janice H. Hammond et David Weil, *A Stitch in Time : Lean Retailing and the Transformation of Manufacturing-Lessons from the Apparel and Textile Industries*, New York, Oxford University Press, 1999.

en être propriétaire
nous explique qu'il n'est pas facile de contrôler la production et qui se trouvent pratiquement toutes à l'étranger

commande soit assez importante pour que vous soyez le seul client de l'usine. Quand on travaille avec Fang Brothers, on s'attend à de la qualité. Mais si vous ne demandez pas à voir l'usine, Fang peut sous-traiter votre commande avec un assembleur moins compétent. Il faut demander à voir l'usine. Sinon on se retrouve chez n'importe qui. On contrôle la fabrication en restant dans la même usine. Après tout, Fang ne se développe qu'au niveau prévisible et il sous-traite tout le reste. Vérifier l'usine, c'est ce que fait votre agent à Hongkong ou ce que vous faites vous-même quand vous voyagez en Asie. C'est un point sur lequel les contrats restent très flous. Dans le prêt-à-porter, on ne fait pas de contrats trop précis. Avec les huiles comme Ralph Lauren et Kenneth Fang, c'est tout ou rien. Les enjeux sont trop grands pour qu'on ne respecte pas les engagements. Les petits grossistes qui n'ont pas les moyens de négocier, ils se font avoir. Ils n'ont pas de pouvoir, ils ne peuvent pas se charger de l'investissement que représente la gestion d'une usine. »

magasins : d'abord, les magasins ont tiré les marrons du feu pour créer des boutiques de marque dans les galeries marchandes. Puis, quand les détaillants sont devenus plus forts, ils ont commencé à exiger que les marques atteignent certaines marges brutes. Quand l'objectif fixé n'était pas atteint, les marques devaient rembourser les grands magasins.

Comme nous l'a dit le dirigeant d'une entreprise de prêt-à-porter, « Les rapports de force ont été totalement modifiés, même pour les articles de mode qui font des ravages ». Les détaillants ont multiplié leurs exigences, demandant notamment aux fabricants contractuels d'attacher les étiquettes de prix et d'installer les vêtements sur des cintres. « Quand une erreur était commise sur une seule pièce, on était pénalisé. Il était impossible d'atteindre ce degré de perfection. Il y avait tant de règles à respecter que, tôt ou tard, on se faisait avoir. La rétrofacturation est devenue une mine d'or pour les grand magasins, même s'ils n'ont jamais voulu l'admettre. » Face à la puissance de la distribution, les petites marques n'ont pu résister et beaucoup ont disparu.

Selon cette même source, les grossistes de marque commencent à pouvoir riposter. « Dans cette situation, les géants affrontent les géants. C'est la lutte de Liz Claiborne (4 milliards de dollars), de Kellwood (3 milliards) et Ralph Lauren (4 milliards) contre, par exemple, le groupe Federated Department Stores. » C'est à qui se chargera des stocks, à qui supportera les risques, à qui récoltera les bénéfices. Le combat oppose en fait trois groupes d'acteurs au sein de la chaîne d'approvisionnement : les fabricants contractuels (comme Fang Brothers ou Luen Tai), les grossistes de marque (comme Liz Claiborne, Ralph Lauren, Kellwood) et les grands magasins de la distribution. À chaque point de la chaîne des fonctions reliant le vêtement au consommateur, les très grandes firmes contrôlent l'essentiel du terrain.

Si cet affrontement des géants caractérise une partie du prêt-à-porter aux États-Unis, tout un autre pan du secteur évoque plutôt la lutte de tous contre le Léviathan [21]. Dans la grande distribution, la réussite la plus éclatante des vingt dernières années est celle de Wal-Mart, chaîne de supermarchés fondée en 1962 par Sam Walton à Bentonville, dans l'Arkansas. En 2004, Wal-Mart avait des ventes nettes de

21. Je reprends l'expression utilisée par Simon Head dans « Inside the Leviathan », *The New York Review of Books*, 16 décembre 2004, p. 80-90.

245 milliards de dollars, employait 1,5 million de personnes et affichait des bénéfices équivalant à environ 2 % du PIB des États-Unis [22]. Les importations de Wal-Mart en provenance de Chine représentent chaque année près de 15 milliards de dollars. Le phénomène Wal-Mart joue aussi un rôle essentiel dans la transformation de l'économie mondiale. Le McKinsey Global Institute a réalisé une étude sur les gains de productivité extraordinaires qu'ont connus les États-Unis entre 1995 et 1999 : les hausses se concentrent dans seulement six secteurs de l'économie [23]. La grande distribution explique à elle seule un quart des gains de productivité, et environ un sixième de ces gains concerne la marchandise générale. Wal-Mart compte pour beaucoup dans cette hausse, conclut l'enquête.

Les prix bas que pratique Wal-Mart reflètent un ensemble de facteurs : non seulement le faible coût des importations, mais aussi la faiblesse des salaires et de la couverture sociale des employés des supermarchés, la pression exercée sur les fournisseurs et les innovations dans l'utilisation de l'informatique pour gérer la chaîne d'approvisionnement.

Toutes les marques et tous les fournisseurs n'acceptent pas ce genre de pression. Le président d'une firme de vêtements pour enfants a qualifié Wal-Mart d'« empire du mal » en affirmant qu'il ne voulait avoir aucun rapport avec cette chaîne. Sans aller aussi loin, d'autres nous ont confié la colère que leur inspire ce client tellement gigantesque qu'il

22. Ces informations proviennent de Gunnar Trumbull et Louisa Gay, *Wal-Mart into Europe*, Boston, Harvard Business School, 2004 ; Jeff Madrick, « Economic Scene : Wal-Mart may be the new model of productivity, but it isn't always wowing workers », *The New York Times*, 2 septembre 2004.

23. Virginia Postrel, « Economic Scene : Lessons in keeping business humming, courtesy of Wal-Mart U », *The New York Times*, 28 février 2002.

Travailler avec Wal-Mart

Le président d'une grande entreprise de vêtements sportifs (ventes supérieures à 1 milliard de dollars) nous explique comment Wal-Mart oblige les marques et les fabricants à baisser leurs prix.

« Nous produisons 50 % des [il nomme un vêtement porté par presque tout le monde à une certaine époque de l'année] de Wal-Mart. Nous leur vendons des produits de notre marque et aussi de marque privée. Si vous attendez que Wal-Mart vous force à baisser les prix, vous n'êtes pas un très bon fournisseur. Vous ne les comprenez pas. La philosophie de Wal-Mart est celle du "toujours plus". Ils ne veulent pas toujours le moins cher, mais la meilleure qualité pour un prix très bas.
Si je leur vends un produit 10 dollars cette année et que j'essaie de le leur vendre 10 dollars l'an prochain, ils ne seront pas contents. Chaque année, ce qu'on fait doit être "toujours plus" avantageux pour eux. Nous nous sommes donné beaucoup de mal pour trouver des tissus moins coûteux. Nous leur avons carrément proposé de baisser notre prix. Ils ont un très grand nombre de fournisseurs qui comprennent ce concept. »

rend impossible toute négociation. Mais il est difficile d'éviter une chaîne de distribution aussi vaste et omniprésente. En outre, Wal-Mart influe sur la vente d'une gamme de produits toujours plus large. En 2002, il est devenu le deuxième détaillant d'électronique aux États-Unis. Après avoir conquis une si grande part du marché de l'électronique grand public à bas prix, il cherche maintenant à se lancer dans des produits coûteux comme les téléviseurs à écran plat. L'attitude de Wal-Mart avec les fournisseurs et les marques s'est généralisée, et les autres chaînes de supermarchés l'imitent désormais.

Les réseaux instaurent-ils l'égalité des participants ?

Tandis que le monde de la production s'est fragmenté, la dépendance mutuelle a remplacé les vieilles hiérarchies qui plaçaient les grandes marques au sommet et les fournisseurs à la base de la pyramide. Le meneur de jeu n'est désormais plus toujours le même, selon les phases du cycle et l'évolution du produit. Lorsque les puces sont très demandées, les fonderies *pure-play* sont reines et les clients se battent pour qu'on leur trouve une place. Quand les dieux de la mode déclarent qu'il faut porter de la dentelle, les fabricants de Caudry font la loi. Mais tout change, et chacun a son heure. De cette égalisation des rapports de force est née la vision d'un monde où les réseaux remplacent les hiérarchies : un nouveau modèle d'égalité et de partenariat entre acteurs situés à différents points de la chaîne d'approvisionnement.

Mais ces partenaires sont-ils vraiment égaux ? Nous avons découvert qu'au sein du réseau, une entreprise jouit souvent d'un pouvoir supérieur aux autres. Même si elle n'a aucun droit réel sur les autres, c'est elle qui décide du découpage de la chaîne de production et du rôle qui sera assigné à chacun des participants. Tous ne prennent pas part aux choix concernant la restructuration du processus et l'attribution des fonctions (qui fait quoi et quand). L'acteur principal fait office d'architecte du système ou, comme le dit Masahiro Aoki, professeur à Stanford qui s'intéresse à l'économie des réseaux, de « timonier [24] ».

24. Masahiro Aoki et Hirokazu Takizawa, « Modularity : Its Relevance to Industrial Architecture », Communication prononcée lors du 5e Congrès sur l'innovation organisationnelle dans les entreprises, Paris, Centre Saint-Gobain, 7-8 novembre 2002.

Qui mène le jeu ?

Un cadre de TimisoaraMode, firme roumaine de prêt-à-porter, décrit ses relations avec les marques qui lui communiquent leurs exigences en matière de fabrication [25].

« Nos clients allemands travaillent sur une base "découpe et couture" parce qu'ils se croient toujours plus malins. Ils sont continuellement sur notre dos pour nous dire comment il faut faire. Les Allemands ont leurs propres techniciens qui viennent tous les jours dans notre usine. L'un des principaux clients allemands nous donne les patrons et nous faisons le traçage. Mais généralement, ils ne veulent pas nous envoyer de patrons par e-mail ou par Internet parce qu'ils ont peur que nous découvrions leurs secrets et leur savoir-faire ! Je pourrais parfaitement reconstituer leur système et leur traçage d'après les données qu'ils doivent nous envoyer. Nous faisons du traçage pour notre plus vieux client allemand, mais il ne veut pas que nous ayons à acheter de la garniture, même si cela permettrait de réduire les coûts.

Même avec des clients de longue date, nous avons des négociations interminables au sujet de tous les problèmes envisageables. L'une de ces marques allemandes utilisait 60 % de notre capacité de production. Il y a deux ans, elle a voulu nous passer une grosse commande en exigeant un prix plus bas. Nous avons hésité, et elle a rompu avec nous par un simple fax, alors que nous travaillions pour elle depuis vingt ans. Nous avons eu du mal à nous en remettre.

Beaucoup de ces firmes n'ont aucun respect pour nous. Prenez l'exemple d'Armani. Ils sont venus visiter et ils ont dit : "Oui, vous feriez peut-être l'affaire pour une de nos marques, mais pas pour les autres, il faut qu'on y réfléchisse. Après tout, faire fabriquer les vêtements Armani en Roumanie, c'est une décision difficile." Je leur ai répondu : "Nous aussi, il faut qu'on y réfléchisse ! C'est une décision difficile pour nous aussi." »

25. Pour des raisons évidentes, je n'utilise pas le vrai nom de l'entreprise. L'interview a été réalisée en juin 2003.

Dans la plupart de nos interviews, nous comprenions très vite si l'entreprise jouait le rôle de timonier ou de simple rameur. Il existe des cas de collaboration à peu près égale entre contractuels, mais nous avons rencontré beaucoup plus d'exemples d'inégalité flagrante entre les partenaires. Les ordres vont alors de la firme dirigeante vers les autres. Les employés de la firme dirigeante se rendent souvent dans les usines des contractuels pour surveiller les opérations. Il est possible de négocier, mais les prix sont essentiellement fixés par les firmes dirigeantes et imposés aux sous-traitants ; les souhaits et les caprices de la firme dirigeante l'emportent généralement sur les préférences des autres.

Un important fabricant taiwanais d'ordinateurs portables nous a dit, en plaisantant à moitié, que malgré tous les déplacements entrepris par ses ingénieurs, il n'osait pas les laisser voyager en classe affaires, de peur qu'ils ne soient vus à bord de l'avion par un client qui en conclurait qu'il y a encore une possibilité de rogner sur les prix. De toute évidence, ce sont les grandes firmes et non les sous-traitants qui mènent la danse.

Quelle est la meilleure position au sein du réseau ?

Si les acteurs chargés des différentes fonctions sont si inégaux, laquelle des étapes du processus de production une entreprise devrait-elle tenter de conserver ? Elle peut choisir celles qui rapportent les plus fortes marges (sous forme de bénéfices, de rendement des actions ou de marge brute d'exploitation). Prenons l'exemple de la poupée Barbie. En 2003, les ventes de Mattel atteignaient à peu près 3,3 milliards de dollars, et les ventes de Barbie représentaient plus de la moitié de ce chiffre. En 1996, une Barbie coûtait 9,99 dollars dans un magasin Toys'R Us de Californie. Un journaliste du *Los Angeles Times* a enquêté sur l'origine géographique des différentes pièces incluses dans la poupée et a déterminé la part de ces 9,99 dollars qui revenait à chaque pays [26]. Le corps en vinyle vient de Taiwan (et l'éthylène qui sert à fabriquer le vinyle est un dérivé du pétrole saoudien) ; les cheveux en nylon viennent du Japon ; le carton et la peinture viennent des États-Unis. Seuls les vêtements viennent de Chine, où la poupée est finalement moulée, assemblée, peinte, habillée et emballée. Quand Barbie quitte Hongkong, elle vaut 2 dollars, dont environ 35 cents de main-d'œuvre chinoise.

Ce calcul ne permet pourtant pas de déterminer quelle firme réalise les plus forts bénéfices. Les grandes marques n'ont pas toujours la part du lion. En 1999, un rapport comparant les bénéfices et le rendement des actions d'une série de fabricants contractuels de Hongkong et de Taiwan à ceux des grandes entreprises pour qui ils travaillent a montré que les fournisseurs étaient souvent plus rentables que les marques [27]. Selon les économistes qui ont étudié les rapports entre les firmes et les fabricants contractuels, les bénéfices n'augmentent que quand les firmes sont très puissantes. Autrement, mieux vaut conserver ses usines ou les partager avec d'autres, comme les Japonais le font actuellement, dans le cadre d'accords tels que la fusion conclue entre Hitachi et

26. Rone Tempest, « Barbie and the World Economy », *Los Angeles Times*, 22 septembre 1996.

27. Reuters, CLSA Global Emerging Markets, rapport annuel 1999, cité par Jean Boillot et Nicolas Michelon, *Chine, Hong Kong, Taiwan. Une nouvelle géographie économique de l'Asie*, Paris, La Documentation française, 2001, p. 142.

NEC qui a donné naissance à Elpida en réunissant leurs divisions spécialisées dans les puces de mémoire, ou celle qui a donné naissance à Renesas en rassemblant les divisions semi-conducteur de Hitachi et Mitsubishi [28].

L'électronique n'est pas le seul secteur où l'on se demande si le rôle de fournisseur est préférable à celui des grandes marques. Actuellement, dans l'industrie automobile, la proportion de bénéfices avant impôts est de 24 % pour les assembleurs, de 28 % pour les fournisseurs, de 43 % pour les services après vente, et de 5 % pour les concessionnaires [29]. Dans le cas de Barbie, la marque et les détaillants récoltent 80 % du prix de la poupée. Mais ils ont aussi des frais très élevés. Le rendement des capitaux est peut-être plus important dans l'entreprise japonaise qui fabrique les cheveux en nylon que pour le détaillant américain. Si cela est vrai, la japonaise n'aurait aucune raison de vouloir changer de position en créant sa propre marque ou en concevant de nouveaux types de poupées.

Les bénéfices à court terme ne sont pas la seule considération. Le fabricant de cheveux se trouve peut-être sur un segment très concurrentiel, avec beaucoup de rivaux tout aussi capables de fabriquer des cheveux (ce n'est pas si compliqué, après tout) et prêts à baisser les prix en comprimant les coûts. Dans cette situation, les fonctions qu'une entreprise doit conserver sont celles que les autres ne peuvent imiter aisément. Les parties les plus complexes et les plus spécifiques du processus de fabrication, soumises à licence

28. Erica L. Plambeck et Terry A. Taylor, « Sell the Plant? The Impact of Contract Manufacturing on Innovation, Capacity and Profitability », GSB Working Paper, 1764, 2002.

29. McKinsey, cité dans Iain Carson, « Perpetual Motion. A Survey of the Car Industry », *The Economist*, 4 septembre 2004, figure 4, p. 8.

ou exigeant un savoir-faire longuement accumulé : voilà ce qui permet à une firme de résister à une concurrence sans merci et de stabiliser ses bénéfices. Autre point important, la firme sera plus apte à négocier avec les autres parce que son apport est unique ou, du moins, difficile à remplacer.

Un autre facteur dont il faut tenir compte est la réduction des risques. Si une entreprise ne fabrique que les cheveux des poupées Barbie, même si cette fonction est aujourd'hui très rentable, le risque est que Mattel connaisse des difficultés ou que la Barbie ne soit plus à la mode. Même chez les producteurs bas de gamme qui ne rivalisent que sur les prix, on constate quelques efforts de R&D pour proposer de nouveaux produits leur permettant de se diversifier et donc de limiter les risques.

Finalement, pour une entreprise, le désir d'exercer un pouvoir au sein de la chaîne et de garder le contrôle de sa destinée influe fortement sur le choix des fonctions à conserver. Beaucoup des patrons que nous avons interviewés considèrent la chaîne de valeur comme une sorte de fouet : certains tiennent le manche, d'autres se font ballotter d'un point à un autre. Détenir une marque précieuse ou proposer des services uniques permet de s'agripper fermement au manche. La taille des firmes et leur part de marché sont aussi des variables cruciales. Par exemple, plus large est la part du secteur maîtrisé par un fabricant d'ordinateurs portables, plus il dispose de ressources qui rendent ses produits irremplaçables, plus il se trouvera en position de force lorsqu'il devra négocier avec les grandes marques.

Dans l'électronique, certains sous-traitants ont acquis presque autant de pouvoir que les grandes firmes. Les cinq grands fournisseurs mondiaux dont j'ai parlé plus haut (Jabil, Solectron, Flextronics, Sanmina-SCI et Celestica) sont deve-

Les dangers d'un optimisme excessif
Timothy Sturgeon, membre de notre équipe, raconte l'histoire de Cisco lors de l'effondrement de la bulle Internet

« La fin du boom des années 1992-1999 a révélé quelques exemples spectaculaires de mauvaise gestion des stocks. À lui seul, Cisco avait à supporter près de 2 milliards de dollars de stocks non vendus. Jusqu'au premier semestre 1999, le problème des entreprises fournissant le matériel informatique de la "révolution Internet" était de suivre la demande. Les acheteurs de Cisco commandaient deux à trois fois le volume de composants et de produits assemblés nécessaire pour répondre aux commandes en cours. L'entreprise connaissait la leçon durement apprise par les autres firmes de la Silicon Valley comme Apple : la pire erreur, sur un marché très dynamique, est de ne pouvoir répondre aux brusques pics de la demande pour les produits les plus avancés. Sur les nouveaux marchés, où les habitudes d'achat et la loyauté du client restent à construire, être incapable de fournir les produits finis au consommateur, c'est perdre une occasion de dominer une nouvelle niche. Pendant le boom, cette stratégie a plutôt réussi à Cisco, qui a pu suivre la croissance radicale de la demande en commutateurs Internet et a conquis 80 % des parts du marché : le cours de l'action de Cisco s'est envolé dans la stratosphère. Quand le marché s'est tout à coup effondré à l'automne 1999, Cisco et ses fournisseurs se sont retrouvés avec d'énormes excédents sur les bras [30]. »

nus si indispensables pour leurs clients que, lors du plongeon du secteur en 2001, de grandes firmes comme Cisco Systems, qui a connu l'une des croissances les plus rapides des années

30. Timothy J. Sturgeon, « Exploring the Risks of Value Chain Modularity : Electronics Outsourcing During the Industrial Cycle of 1992-2002 », Product-Working Paper MIT-IPC-03-003, Industrial Performance Center, 2003, p. 32-33.

1990, ont accepté d'assumer le coût des stocks excédentaires restés sur les étagères des fabricants contractuels.

Pourquoi Cisco a-t-il payé les stocks restés chez ses fournisseurs ? Jabil, firme qui propose des services de fabrication électronique, consacre 20 % de son activité à Cisco. Chris Lewis, son responsable financier, explique que les bénéfices de Jabil (entre 5 et 6 %) sont trop faibles pour supporter ce genre de risque. Pourquoi Cisco devrait-il « nous mettre sur la paille pour économiser 1 dollar et en gagner 31 au lieu de 30 [31] » ?

Les rapports de force, les questions de résistance et d'irremplaçabilité, tout cela est en jeu quand les firmes décident de conserver certaines fonctions qui leur permettront de maîtriser leur destinée. Les directeurs de PME que nous avons interviewés estimaient que, pour mieux contrôler la situation, ils devaient moins dépendre des caprices de leurs principaux clients. Une solution est évidemment de multiplier les clients pour le même service, mais une autre approche consiste à élargir la gamme de fonctions proposées afin de diversifier la clientèle. TimisoaraMode a démarré au début des années 1990 en travaillant pour des entreprises allemandes sur une base purement « découpe et couture » ; autrement dit, les Roumains découpaient et assemblaient les vêtements, les clients étrangers fournissant les tissus, les patrons, les instructions techniques détaillées et la garniture (boutons, fermetures à glissière, doublures) et organisant le transport des produits finis.

Afin de se libérer de ses clients exigeants dont les agents surveillent chaque étape des opérations, TimisoaraMode

31. Robert Ristelhueber, « CM Firms Don't Want Inventory Ownership », *EBN*, 3 mai 2001.

s'est lancé dans le «*full-package*», essentiellement pour des clients anglais qui avaient renoncé à la fabrication. Pour cette clientèle, TimisoaraMode achète et finance l'achat de tissus, de garnitures, et fournit une bonne partie des services de conception technique pour la fabrication. Le *full-package* représente aujourd'hui près de 35 % de l'activité de TimisoaraMode. Les Anglais envoient de temps en temps leurs stylistes dans l'usine roumaine pour parler des collections, mais ils n'y maintiennent pas de personnel à plein temps. TimisoaraMode a récemment créé une marque pour commercialiser ses produits en Roumanie et a ouvert toute une série de boutiques : l'entreprise y a le contrôle de toutes les fonctions, de la conception à la commercialisation. TimisoaraMode ignore encore si sa marque ou son activité de *full-package* pourra remplacer la «découpe et couture» ou même être aussi rentable qu'elle, mais la firme peut ainsi faire preuve de plus d'autonomie et d'initiative.

Dans le monde de la production fragmentée, les enjeux sont ce qu'ils ont toujours été : bénéfices, pouvoir, sécurité et nouvelles opportunités. Ce qui a changé, c'est qu'il est désormais possible d'atteindre ces objectifs en se positionnant à n'importe quel point de la chaîne de valeur. Il y a vingt ans, les entreprises intégrées dominaient encore. Aujourd'hui, un fabricant de composants, une entreprise de design, une marque sans fabrication, un fabricant sans marque, et bien d'autres combinaisons encore, proposent de nouvelles manières de rester compétitif.

CINQUIÈME PARTIE

FABRIQUER CHEZ SOI OU À L'ÉTRANGER ?

CHAPITRE IX

Made in America ?

La première chose que l'on voit lorsque l'on visite la fabrique de T-shirts d'American Apparel à Los Angeles, ce sont de grandes banderoles suspendues sur la façade du bâtiment rose vif : « American Apparel est une révolution industrielle » et « Légalisez LA ! [1] ». Ces slogans nous ont surpris : comment pouvait-on encore fabriquer des T-shirts aux États-Unis, face à la concurrence des pays à bas salaires ? À quoi bon même essayer, alors que les barrières douanières et les frais de transport sont si réduits ? Marty Bailey, vice-président en charge des opérations, nous a expliqué que ce qui faisait tourner son entreprise, c'étaient les vêtements sexy et moulants en coton de qualité, le talent de la firme pour promouvoir son image et la capacité à satisfaire 75 % des commandes le jour même où elles sont passées. La majorité des produits sont des T-shirts « imprimables » qu'ils vendent à des grossistes et à des détaillants qui les personnalisent grâce à des motifs ou à des textes imprimés. American Apparel compte environ 60 000 grossistes parmi ses clients,

1. Interview accordée par Marty Bailey, vice-président en charge des opérations, 24 mars 2004, et fax du 16 février 2005. Le slogan « Légalisez LA » est un appel à la légalisation des immigrants en situation irrégulière à Los Angeles.

et le principal d'entre eux ne représente qu'entre 4 et 5 % des ventes. Récemment, American Apparel a ouvert ses propres boutiques, y compris à l'étranger (à Paris, par exemple). Ces vêtements sont destinés à des clients âgés de 13 à 35 ans, minces et en bonne forme physique. Un quart des produits sont vendus par Internet sur un site très « tendance » (www.americanapparel.net).

Les T-shirts pourraient incontestablement être fabriqués en Asie pour moins cher. Mais les acheteurs ne veulent pas attendre un mois, ils les veulent tout de suite, dit Bailey. « La question essentielle, c'est le délai de livraison. Nous sommes extrêmement réactifs. Nous avons 5 millions de pièces disponibles, et 75 % de notre activité est liée aux commandes que nous satisfaisons immédiatement. Si je faisais tout fabriquer à l'étranger, je réaliserais une économie de 15 %, mais je ne pourrais pas être aussi rapide. Mon stock tourne 4 à 5 fois par an et mes produits de base tournent 15 à 17 fois par an. » Les grossistes ne commandent en moyenne pas plus de 270 pièces. Aucune commande n'est trop petite pour être honorée, même si AA fait alors payer plus cher lorsque les commandes sont minces. Si la fabrication était délocalisée, il serait impossible de livrer un si grand nombre de commandes aussi vite à autant de clients différents.

Découpe, couture et assemblage sont entièrement pris en charge par AA. La teinture et le délavage sont confiés à quatre autres entreprises de Los Angeles. Dans le meilleur des cas, un atelier de couture est un lieu agressif où règne une pression intense, mais celui d'American Apparel est l'un des rares où les ouvriers lèvent les yeux de leurs machines pour sourire au patron et aux visiteurs ; lors de notre passage, Bailey en a même salué quelques-uns par leur nom. En Asie du Sud-Est, quand le patron et ses invités traversent l'atelier, les ouvriers se penchent sur leurs machines et travaillent plus vite. Dans une usine de Dongguan, en Chine, pour nous donner un exemple de la discipline qu'il a instaurée, le directeur suggéra d'ordonner aux ouvriers de s'immobiliser. Nous avons poliment décliné son offre en l'assurant qu'il nous avait déjà amplement convaincus.

Si le personnel semble plus heureux chez American Apparel (différences culturelles mises à part), c'est peut-être parce que les 3200 ouvriers gagnent en moyenne 12,50 dollars de l'heure, plus les avantages sociaux, ce qui est considérable pour ce secteur. En parcourant l'usine, nous n'avons guère entendu parler anglais. Comme d'autres ateliers de couture de Los Angeles, la main-d'œuvre se compose surtout d'immigrés mexicains (les banderoles suggèrent que la loi sur l'immigration les préoccupe). L'entreprise subventionne les cartes d'autobus, les repas, l'assistance juridique, des cours d'anglais et des soins médicaux.

Dov Charney, le fondateur, n'a pas pour unique ambition de faire de l'argent en vendant des chiffons. American Apparel affirme produire « sans ateliers clandestins » des vêtements réalisés dans de bonnes conditions par des employés payés décemment. La stratégie de production intégrée est un moyen d'atteindre compétitivité et équité. Tels sont les objectifs définis sur le site-Web : « Si notre entreprise produit sans ateliers clandestins, c'est en fait grâce à l'intégration verticale, système efficace qui supprime les intermédiaires. Parce que nous ne sous-traitons pas auprès des ateliers clandestins locaux ou dans les pays en voie de développement, tout le processus se déroule sans pertes de temps et notre entreprise peut satisfaire la demande à une vitesse folle. Nous pouvons ainsi rester compétitifs sur le marché mondial. »

Personne ne sait vraiment si le consommateur est prêt à payer plus pour des vêtements fabriqués sans recours aux ateliers clandestins, mais lorsqu'il voit à la télévision un reportage sur les terribles conditions de fabrication de marques bien connues, le contrecoup s'avère souvent élevé, comme l'a découvert Nike, entre autres. Tandis qu'American Apparel tient à cette étiquette « sans ateliers clandestins » pour asseoir son image branchée, la plupart des autres entreprises que nous avons interviewées ont des réflexes défensifs sur le sujet : elles cherchent surtout à éviter le désastre. Un éditeur nous a expliqué pourquoi il ne faisait pas fabriquer en Asie ses livres pour enfants : « Savez-vous pourquoi l'environnement et l'éthique sont des questions si importantes ? Parce que notre marque en dépend. Imaginez, si nos livres, avant tout destinés aux enfants américains, étaient fabriqués en Inde par des enfants maltraités qui gagnent un penny par jour ! Cela peut être fatal pour la réputation d'une marque. Je préfère payer 5 ou même 10 % de plus afin d'avoir la conscience tranquille dans ce domaine, comme pour les questions de propriété intellectuelle. Pensez à ce qui est arrivé à Nike ou à Kathy Lee Gifford ! »

Le pays d'origine compte parfois beaucoup. La plupart des fabricants italiens que nous avons interviewés dans le textile et le prêt-à-porter nous ont dit que le label « Made in Italy » indique un degré de qualité et d'originalité qui permet d'exiger des prix plus élevés. Certains produits semblent inextricablement liés à un lieu particulier. Quand Fang Brothers, fabricant contractuel de Hongkong, a décidé en 2000 de créer sa propre marque de cachemire, il a racheté Pringle of Scotland[2]. Pringle était une marque prestigieuse,

2. Interview accordée par Douglas Fang, 2 juillet 2001, et articles parus dans les journaux.

vieille de 185 ans, qui avait des difficultés financières et une usine vieillotte. Fang Brothers dispose d'installations ultramodernes en Chine. Fang devait-il fermer le site écossais et faire fabriquer les pulls Pringle dans ses usines chinoises ? Ou moderniser l'usine écossaise et en conserver le personnel ? Après de longues discussions, Fang a tranché : « Pringle of Scotland doit rester en Écosse. » Le Britannique Kim Winser, ancien dirigeant de Marks & Spencer, a été recruté pour gérer Pringle ; une boutique a été ouverte dans Bond Street, puis un magasin dans Sloane Street, au cœur du quartier londonien du luxe. La marque est repartie de plus belle.

Parmi les entreprises américaines que nous avons visitées, très peu ont expressément déclaré qu'il était avantageux en soi de maintenir la production aux États-Unis. Jim Davis, PDG de New Balance, producteur de baskets haut de gamme, dont le siège social se trouve dans le Massachusetts, est l'un de ceux qui estiment important de conserver une base de fabrication américaine. New Balance est une entreprise prospère dont les ventes atteignaient 1,5 milliard de dollars en 2004 [3]. Elle possède cinq usines en Amérique et travaille avec l'usine californienne d'un contractuel taiwanais. New Balance emploie aux États-Unis 2 300 ouvriers (sur un total de 2 600 dans le monde entier) et y a créé en dix ans 500 emplois de bureau. D'autres grandes marques comme Nike et Reebok font fabriquer toutes leurs chaussures à l'étranger, principalement en Chine et au Vietnam. New Balance est la seule à fabriquer une partie de sa production dans ses propres usines américaines.

3. Interview accordée par Herb Spivak, 31 janvier 2005 ; Darien Fonda. « Sole Survivor », *Time*, 8 novembre 2004, p. 48-49.

Sur les 36 millions de paires de baskets vendues en Amérique par New Balance en 2004, 8 millions avaient été fabriquées (intégralement ou en partie) aux États-Unis ; les autres avaient été importées de Chine où elles avaient été fabriquées par des contractuels comme Pou Chen. Pour comprendre ce que signifie le maintien de la fabrication en Amérique, il faut pourtant y regarder de plus près, comme pour les ordinateurs Dell. 2 des 8 millions de paires sont fabriquées dans une usine située à Ontario, en Californie, et qui appartient à Pou Chen, firme taiwanaise qui est le principal contractuel de New Balance à l'étranger. Dans cette usine, on colle ensemble les semelles et les dessus qui arrivent de Chine. Les 6 autres millions de paires sont assemblées dans les usines de New Balance. 400 000 d'entre elles (soit 1 % du total) sont constituées de composants entièrement américains ; pour 2 autres millions de paires, New Balance coud tout le dessus. Toutes les autres paires sont assemblées en attachant des semelles fabriquées en Chine à des dessus mêlant matériaux chinois et américains. Selon le contenu national du dessus, les baskets portent le label « Made in USA » (quand il y a plus de 70 % de valeur ajoutée aux États-Unis) ou « Made in USA of imported materials ».

La mode rapide ne se fabrique pas à l'étranger

S'il est important de fabriquer aux États-Unis pour les dirigeants d'American Apparel et de New Balance, cela ne l'est pas forcément pour la plupart des consommateurs. Pour ces deux entreprises, ce qui permet de réussir sur un marché américain où règne une concurrence féroce, c'est un modèle commercial qui se concentre sur une réaction rapide à la demande des détaillants : satisfaire les commandes très vite, limiter les stocks au strict minimum et pouvoir réassortir immédiatement, alors que les contractuels chinois imposent un délai de quatre à six mois entre la réception de la commande et la livraison du produit. Dans la plupart des entreprises que nous avons étudiées, la capacité à offrir rapidement les biens aux consommateurs s'avère l'un des principaux avantages par rapport à une fabrication moins coûteuse à l'étranger.

Dans le jargon de Los Angeles, Joel et Judy Knapp sont « fabricants », c'est-à-dire qu'ils conçoivent le design de marques comme JKLA et Judy Knapp, entre autres, qu'ils fabriquent des échantillons, qu'ils commercialisent leurs produits, mais qu'ils ne font ni couture ni assemblage. Ils fabriquent des chemisiers et des pantalons grandes tailles pour femmes, qu'ils vendent essentiellement dans des chaînes comme J. C. Penney's, Sears et Lane Bryant. Les Knapp réalisent des ventes annuelles d'environ 82 millions de dollars et ils emploient quarante personnes. Leurs vêtements sont fabriqués par une petite quinzaine de contractuels (tous coréens) implantés à Los Angeles.

Quand les importations ont envahi le marché américain, l'entreprise des Knapp a survécu en satisfaisant la demande de vêtements de style pour des femmes plus âgées et plus fortes, mais aussi en concevant et en livrant rapidement de nouveaux modèles. Judy Knapp, la créatrice des vêtements en question, nous a dit qu'autrefois, les clients choisissaient dans les collections que les designers leur présentaient cinq fois par an. Mais face à un besoin accru de nouveautés, on est passé en 1988 à huit ou neuf collections par an. Aujourd'hui, les consommateurs veulent un renouvellement constant. Les stylistes se retrouvent tous les deux jours pour discuter de ce qu'ils voient dans les boutiques ou à la télévision. Ils se concentrent sur ce qu'ils peuvent « vendre à des millions de gens », ils parlent de couleurs, de boucles ou de fleurs. Les magasins appellent sans arrêt pour formuler leurs exigences. Les collections ont disparu au profit d'un flux continu de nouveaux produits.

Knapp fabrique ses échantillons à Los Angeles. Les acheteurs veulent voir les modèles en taille 38, même s'ils sont en fait destinés à des femmes beaucoup plus enveloppées. Quand un modèle plaît aux acheteurs, ils demandent des échantillons spécimens. C'est alors que la manche qui couvre à peine le haut d'un bras en taille 38 est redessinée pour dissimuler avec plus d'indulgence un bras de taille 56. Cela prend encore trois ou quatre jours. Les acheteurs reviennent avec de nouvelles questions. Le fabricant de patrons, qui travaille pour les Knapp depuis vingt-cinq ans, continue à apporter des modifications. Puis on fabrique les patrons qui serviront à découper les différentes tailles.

Les livraisons interviennent trois à quatre semaines après que le tissu arrive chez les contractuels. Il faut une journée pour se procurer le tissu (quand les fournisseurs l'ont en stock) ou un mois s'il doit venir de Corée. Les Knapp pensent qu'il est important de proposer un réassortiment rapide, et ils nous ont montré deux commandes de chemisiers reçues le jour de notre visite : 12000 pièces à chaque fois. Les produits seront livrés dans la semaine. Grâce à la navette entre designers, acheteurs, fournisseurs de tissu et fabricants contractuels, les discussions et les négociations ne cessent jamais. D'où une réactivité qui serait intenable si la production se déroulait à l'étranger.

Cette réactivité est d'ailleurs précieuse dans bien d'autres secteurs, même pour la fabrication de livres ou de ballons.

Nous livrerons avant Noël

Comme d'autres éditeurs américains, Drake McFeely, président de W. W. Norton, nous a déclaré confier très peu de livres à des imprimeurs étrangers [4].
« L'énorme inconvénient, quand on fait imprimer à l'étranger, c'est que cela prend du temps. Transporter les livres par avion coûte cher, et les transporter par bateau est lent. Une bonne partie de notre production suppose que nous réagissions rapidement. Quand un livre est imprimé aux États-Unis, nous pouvons obtenir une réimpression en deux à six semaines. Mais s'il est imprimé à l'étranger, cela peut prendre trois à quatre mois. On imprime un livre en juillet afin de pouvoir l'envoyer aux libraires en septembre-octobre, pour que ça fasse un beau cadeau de Noël. Quand le cadeau est encore plus beau qu'on ne pensait et qu'il faut davantage d'exemplaires, on est fichu si le livre est imprimé en Asie ou en Italie, parce qu'on ne pourra obtenir de réimpression qu'après les fêtes. »

Notre équipe a enregistré la même réaction chez tous les éditeurs américains interviewés : la conception, l'élaboration et l'impression d'un livre (en noir et blanc) ne quittent pas les États-Unis parce qu'il est indispensable d'être proche du consommateur et de réagir rapidement à la demande. Et les livres sont trop lourds et ne se vendent pas assez cher pour voyager par avion.

Même des jouets comme les ballons peuvent nécessiter une fabrication aux États-Unis. Anagram Corporation fabrique des ballons aux reflets métallisés, gonflables à l'hélium, dans ses usines du Minnesota, de Chine et dans une *maqui-*

4. Interview du 5 avril 2004.

ladora mexicaine [5]. Les ventes sont d'environ 100 millions de dollars par an. Bien que les décorations soient fabriquées en Chine et fixées aux ballons au Mexique, le corps du jouet est fabriqué à Eden Prairie, dans le Minnesota. Un ballon-dinde commercialisé pour Thanksgiving porte des « plumes » importées de Chine, fixées au Mexique puis est vendu chez un discounter américain. L'usine Anagram du Minnesota emploie 417 ouvriers (ils étaient 200 il y a dix ans). Presque tous ont fait des études ; 10 % d'entre eux ont reçu une formation technique spécialisée ; 10 % sont titulaires d'un diplôme universitaire. Ils gagnent environ 15 dollars de l'heure, plus les prestations sociales et contributions aux fonds de pension. Les ouvriers de la *maquiladora* mexicaine qui attachent les décorations aux ballons gagnent environ 2 dollars de l'heure ; les ouvriers chinois de Shenzhen gagnent à peu près 1,89 dollar par jour.

Pourquoi ne pas installer toute la fabrication en Chine ou au Mexique ? Paul Ansolabehere, PDG d'Anagram, explique que, grâce aux machines qu'ils ont inventées, l'usine du Minnesota est la plus rapide du monde. « Ça n'aurait aucun sens de la déplacer ; nous ne pourrions pas trouver la main-d'œuvre qualifiée que nous avons dans le Minnesota. »

La mode et la vitesse comptent aussi dans l'électronique. En 2004, quand nos chercheurs ont rendu visite à Kenwood, firme japonaise d'électronique grand public, nous avons appris que ces facteurs jouaient un rôle crucial dans le rétablissement spectaculaire de Kenwood, qui renouait avec la rentabilité après avoir frôlé la mort [6]. Je dirai plus loin

5. Interview du 16 juin 2004.

6. Interview accordée par Haruo Kawahara, PDG de Kenwood, 6 octobre 2004. Michiyo Nakamoto, « Made in Japan : Tide of History is Halted in Search for Quality », *Financial Times*, 30 mars 2005.

Des ouvriers intelligents, donc plus rapides

Anagram Corporation, fabricant américain de ballons

« Nous sommes tributaires des modes. Le ballon "Frère des Ours" qui a du succès en ce moment, ne marchera plus dans six mois. La mode disparaît aussi vite qu'elle est apparue. Cela veut dire qu'il faut la sortir vite, or nous pouvons la fabriquer et la livrer en une semaine. Si nous faisions tout en Chine, cela prendrait trop longtemps. Mon but est d'utiliser l'automatisation pour réduire les coûts. En Chine, les coûts sont en train de monter, et l'infrastructure des transports est surchargée. On pourrait tout transporter par avion, mais je pense que le caractère saisonnier de notre activité ne permettrait pas de le faire à un prix raisonnable. Et puis nous vendons à un marché américain très vaste ; en restant aux États-Unis, nous limitons nos frais de port. »

pourquoi Kenwood a ramené au Japon une partie de ses opérations dans le cadre de sa stratégie de redressement. En 2003, quand Kenwood a rapatrié la fabrication des lecteurs de minidisque portables de la Malaisie vers son usine de Yamagata, l'entreprise a découvert qu'elle pouvait exploiter les tendances de consommation les plus éphémères. Il fallait 32 jours pour que les lecteurs fabriqués en Malaisie arrivent dans les magasins japonais. Maintenant qu'ils sont fabriqués à Yamagata, une commande reçue à 15 heures peut être honorée le lendemain. Les dirigeants ont calculé que ce rapatriement de la production réduisait de 10 % le total des coûts (dont ceux liés à la matière première et au transport).

Et il y avait également des avantages imprévus. À chaque fête, à chaque événement particulier, les clients optent pour des couleurs différentes. Un délai d'un mois ne permettait pas d'épouser ces tendances. Alors qu'en fabriquant au Japon, il est possible d'éliminer les stocks « morts ». Résultat : en 2003, Kenwood a augmenté de 25 % ses ventes de lecteurs par rapport à l'année précédente.

La fin des distances ?

La vitesse ne tient pas exclusivement à la géographie. C'est une question d'organisation et de frais de transport. L'informatique peut accélérer les opérations de la chaîne d'approvisionnement dans les pays lointains, comme nous l'ont dit les chefs d'entreprise. Une société que j'appellerai Alpha, « fabricant » de vêtements en Grande-Bretagne, produit chaque semaine 120 000 vestes, pantalons et jupes qu'elle vend à la grande distribution. Comme Liz Claiborne, les Knapp et Kenwood, ce « fabricant » londonien n'a aucune usine. Le PDG d'Alpha affirme avoir été inspiré par la lecture d'un article sur l'Airbus – « Cette idée a changé ma vie ». Selon cet article, tant qu'elle conserverait les moyens de fabriquer les ailes de l'avion, en confiant la fabrication des sièges et de tout le reste à des pays moins coûteux, la Grande-Bretagne pourrait compter sur les emplois et les bénéfices liés aux ailes.

Il y a dix ans, Alpha a fermé ses usines en Grande-Bretagne et a confié la fabrication à des contractuels en Roumanie qui travaillent exclusivement pour elle. Près de 80 personnes sont employées dans les bureaux londoniens de la firme, pour traiter avec la clientèle, concevoir les vêtements et élaborer les logiciels permettant de coordonner la chaîne d'approvisionnement. Les sous-traitants roumains ont d'immenses usines où travaillent environ 10 000 ouvriers. Alpha achète en Extrême-Orient le tissu (synthétique), les boutons, les cintres, les sacs en plastique et le reste, et elle fournit le tout aux usines roumaines. Le transport en bateau entre l'Asie et la Roumanie prend environ quatre semaines. La fabrication prend encore quatre à cinq semaines (il en fallait douze il y a cinq ans). Puis les produits sont envoyés directement aux clients britanniques : encore sept jours de transport. Il s'écoule donc près de trois mois entre la commande et la livraison. Afin d'obtenir une qualité assez satisfaisante pour que les vêtements puissent être envoyés directement de Roumanie sans devoir être contrôlés à Londres, Alpha maintient en permanence quinze de ses propres employés dans les usines de ses sous-traitants roumains.

La question centrale est cependant d'échafauder une organisation qui élimine tous les temps morts, en démarrant avant même qu'un client ne passe commande (Alpha a appris à anticiper ce genre de décision et même à exercer une certaine influence sur les choix) et jusqu'à la livraison finale en magasin. Pour aller très vite, Alpha combine un logiciel standard comme Excel avec ses propres programmes qu'elle utilise sur Internet (avec des pare-feu offrant aux différents participants un accès limité aux données) ainsi que sur un réseau virtuel privé accessible aux usines. Cette technologie permet de travailler avec les sous-traitants et les clients comme si tout le monde était réuni dans la même pièce.

Comme le tissu arrive d'Extrême-Orient, pourquoi ne pas y fabriquer aussi les vêtements ? Le coût de la main-d'œuvre n'y est-il pas plus faible ? Le responsable d'Alpha que nous avons interviewé s'est montré catégorique : l'Asie n'a pas sur ce point l'expérience dont dispose la Roumanie. Il a désigné une veste « sport » sans doublure que portait un membre de notre équipe : « Celle-là aurait pu être faite à Hongkong, a-t-il souligné, mais la mienne, plus ajustée, avec épaulettes et doublure, ne peut être fabriquée qu'en Europe. » En outre, installer toutes ses usines au même endroit permet d'économiser des frais de transport. On passe du temps à développer les compétences, et les contractuels apprennent à produire de la qualité. « On finit par aimer ses usines. » Et puis, « pour être honnête, en Roumanie, ils gagnent à peu près trois bols de riz et une tasse de thé par jour. Qui travaillerait pour moins cher » ?

Le coût de la main-d'œuvre n'est pas un facteur décisif : « En réalité, un ouvrier touche une somme si dérisoire pour coudre un vêtement que ça n'entre pas en ligne de compte. On est obsédé par les salaires versés dans chaque pays, mais en réalité l'essentiel, c'est l'efficacité de l'usine. Si elle tourne à 50 ou 60 % de ses capacités, il suffit de la faire passer à 80 %. » Une fois encore, il apparaît que dans un secteur gourmand en main-d'œuvre comme le prêt-à-porter, les salaires représentent une infime partie du coût total. C'est la productivité et le coût unitaire du travail qui comptent.

Bob Zane, vice-président chargé de la production chez Liz Claiborne, firme américaine de prêt-à-porter féminin dont les ventes atteignaient 4 milliards de dollars en 2004, souligne également que les véritables gains sont réalisés en faisant fonctionner la chaîne d'approvisionnement plus vite et sans heurts. Il nous a raconté qu'en 1995, l'entreprise sous-traitait auprès de 512 contractuels dans 45 pays différents. Les économies réalisées grâce à la concurrence entre fournisseurs ne compensaient pas l'infrastructure nécessaire pour gérer un tel effectif. Aujourd'hui, Liz Claiborne a réduit le nombre de sous-traitants de moitié (250) et le nombre de pays (35). En fait, 75 % de ses produits viennent de 30 usines seulement. Ce nouveau système a permis d'énormes économies.

Clusters

Dans les interviews, les chefs d'entreprise expliquent qu'ils ont décidé de sous-traiter et de délocaliser en fonction des pays où ils pouvaient trouver le personnel compétent. Si certaines opérations et certains emplois ne quittent pas le territoire national, c'est souvent parce que le savoir-faire indispensable ne se trouve que là où les produits seront commercialisés. Les actifs immobiles peuvent inclure des mines de charbon, évidemment impossibles à déplacer et qui offrent des emplois que les gens préfèrent éviter, mais aussi des communautés d'experts où ont lieu quotidiennement d'intenses échanges d'informations, comme les laboratoires de recherche de la Silicon Valley. Pour bénéficier de cette effervescence, il faut être présent sur place et en personne. Ces *clusters* attirent des secteurs de haute technologie et des emplois très demandés et très bien payés. Les emplois associés à ces ressources immobiles ne peuvent être délocalisés, ou sont moins susceptibles de l'être, parce que leur valeur tient d'abord à leur concentration dans un même lieu.

Les entreprises peuvent aussi vouloir se rapprocher d'autres firmes, dont elles ont intérêt à combiner les compétences avec les leurs. Nous avons rendu visite au groupe Itema de Bergame, dans l'un des plus prospères districts italiens. Avec ses trois marques (Somet, Vamatex et Sulzer), Itema compte parmi les plus grands producteurs mondiaux de métiers à tisser[7]. Il a fabriqué et vendu 250 000 exemplaires de ces produits, et ses ventes de 2003 s'élevaient à 962 millions de dollars. Près de 80 % de la valeur d'un métier à tisser vient des composants achetés à 380 fournisseurs, principalement italiens et à 70 % situés près des usines de Bergame. Pour développer la vente en Chine (le marché qui se développe le plus rapidement), Itema doit pouvoir fabriquer au moins quelques modèles à proximité de ses clients chinois. Mais il est impossible de trouver en Chine, ni ailleurs dans le monde, une concentration de fournisseurs spécialisés et très compétents comparables à ceux dont Itema dispose à Bergame. Toute expansion à l'étranger risque donc d'être très difficile et très lente, sans même parler d'un transfert de production.

On associe généralement l'idée de hauts salaires à ces *clusters* de firmes concentrées autour d'un secteur particulier. Michael L. Porter, professeur à la Harvard Business School et auteur de plusieurs livres sur les stratégies compétitives, étudie comment les synergies de localisation aux États-Unis, autour de pôles d'entreprises produisant biens et services pour d'autres régions du pays, entraînent des flux d'informations et une coordination qui font augmenter les bénéfices[8]. Porter a découvert qu'une personne employée

7. Interview du 14 janvier 2002.

8. Michael L. Porter, « Clusters and the New Economics of Competition », *Harvard Business Review*, novembre-décembre 1998. Voir aussi son

dans l'un de ces pôles américains gagnait en moyenne 44 596 dollars en 2000, alors que le revenu moyen était de 34 669 dollars. Ces regroupements d'entreprises sur un petit périmètre sont souvent associés aux grandes concentrations high-tech comme la Silicon Valley ou la zone de la Route 128 près de Boston, mais en réalité les activités peuvent y être très diverses : vignobles, photonique, matériels médicaux, cinéma, courses de stock-cars, services financiers[9]...

La gamme que nous avons pu étudier à travers les firmes visitées par notre équipe allait des activités les plus mobiles, faciles à délocaliser (comme les portefeuilles d'investissements), aux activités les moins mobiles (comme le jardinage). Mais il existe de nombreuses situations plus problématiques. En termes de rentabilité et d'emplois, il y a beaucoup à gagner avec les stratégies qui exploitent les compétences et les connaissances qu'une firme a de grandes chances de pouvoir trouver dans son propre pays. Un fabricant italien de pantalons pour hommes nous a déclaré qu'il était obligé de délocaliser une partie de sa production à cause du coût de la main-d'œuvre : une couturière italienne gagne deux fois plus qu'un Portugais, et quatre fois plus qu'un Roumain. La productivité des Roumains ne représente que 70 % de celle des Italiens, mais les Portugais égalent les Italiens. Alors pourquoi ne pas tout transférer au Portugal ? Mais, mais... « notre succès repose sur l'innova-

« Cluster Mapping Project » en cours, Institute for Strategy and Competitiveness, Harvard Business School, http ://data.isc.hbs.edu/isc/cmp_overview. jsp.

9. Pour la première étude importante des *clusters* high-tech, voir Annalee Saxenian, *Regional Advantage : Culture and Competition in Silicon Valley and Route 128*, Cambridge, Harvard University Press, 1994.

tion, et l'environnement est ici tellement plus stimulant ! Tous les accessoires sont disponibles sur place : les ceintures, les techniques de finition… C'est ici que l'on imagine les produits. Tout ce qui est R&D – et d'autres choses encore – doit rester ici. » Des entreprises comme Itema, le fabricant de métiers à tisser, sont peut-être plus mobiles que les mines de charbon, les emplois de femmes de ménage et les laboratoires universitaires de recherche, mais d'après nos enquêtes, elles apparaissent comme de puissants pôles d'attraction pour une activité durable et précieuse.

Les limites de la modularisation : quand la sous-traitance ne marche pas

Malgré tous les progrès de la modularisation au cours des vingt dernières années, il reste de nombreux secteurs où les processus et les connexions ne peuvent être traduits en codes numériques. Ils se situent à la pointe de la technologie, là où les connaissances n'ont pas (encore) été standardisées. Ils impliquent un va-et-vient continu entre les ingénieurs et les responsables de la conception et de la fabrication. Quand la coordination des différentes phases de production dépend encore du savoir-faire, du jugement et de l'habileté d'employés expérimentés, mieux vaut que des êtres humains se rencontrent physiquement plutôt que sur Internet. Dans ces cas-là, il y a tout intérêt à recruter et à garder un personnel très qualifié. Aujourd'hui, la formation est surtout dispensée dans les universités et les centres de recherche des pays avancés. Mais cet avantage sur d'autres parties du monde est en train de s'amenuiser. Au cours des quinze dernières années, des pays en voie de développement comme l'Inde et la Chine ont progressé à pas de géant et leurs universités dispensent désormais des formations comparables à celles des institutions occidentales. En Chine, les universités de Tsinghua, Pékin, Zhejiang, Fudan et Jiaotong (Shanghai) et, en Inde, les instituts de technologie forment des scientifiques et des ingénieurs aussi qualifiés que les meilleurs établissements étrangers.

Outre les compétences acquises dans un cadre scolaire, il y a aussi et surtout les connaissances partagées et transmises dans des communautés de recherche existant de longue date comme la Silicon Valley, le parc scientifique de Hsinchu à Taiwan, l'université britannique de Cambridge, ou au sein de telle ou telle entreprise. Ce savoir permet de donner une forme concrète aux idées géniales, de transformer la conception en processus de fabrication, de passer du stade des tests à celui de la production de masse, et de l'innovation aux produits commercialisés. L'accumulation de cette expérience avec le temps, autour des centres à forte productivité et puissante capacité d'innovation, entraîne la cristallisation de connaissances tacites sur certains sites. Ces lieux sont à la pointe du progrès et, par définition, leur activité n'est encore ni parfaitement maîtrisée, ni totalement codifiée.

Même dans l'électronique, où la modularisation s'est si rapidement imposée, il existe de nombreuses zones où l'interface entre les fonctions ne peut pas (encore) être standardisée. Les firmes pionnières ne ressemblent pas du tout aux segments modulaires. Dans les entreprises qui élaborent de nouveaux produits, les ingénieurs des différentes divisions doivent parfois improviser des réunions pour résoudre une difficulté[10]. Il peut s'avérer très délicat de stabiliser le processus de production. Ces mêmes ingénieurs doivent parfois faire la navette entre les différentes phases de définition du produit, de design, de fabrication expérimentale puis en nombre, sans qu'apparaisse peut-être jamais une division des tâches définitive. Dans l'électronique, la difficulté qu'il y a à fragmenter la production apparaît surtout dans les phases d'innovation radicale. Dans d'autres secteurs, comme l'automobile (voir chapitre IV), faire fonctionner ensemble les parties vitales du système exige encore une architecture intégrale et centralisée, plutôt que modulaire.

Ulvac Technologies est une entreprise japonaise spécialisée dans les technologies du vide qui sont utilisées dans l'équipement de production pour semi-conducteurs, les écrans à panneau plat silicone et polysilicone, les disques et les supports magnétiques et bien d'autres processus industriels. Chikara Hayashi, ancien président d'Ulvac, est un physicien connu par sa contribution à la physique des particules et son intérêt pour les connexions entre R&D et performance industrielle. Notre équipe l'a rencontré à quatre reprises, lors de nos visites successives dans les laboratoires et les usines Ulvac entre 1994 et 2004. Malgré la débâcle du secteur électronique après l'éclatement de la bulle Internet à la fin des années 1990, Ulvac a connu un essor spectaculaire, surtout en fabriquant de l'équipement de production pour écrans à panneau plat. Ses ventes nettes sont passées de 847 millions de dollars en juin 1999 à 1,5 milliard en

10. Pour les structures organisationnelles et le processus de design, voir Richard K. Lester et Michael J. Piore, *Innovation. The Missing Dimension*, Harvard University Press, 2004.

juin 2004 ; son chiffre d'affaires net a été multiplié par 12 en cinq ans. En 2004, Ulvac employait 3 172 personnes (contre 2 600 dix ans auparavant).

Hayashi nous a expliqué que, pour le genre de produits élaborés par Ulvac, aucun chevauchement n'est possible entre R&D et commercialisation. Les informations permettant le passage du prototype à la production à grande échelle ne peuvent être standardisées et traduites en code numérique. Réunir les fonctions « requiert encore nos plus grands efforts » et c'est pourquoi il est impossible de sous-traiter. Quant à délocaliser, beaucoup des compétences nécessaires ne se trouvent qu'au Japon, et certaines n'existent même que dans la région d'Aomori. Il ne s'agit pas seulement des compétences des ingénieurs d'Ulvac, mais aussi des fournisseurs spécialisés dans des domaines comme la galvanoplastie et le polissage, et de l'entrelacement de ces diverses compétences. D'autres considérations imposent également de maintenir ces activités ensemble au Japon. Soucieux de protéger sa propriété intellectuelle, Ulvac craint les *joint ventures* et la sous-traitance. Ulvac crée des entreprises en Chine, mais il s'agit surtout de nouvelles activités pour la firme, et non de branches détachées de la maison mère pour être transférées vers un site de production à bas salaires. Au bout de vingt ans d'investissement en Chine, Ulvac jouit d'une solide expérience dans plusieurs grandes villes. À Ningpo, par exemple, Ulvac a créé un site qui fournit des pièces pour les réfrigérateurs et les anciens modèles d'écrans. Avec trois ingénieurs japonais présents en permanence, l'usine fonctionne bien et « fabrique des produits qu'on pourrait presque vendre au Japon ». Ulvac possède également des usines et des centres de services aux États-Unis et dans divers pays asiatiques ; quand le secteur des semi-conducteurs et des écrans s'est développé en Corée et à Taiwan, Ulvac a suivi. Cependant les activités situées au cœur de la séquence de production restent au Japon, à Chigasaki pour les technologies d'écrans, et à Fuji Susono, pour les semi-conducteurs.

Même si les fonctions peuvent être fragmentées, il n'est pas facile de les séparer géographiquement. La séquence de production ne peut se modulariser quand des formes de collaboration plus étroites et plus intimes sont nécessaires pour profiter des connaissances tacites des participants. Les relations personnelles et directes sont alors indispensables. Les activités non modulaires sont donc moins susceptibles d'être délocalisées. Quand elles deviendront plus modulaires (si cela arrive un jour), soit parce que de nouvelles technologies permettront aux informations jusque-là échangées entre individus d'être transcrites dans des logiciels, soit parce qu'il deviendra rentable de fabriquer des produits moins complexes, alors ces opérations seront davantage sujettes au transfert à l'étranger. Dès que le processus de production peut être fragmenté, les individus dotés d'une expérience et d'un savoir spécifiques peuvent être réunis dans une partie de l'organisation, tandis que les autres activités sont dispersées.

Quand la délocalisation renforce l'intégration

Curieusement, quand certaines activités sont transférées vers des pays en voie de développement, où les compétences et l'expérience sont plus rares, on découvre souvent à l'étranger une intégration plus forte et une modularisation moindre que dans la société mère. En fait, lorsqu'une entreprise conserve le travail entre ses murs, elle contrôle mieux la qualité et les délais de livraison. Quand les contractuels sont nouveaux, les ouvriers inexpérimentés, et que les fournitures doivent être transportées sur des routes encombrées et en mauvais état, les firmes poussent en faveur de l'intégration de fonctions supplémentaires. Parfois, au lieu de se charger de fonctions plus nombreuses, une entreprise peut obliger ses vieux fournisseurs à partir avec elle à l'étranger, comme dans l'industrie automobile.

D'un autre côté, la modularisation et l'abandon de certaines fonctions à un point déterminé de la chaîne de valeur peuvent entraîner le rassemblement des fonctions à d'autres points de cette même chaîne. Autrefois, quand les multinationales américaines installaient leurs opérations à l'étranger (souvent afin de pouvoir vendre sur les marchés étrangers, comme on l'a vu), elles essayaient de cloner leur organisation initiale. Des firmes comme General Motors, Ford et IBM ont ainsi reproduit leur structure intégrée dans des sociétés étrangères. Aujourd'hui, de plus en plus souvent, les multinationales trouvent des fournisseurs étrangers qui leur offrent toute une gamme de compétences pour les diverses fonctions du processus de production. Une multinationale peut donc sous-traiter sans avoir à recréer sa propre organisation à l'étranger. Et, pour se limiter à ses branches les plus rentables, l'entreprise sera tentée d'inciter ses fournisseurs étrangers à prendre en charge de plus en plus de fonctions.

On en arrive ainsi à une sorte de concurrence entre les fabricants contractuels qui veulent offrir aux grandes firmes de plus en plus de possibilités tout le long de la chaîne de valeur. Les fournisseurs renforcent leurs services, notamment de conception, dans l'espoir de séduire de nouveaux clients et d'empêcher les multinationales d'aller chez leurs concurrents. Par ailleurs, les grandes firmes n'ont guère envie de se lier les mains par des accords qui les priveraient de la liberté de changer de fabricant. Dans les interviews que nous avons réalisées, il a souvent été question du degré d'intégration requis auprès des fournisseurs et des risques de dépendance excessive. Les chefs d'entreprise ont eu beaucoup de mal à répondre à nos interrogations sur ce point. Leurs réticences s'expliquent aisément : nous nous aventurions dans le domaine sensible de l'information propriétaire et de l'étalonnage compétitif.

Comment utiliser la Chine… et conserver les emplois chez soi

Nos interviews au Japon ont permis d'identifier un autre type de compétence nationale qui incite les entreprises à conserver la production, plutôt qu'à la transférer vers des pays à bas salaires. L'un des facteurs décisifs du rétablissement des firmes électroniques japonaises fut la fabrication nationale. Les opérations restées au Japon ont été transformées : on est passé de la chaîne de montage à une production par « cellules », c'est-à-dire organisée autour de groupes autonomes d'ouvriers qui assemblent des produits entiers. Mais pourquoi les Japonais conservent-ils la fabrication dans leur pays, que ce soit sous cette forme ou sous une autre ? Pourquoi ne pas la confier aux Chinois ? Comme je le montrerai plus loin, la réponse est simple : ce sont les compétences des ouvriers japonais qui incitent à maintenir les unités de production au Japon.

Aux États-Unis, la fabrication a surtout évolué par soustraction : les gains de productivité ont permis de limiter la main-d'œuvre nécessaire, et l'activité qui subsiste a été en partie transférée vers de grands fabricants contractuels qui ont tendance à délocaliser. Les Japonais, eux aussi, ont vendu quelques usines aux contractuels, mais beaucoup moins qu'aux États-Unis. Comme nous l'ont affirmé les dirigeants de grands fournisseurs mondiaux, les Japonais n'avaient pas vraiment envie d'acheter des services de sous-traitance. Ils ont surtout voulu se débarrasser de vieilles usines. Comme on nous l'a dit, « les Japonais ont vendu leurs canards boiteux ».

Au Japon, la vente d'usines aux fournisseurs mondiaux était aussi une façon de réduire les effectifs sans devoir licencier. Parce que les Japonais sont hostiles aux licenciements, les entreprises ont trouvé d'autres solutions, et aussi d'autres moyens de faire baisser le coût de la main-d'œuvre. Selon Steven K. Vogel, professeur à l'université de Berkeley, les Japonais ont d'abord essayé de limiter les frais généraux. Puis ils ont réduit les heures supplémentaires, les primes et les nouvelles embauches. Puis ils ont facilité le départ volontaire en retraite anticipée. Bref, ils n'ont licencié qu'en dernier recours [11]. En 2002, une enquête du gouvernement a confirmé que ces options avaient été en effet très largement utilisées et que seulement 7 % des entreprises avaient licencié [12].

Depuis dix ans, les Japonais investissent massivement en Chine mais, apparemment, ils n'utilisent pas le potentiel

11. Steven K. Vogel, « How Do National Market Systems Evolve ? Theoretical Perspectives and the Japanese Case », manuscrit, université de Californie, 2003.

12. Cité in Vogel, p. 8.

chinois de la même manière que les Américains [13]. Premièrement, les firmes japonaises ont conservé une bonne partie de leur production dans leurs propres sociétés affiliées en Chine, au lieu de la confier à des fabricants contractuels comme l'ont fait la plupart des chefs d'entreprise américains que nous avons interviewés. Même quand des Japonais comme Sony ont recours aux contractuels chinois, ils souhaitent développer la production en construisant leurs propres usines en Chine. Naturellement, nous ne pouvons formuler que des hypothèses quant aux différences de stratégie des Américains et des Japonais en Chine, puisque nous nous appuyons principalement sur nos interviews et non sur des études menées à grande échelle (lesquelles n'existent pas, à notre connaissance).

Deuxièmement, quelques firmes japonaises comme Matsushita (Panasonic) ont énormément investi pour créer en Chine des entreprises totalement intégrées, qui opèrent avec une structure de coût qui leur permet de vendre aux « prix chinois » afin de rivaliser non seulement avec les autres multinationales sur les marchés d'exportation, mais aussi avec les producteurs nationaux sur le marché chinois. Ici encore, on retrouve une différence majeure par rapport à l'attitude américaine qui vise à réduire le coût de production de marchandises à exporter (comme les vêtements de marque sous-traités auprès de firmes chinoises), ou à fabriquer des produits haut de gamme pour le marché chinois (comme les téléphones portables Motorola). La stratégie japonaise est au contraire ce que Chunli Lee, professeur d'économie à l'uni-

13. Voir aussi Dieter Ernst, « Searching for a New Role in East Asian Regionalization : Japanese Production Networks in the Electronics Industry », *East-West Center Working Paper*, n° 69, mars 2004.

versité d'Aichi, appelle la « localisation intégrée *full-set* » : une entreprise se charge de tout (design, achat de composants, production et vente) en Chine [14]. Cette stratégie suppose une concurrence frontale avec les entreprises chinoises sur les produits bas de gamme à gros volumes.

L'exemple proposé par le professeur Lee est celui de Matsushita, qui fait fabriquer à Shanghai un four à micro-ondes dont le prix de vente est comparable à ceux pratiqués par la firme chinoise Galanz. Par rapport au modèle précédent de Matsushita, ce four « made in China » est 37 % moins cher. Il utilise 30 % de composants en moins, et presque tous sont fabriqués en Chine (le transistor et l'acier viennent du Japon). Pour réaliser ces économies, Matsushita s'est associé avec quelques firmes chinoises, comme TCL. D'autres entreprises japonaises ont suivi cet exemple de « localisation *full-set* » et ont conclu des alliances similaires, comme Sanyo et Haier. En imitant ce modèle pour fabriquer ses lecteurs de DVD et ses téléviseurs, Matsushita a élaboré une stratégie chinoise bas de gamme très différente de celle des Coréens, de Sony, de producteurs européens ou américains de téléphones portables comme Nokia, Motorola ou Ericsson, qui veulent vendre en Chine des produits haut de gamme et exporter les produits de plus grande valeur encore [15]. L'expansion de Matsushita en Chine s'intègre à une vaste stratégie de réduction des coûts qui a diminué les effectifs japonais de 19 % et permis de renouer avec la rentabilité [16]. En même temps,

14. Chunli Lee, « Strategic Alliances of Chinese, Japanese and US Firms in the Chinese Manufacturing Industry : The Impact of "China Prices" and Integrated Localization », Communication présentée au Fairbank Center for East Asian Research, Harvard University, 4 octobre 2004.

15. *Ibid.*, p. 8.

16. Ian Rowley, « Lessons from Matsushita's Playbook », *BusinessWeek*, 21 mars 2005, p. 32.

l'entreprise a augmenté ses dépenses de R&D et a conçu toute une série de nouveaux produits-phares, appareils photo numériques, téléviseurs à écran plasma, graveurs de DVD. En 2002, Matsushita connaissait des pertes de 3,6 milliards de dollars ; en 2005, ses bénéfices devraient atteindre 2,9 milliards.

Finalement, tout en transférant une partie de leur fabrication vers la Chine, les Japonais ont conservé certains types de production et l'essentiel de la fabrication. Dans le cadre d'une importante enquête sur l'industrie japonaise en 2002, il a été demandé aux chefs d'entreprise de prévoir quel impact l'investissement à l'étranger aurait sur leurs opérations nationales au cours des trois prochaines années [17]. Environ 42 % ont répondu que l'effet serait nul, car leurs investissements à l'étranger concernent l'exportation [18]. 40 % ont déclaré qu'ils délocaliseraient une partie de la production, mais que la production maintenue au Japon se concentrerait sur les produits de grande valeur pour compenser. 22 % ont estimé que la production nationale déclinerait. Selon un Livre blanc publié en 2002-2003 par le ministère japonais de l'Économie, du Commerce et de l'Industrie, il apparaît que, toutes choses égales par ailleurs, plus une entreprise génère de bénéfices, plus il est vraisemblable qu'elle produise au Japon.

17. Takashi Marugami *et al.*, « Survey Report on Overseas Business Operations by Japanese Manufacturing Companies », *JBICI Review*, n° 7, 2003, p. 1-78. Voir l'enquête de l'année précédente, avec des résultats tout à fait similaires, Shinji Kaburagi, Shiro Isuishi, Takeshi Toyoda et Mayumi Suzuki, « JBIC FY 2001 Survey. The Outlook for Japanese Foreign Direct Investment (13th Annual Survey) », *JBICI Review*, n° 6, 2002, p. 1-57.

18. Marugami *et al.*, p. 19-20.

CHAPITRE X

Construire sur son héritage

Depuis trois ans, l'économie japonaise connaît une reprise après une longue stagnation et la récession des années 1990. Fin 2004, la rentabilité des grandes firmes s'est mise à progresser et la dette des entreprises a atteint son niveau le plus bas (en pourcentage du PIB) depuis le milieu des années 1980. Ce nouveau dynamisme s'appuie en grande partie sur l'avance du pays dans le domaine des nouveaux composants et des produits électroniques grand public. Les firmes japonaises dont la réussite est la plus éclatante sont des fabricants de composants comme Nidec et des sociétés comme Canon, Matsushita et Sharp, pionniers dans la création de nouveaux produits grand public comme les appareils photo numériques, les téléphones portables, les téléviseurs à écran plat et les graveurs de DVD [1]. Ces produits représentent 12,6 % de la croissance de la production industrielle japonaise en 2003 [2].

1. Jun Kurihara, « Japan's Industrial Revitalization : Its Origin and Future », *Japan Economic Currents*, Keizai Koho Center, n° 46, juillet 2004. Au dernier trimestre 2004, Matsushita a connu une hausse de 47 % de ses bénéfices grâce aux ventes de téléviseurs à écran plat et de graveurs de DVD (sous la marque Panasonic). Todd Zaun, « Digital Cameras and TV's Lift Matushita Profit 47 % », *The New York Times*, 5 février 2005.

2. Chiffres du gouvernement, cités in Michiyo Nakamoto, « Japan's Electronics Industry Revived », *Financial Times*, 5 août 2004.

Autre élément important, la reprise du secteur électronique japonais contribue à une transformation de la situation du Japon au sein de l'économie internationale, alors que la Chine a remplacé les États-Unis en tant que principal partenaire commercial du pays. Ce bouleversement a entraîné un excédent de 14 milliards de dollars dans la balance du commerce avec la Chine en 2004 ; la même année, les États-Unis avaient au contraire un déficit de 162 milliards dans leurs échanges avec la Chine, le plus lourd qu'ils aient jamais connu avec n'importe quel pays. Les firmes japonaises ont pu surfer sur la montée des compétences chinoises en exportant massivement des composants électroniques indispensables pour les nouvelles générations de produits grand public assemblés en Chine et exportés vers le reste du monde. La mémoire flash, les lecteurs de disque dur, les dispositifs couplés (pour les appareils photo numériques), les grands substrats LCD et les écrans plasma comptent parmi les principaux. Ni les Chinois ni les Taiwanais ne maîtrisent pour le moment la technologie nécessaire à leur fabrication, même s'ils sont en train de rattraper leur retard (comme le montrera le chapitre XI). À cause de la complexité et de la rapidité de l'innovation dans ces composants, les Japonais ont plusieurs longueurs d'avance. L'iPod en est un exemple caractéristique. Conçu par Apple en Californie, ses composants les plus précieux viennent du Japon, de firmes comme Toshiba et Nidec, et sont assemblés en Chine dans les usines de fabricants contractuels taiwanais.

Si les Japonais réussissent dans les produits numériques grand public, c'est notamment parce qu'ils savent insérer des circuits complexes dans des appareils compacts, parce que leur marché national accélère la tendance, du fait de l'enthousiasme des consommateurs japonais pour ce genre de nouveautés, et parce qu'ils maîtrisent l'innovation dans la chaîne de valeur des composants et des produits. Alors que les entreprises électroniques américaines se concentrent aujourd'hui sur la fabrication de composants (comme Intel et AMD) ou de produits (comme Dell et Apple), beaucoup d'entreprises japonaises continuent à proposer à la fois des composants et des produits. Comparées à leurs homologues américaines, elles ont conservé davantage de fonctions, même si elles recourent désormais plus souvent aux fabricants contractuels. La domination japonaise repose en fait sur l'héritage établi dans les années 1970 : c'est en profitant de compétences anciennes pour développer des produits entièrement nouveaux que les Japonais ont remporté la victoire.

Parmi les joyaux de cet héritage, on trouve les ressources d'une main-d'œuvre particulièrement bien formée par le système scolaire et dont les compétences sont entretenues et augmentées sur le lieu de travail. Les entreprises japonaises investissent énormément dans la formation continue. Les éléments caractéristiques de la production japonaise (production « juste à temps » et processus d'amélioration continue) dépendent du talent des ouvriers et de leur volonté de faire un effort supplémentaire pour leur entreprise. Même dans les pires années de la dépression économique, les firmes japonaises répugnaient à licencier : ce genre de mesure est en effet très mal perçu. Akira Takashima, vice-président et membre du conseil d'administration de Fujitsu, nous a confié que sa société a voulu conserver la fabrication parce que « si nous nous en étions débarrassés entièrement, nous aurions dû licencier 50 % de notre personnel. Nous n'aurions pas survécu parce que cette mesure aurait été jugée inadmissible par les autres parties prenantes, comme les administrations qui ont recours à nos services ». Souvent, dans

Les dirigeants de Matsushita nous ont expliqué parallèlement

« Prenons l'exemple de la LSI ["l'intégration à grande échelle" qui consiste à mettre de nombreux circuits sur une seule puce]. Beaucoup d'entreprises américaines se spécialisent dans une compétence centrale, un élément de la chaîne de valeur. Panasonic fait tout : LSI de système, conception, fabrication, équipement de production et marketing. La LSI et l'assemblage sont les activités centrales qu'il faut conserver. Nous plaçons de petits circuits intégrés dotés de centaines de broches sur les deux surfaces de la carte avec seulement un micron de tolérance entre les couches. Comme cela ne peut pas être fait en Chine, nous utilisons nos usines de Yamagata. Tout est lié à la densité de circuit, qui détermine notre compétitivité. Nous faisons cela mieux, plus vite, moins cher au Japon. Avec les produits très sophistiqués, il faut être les premiers. Fabriquer au Japon nous permet d'être rapides. C'est ainsi qu'on remporte des victoires sur le marché.
Nous pouvons consacrer à la technologie LSI les compétences de toute l'entreprise. Si un sous-traitant fabriquait le composant, celui-

les interviews réalisées au Japon, les chefs d'entreprise affirment que s'ils licenciaient certains employés, il leur deviendrait impossible de garder les meilleurs ou d'en recruter de bons. Perdre des ouvriers qui comprennent désormais si bien le fonctionnement de l'entreprise reviendrait à perdre des ressources précieuses et irremplaçables.

Pour toutes ces raisons, les patrons japonais s'intéressent à toutes les possibilités permettant de conserver la fabrication. On parle depuis longtemps des « cellules » et de la production en groupes autonomes pour remplacer les lignes de montage, mais cette idée a réellement décollé il y a cinq ans. En 1999, Canon fut l'une des premières grandes firmes à découper ses lignes de montage en cellules, et d'autres

pourquoi les usines devaient rester au Japon, à l'expansion en Chine.

ci ne fonctionnerait peut-être pas aussi bien, il pourrait ne pas s'adapter parfaitement au produit fini. Autrefois, nous pouvions acheter les principaux composants à l'extérieur, mais à présent, la LSI de système détermine tout, donc nous nous en chargeons nous-mêmes. Il y a évidemment quelques composants que nous continuons à acheter à l'extérieur.
Les produits qui n'ont pas besoin d'une technologie de pointe, nous les sous-traitons, mais seulement de façon exceptionnelle, quand la demande dépasse notre capacité. Autant que possible, nous utilisons nos usines.
La production organisée autour de groupes autonomes joue un rôle essentiel. C'est de là que viennent les nouvelles idées d'amélioration. Si vous confiez l'assemblage à quelqu'un d'autre, vous n'apprenez pas ces choses-là, les informations ne remontent pas vers vous, on ne vous dit jamais : "Impossible de souder avec un design comme celui-là !" [3] »

comme Sanyo et Sony se sont mises à utiliser ce système à la même époque [4]. Dès qu'elles passent à la production cellulaire, les usines peuvent rapidement produire de petites quantités pour répondre aux fluctuations de la demande, et peuvent donc réduire les stocks. L'organisation en groupes autonomes exige des machines moins spécialisées, puisque les stations de travail facilitent l'assemblage manuel de toutes sortes de produits.

3. Interviews réalisées le 10 mars 2004, le 27 juin 2001 et le 24 mars 2000 ; articles publiés dans la presse ; Lee, 2004, *op. cit.*

4. Nikkei, *How Canon Got Its Flash Back. The Innovative Turnaround Tactics of Fujio Mitarai*, trad. de M. Schreiber et A. M. Cohen, Singapour, John Wiley & Sons, 2001 (2004).

Conserver la main-d'œuvre qualifiée

Haruo Kawahara, président de Kenwood, entreprise électronique japonaise, nous explique que le cycle de production a été accéléré en rapatriant au Japon les lecteurs de minidisque jusque-là fabriqués en Malaisie

« Des ouvrières locales travaillent dans notre usine de Yamagata depuis des années. Elles sont très qualifiées. En Malaisie, au contraire, les ouvriers bougent beaucoup et n'ont pas le temps d'acquérir une expérience. Le processus d'assemblage du lecteur de minidisque exige 22 personnes en Malaisie, alors qu'il n'en faut que 4 à Yamagata. Au Japon, la productivité de la main-d'œuvre est 1,5 fois supérieure : un employé peut se charger de cinq processus. Résultat : les coûts sont moindres pour une qualité plus grande (et ce, bien que les salaires soient 4 à 5 fois plus élevés qu'en Malaisie), et le taux de produits défectueux a baissé de 73 % depuis que la production est revenue au Japon. En fait, pour ce produit, la main-d'œuvre ne représente que 2 à 3 % du total des coûts.

Tels sont les avantages qu'il y a à conserver la fabrication au Japon. Il vaut mieux faire fabriquer à l'étranger les produits qui exigent une main-d'œuvre abondante, et laisser au Japon les produits comme les appareils photo numériques, compacts et très intégrés, avec de nombreuses pièces assemblées dans de petits boîtiers ou beaucoup de petites puces placées sur une carte circuit intégré. »

C'est la production en groupes autonomes qui a entraîné la renaissance de l'électronique japonaise, puisqu'elle rend possible une modification très rapide des modèles. Tous les deux ou trois mois, les fabricants de téléphones portables haut de gamme introduisent de nouvelles fonctions : photo, vidéo, musique, sonneries… Et alors qu'il est possible de faire fabriquer en Chine des produits stables comme la PlayStation, il est impossible d'y passer rapidement d'une génération de produit à une autre, en raison du manque d'expérience des cadres et de la main-d'œuvre.

Si une entreprise japonaise désire se concentrer sur les produits numériques grand public qui évoluent très vite, elle doit conserver l'essentiel de la fabrication. Quand nous avons rendu visite à Kenwood en octobre 2004, nous avons vu comment cette firme accablée de dettes et dont les ventes s'effondraient a dû procéder à des coupes sombres. Le nombre d'employés a été réduit, des branches entières ont été supprimées. Kenwood a réorganisé sa fabrication afin de pouvoir être compétitif sur les produits où les modèles changent rapidement.

Il n'a pas été facile de supprimer les lignes de montage pour imposer la production en groupes autonomes dans les usines Kenwood, explique Kawahara, parce qu'on manquait de cadres ayant connu l'ancien système. Lors du miracle économique que le Japon a connu après la guerre, les cadres provenaient de l'industrie lourde, mais la plupart des cadres qui ont commencé à travailler dans les années 1980 s'intéressaient plus aux finances qu'aux usines. Pour réorganiser les usines, Kawahara a dû recruter des retraités avec qui il avait travaillé jadis chez Toshiba. Mais Kawahara s'inquiète : les innovations introduites par Kenwood et Canon seraient-elles viables ? Pouvait-on ranimer ce désir d'améliorer les performances qui avait été à la base du miracle japonais ?

Les stratégies japonaises se concentrent sur la complémentarité entre structures intégrées chez soi et structures en réseaux à l'étranger. Cette approche duale semble devenue hors de portée aux États-Unis. Les activités américaines à caractère clairement non modulaire risquent moins d'être

« Nos entreprises durent plus longtemps »

Notre équipe a demandé au président de Kenwood ce qu'il pensait de la modularisation et de la sous-traitance de la fabrication

« Je sais que les entreprises américaines pensent que la meilleure solution est de produire sans fabriquer, en ayant recours aux contractuels pour les Electronics Manufacturing Services. Mais j'émets sur ce point de fortes réserves… surtout sur les marchés qui changent rapidement. Les dirigeants d'entreprises sans usines ne connaissent plus rien à la fabrication. En cas d'évolution de la technologie ou du marché, ils sont incapables de s'adapter. Les start-up ont besoin des fabricants contractuels ; pour elles, c'est la meilleure approche, parce que les investissements sont faibles et l'essor rapide. Mais cela ne marche pas pour moi. C'est la force des États-Unis : les nouvelles technologies combinées avec les firmes sans usines et les EMS [Electronics Manufacturing Services]. Dans un tel système, la souplesse de la chaîne de valeur est un atout. À long terme, cependant, quand le processus de fabrication doit changer parce que la technologie et le marché ont changé, on a besoin de fabriquer chez soi. C'est pourquoi au Japon nos entreprises durent plus longtemps. C'est une autre forme de compétitivité. Pour répondre aux nouveaux défis, chacun doit évoluer à sa manière. »

transférées à l'étranger. Mais en raison de la préférence des Américains pour les stratégies fondées sur la modularisation et la sous-traitance, ce qu'ils perçoivent comme une activité non modulaire est bien plus limité que ce que les chefs d'entreprise japonais identifient comme tel.

Par ailleurs, Américains et Japonais ne perçoivent pas les mêmes opportunités dans le domaine du numérique grand public. Alors que, chez Kenwood, Haruo Kawahara utilise la production de lecteurs de minidisque dans son usine de Yamagata afin d'accélérer l'apparition de nouvelles générations de produits et de fournir rapidement des biens sur le marché, les dirigeants d'Apple ont rencontré un succès phénoménal en concevant très vite les nouvelles générations de l'iPod assemblé à partir de composants sous-traités et fabriqués hors des États-Unis. Ce sont là deux formes de compétitivité tout à fait différentes.

En fait, même si un chef d'entreprise américain voulait suivre la voie japonaise et se servir de la production nationale pour conquérir des parts de marché dans le domaine des appareils électroniques à cycle de production court, aujourd'hui il lui serait très difficile de le faire. Dans les secteurs que nous avons étudiés, les ingrédients nécessaires à ce genre de stratégie d'internationalisation n'existent plus sur le territoire américain. Le transfert massif de la fabrication et de nombreuses fonctions de conception vers les fabricants contractuels et les ODM, à l'étranger ou non, a entraîné une fragmentation du système de production qui paraît irréversible. Cela vaut pour plusieurs secteurs. Zara est peut-être le roi de la vitesse et le détaillant de prêt-à-porter le plus en vogue, mais il ne reste plus personne qui pourrait imiter Zara aux États-Unis. Il est encore possible de réussir à petite échelle, comme le font American Apparel et les Knapp, avec une production nationale qui accélère la commercialisation et le cycle du produit. Ces entreprises comptent beaucoup pour l'économie locale et régionale, et elles fournissent des modèles à d'autres firmes. Mais dans l'électronique, le textile, l'automobile et les composants automobiles, ce n'est pas ce type d'entreprise qui domine.

Héritages et implantations

L'histoire de la reprise de l'électronique japonaise s'appuie sur des éléments fondamentaux de l'héritage industriel japonais : le désir de conserver la production et le recours à des réseaux serrés de compétences. Mais le fait de puiser dans son expérience passée les ressources nécessaires pour résoudre des problèmes inédits n'a rien de spécifiquement japonais. Notre équipe a observé des démarches comparables dans toutes les entreprises que nous avons étudiées. Mais ce qui diffère d'un cas à l'autre, c'est l'héritage proprement dit, les ressources humaines, technologiques et idéologiques qu'il offre pour affronter les difficultés.

Comme je l'ai montré au chapitre II, l'héritage d'une entreprise résulte de son inscription dans un pays particulier à un moment particulier. Et ces ressources sont également modelées par l'histoire singulière de chaque firme à mesure qu'elle définit ses objectifs et franchit les obstacles. Pour revenir à l'exemple utilisé au chapitre II, les fabricants de prêt-à-porter de Hongkong sont surtout des industriels qui ont fui Shanghai lorsque les communistes y ont pris le pouvoir en 1949. Ils ont recréé à Hongkong les entreprises familiales qu'ils possédaient en Chine, et ils ont maintenu la tradition consistant à créer une firme pour chacun des fils, de sorte qu'avec le temps, même les entreprises les plus grandes et les plus riches se sont subdivisées en nouvelles générations d'entreprises moyennes. Plus ou moins par hasard, celles-ci se sont mises à travailler en tant que fabricants contractuels pour des marques ou pour la grande distribution américaine ou européenne. Parce que les exigences des Européens et des Américains étaient différentes, les compétences des firmes de Hongkong ont également évolué de manière différente.

L'ouverture de la Chine en 1979 a créé de nouvelles opportunités, et les entreprises de Hongkong ont dû se demander comment redéployer les ressources accumulées afin de réagir à la nouvelle situation. Fang Brothers, le fabricant de vêtements dont il a été question au chapitre VIII, a décidé de transférer en Chine l'essentiel de sa fabrication et d'en garder juste assez pour vendre sa marchandise grâce au quota de Hongkong. Le design et le marketing sont restés à Hongkong, ville où les acheteurs étrangers préfèrent se rendre. Fang a continué à s'intéresser surtout à la clientèle américaine. Il a ouvert une branche de vente au détail et une marque (Pringle) destinée surtout aux pays occidentaux. Un autre chef d'entreprise de Hongkong (Silas Ho) a créé une importante marque américaine, Tommy Hilfiger. Au contraire, Esquel, après avoir rompu avec ses anciennes usines de Hongkong pour des raisons familiales, s'est établi en Chine sous la forme d'une firme fortement intégrée, a développé sa propre marque et a ouvert ses propres boutiques ; la firme cultive même son propre coton en Chine. Ces stratégies sont toutes le résultat d'héritages dynamiques : chacune d'elles mobilise les atouts disponibles dans son répertoire, chacune d'elles combine les ressources issues de ses réserves et les ressources nouvelles accessibles dans le monde entier.

Pour les districts industriels italiens qui ont atteint un haut degré de rentabilité et de croissance de l'emploi dans les années 1980 et 1990, dans des secteurs comme le vêtement, le textile, les chaussures, le mobilier, le carrelage en céramique et les machines à emballer, l'ouverture de l'Europe centrale en 1989 représentait à la fois une menace et une occasion à saisir, tout comme l'ouverture de la Chine en 1979 pour les firmes de Hongkong lorsqu'elles ont choisi d'y transférer l'essentiel de leurs capacités productives. Maintenant que les techniciens et les cadres chinois ont développé leurs compétences, et que leurs clients sont plus disposés qu'il y a quinze ou vingt ans à leur rendre visite, les fonctions restées à Hongkong, dans l'électronique et le textile, ont tendance à fuir très vite vers la Chine.

Le tableau est tout autre dans les districts industriels italiens. Des firmes comme Sàfilo, Luxottica, Tie Rack, Ermenegildo Zegna et Max Mara opèrent dans ces mêmes secteurs qui ont quitté Hongkong pour la Chine, mais leur trajectoire diverge non seulement de celle de leurs homologues asiatiques mais aussi des autres économies d'Europe occidentale. Pour les pays de l'Union européenne qui partagent avec l'Italie la même monnaie, des salaires élevés, un système coûteux de sécurité sociale et un haut degré de syndicalisation, on aurait pu s'attendre à une trajectoire similaire, mais ce n'est pas ce que nous avons découvert.

Alors que le paysage des districts italiens a beaucoup changé depuis vingt ans, ses industries traditionnelles restent prospères et solidement ancrées dans leur territoire. Les plus grandes entreprises ont grandi et sont devenues plus intégrées, et certaines des plus petites ont disparu. Pourtant, la taille moyenne d'une firme reste très modeste : 4 employés environ. Les effectifs ont chuté globalement, mais cela a été moins significatif en Italie que dans les pays voisins ou aux États-Unis. En 2001, le textile et le prêt-à-porter employaient encore autant d'Italiens qu'en 1995, alors que la France et la Grande-Bretagne avaient perdu plus de 30 % de leurs emplois dans ce secteur, et l'Allemagne plus de 20 % [5]. Même en Italie, les régions incluant des districts industriels n'ont pas connu la même évolution que le reste du pays. Entre 1991 et 2001, il s'est créé plus d'emplois dans les districts que n'importe où ailleurs, et la fabrication y a moins décliné que dans l'ensemble du pays [6]. Qu'il s'agisse de la productivité par employé, des capacités d'exportation ou de la technologie, les entreprises des districts s'en sortent mieux.

Comparées aux autres entreprises italiennes, ces firmes ont plus de chances de s'intégrer dans l'économie internationale en exportant des biens fabriqués en Italie, comme le font Luxottica et Max Mara, plutôt qu'en investissant à l'étranger [7]. Cela tient peut-être à la petite taille des entreprises des districts, qui rend trop coûteuse la gestion d'opérations à l'étranger, ou à l'absence d'équivalents étrangers pour la main-d'œuvre très qualifiée et les fournisseurs très expérimentés disponibles dans les pôles de compétences italiens. Plus étonnant encore, quand ces firmes italiennes investissent à l'étranger, en Europe de l'Est par exemple, elles n'utilisent pas du tout leurs opérations délocalisées comme le font les autres chefs d'entreprise européens.

5. Eurostat New Chrono Database, citée in Nicholas Owen et Alan Cannon Jones, « A Comparative Study of the British and Italian Textile and Clothing Industries », 2003, p. 4.

6. L. Federico Signorini, éd., *Economie locali, modelli di agglomerazione e apertura internazionale*, Rome, Banca d'Italia, 2004, p. 18-21.

7. Stefano Federico, « L'internazionalizzazione produttiva italiana e i distretti industriali : un' analisi degli investimenti diretti all'estero », *Economie locali, modelli di agglomerazione e apertura internazionale*, Rome, Banca d'Italia, 2004, p. 407.

Expansion et diversification

Nous avons essayé de comprendre concrètement ce que les Italiens et les Américains attendent de la délocalisation. Pour les firmes italiennes, il s'agit certainement de réduire les coûts, mais pas seulement. Leur motivation épouse une logique d'expansion. La plupart des entreprises des districts semblent investir à l'étranger pour accroître leur capacité de production, non pour réduire ou déplacer la production locale [8]. Comme nous l'a expliqué la directrice d'Emilia Maglia, filiale d'un fabricant de lainages établi à Timisoara, on ne trouve pas assez d'ouvriers en Émilie-Romagne pour coudre et tricoter. La firme a épuisé la main-d'œuvre disponible dans sa région (où le chômage est très limité). Elle a sous-traité certaines activités en Tunisie, mais le degré de qualification s'y est avéré incompatible avec ses exigences de qualité. Elle a aussi essayé de recourir aux contractuels chinois qui, plus ou moins légalement, ont installé leurs opérations au cœur des districts italiens. Mais aucune de ces tactiques n'a fonctionné de façon satisfaisante. Créer une usine dans un pays comme la Roumanie s'est avéré la seule forme d'expansion envisageable.

Les explications de la directrice d'Emilia Maglia sont confirmées par une étude plus générale sur les entreprises italiennes installées en Roumanie [9]. En 2003, cette enquête

8. Cette section s'inspire de notre étude de l'impact de la mondialisation sur la production des districts, in Suzanne Berger et Richard M. Locke, « *Il Caso Italiano* and Globalization », *Daedalus*, vol. 1, The European Challenge (printemps 2001), p. 85-104.

9. Interview accordée par Fabio Bordignon, Antenna Veneto Romania, 18 juin 2003 ; Centro Estero Veneto, « Prima Indagine sulla Presenza

y a recensé 12000 firmes italiennes. 2000 d'entre elles venaient des districts industriels de Vénétie, les plus proches de la Roumanie (c'est dans ce pays que les entreprises des districts réalisent 60 % de leurs investissements)[10]. Les opérations de ces firmes en Europe de l'Est sont complémentaires de celles qui demeurent en Italie. Les pièces fabriquées pour un coût moindre sont ensuite incorporées à un produit fini en Italie (ce que l'on appelle aussi le « commerce de perfectionnement passif »). Un fabricant de chaussures de ski implanté en Vénétie, en Roumanie et en Chine nous a dit que la coque en plastique dur était fabriquée en Italie, parce que les techniques de moulage et de coloration sont complexes et reposent sur des secrets de fabrication qu'il faut protéger. Cette étape ne représente pourtant que dix minutes de travail. La fabrication de la garniture intérieure souple prend deux fois plus de temps, et c'est elle qui a été transférée en Roumanie. Pour une chaussure de ski « Made in Italy » à partir de pièces fabriquées en Roumanie, le délai est d'un mois, contre trois mois pour la Chine ; le fabricant italien n'a donc recours à la Chine que pour de grosses commandes standard. La Chine et la Roumanie correspondent à des objectifs différents dans les stratégies de mondialisation de la firme : la Roumanie permet de réduire le coût d'une chaussure haut de gamme dont l'essentiel reste produit en Italie ; la Chine permet de lancer une nouvelle activité autour de chaussures à prix plus bas.

Veneta in Romania », Mestre, 2003. L'Industrial Performance Center a réalisé treize interviews en Roumanie.

10. Fabio Farabullini et Giovanni Ferri, « "Passagi a Est" per le banche italiane e i distretti industriali », *Economie locali, modelli di agglomerazione e apertura internazionale*, éd. L. F. Signorini, Rome, Banca d'Italia, 2004, p. 466.

Nous avons recueilli de nombreux témoignages similaires en matière d'expansion et de diversification, notamment dans une filature de Biella, célèbre centre de la production italienne de lainages de qualité. Cette entreprise fabrique des fils de cachemire et de soie en Italie et des fils de « coton régénéré » (recyclé) en Pologne. Comme il n'existe en Italie qu'une clientèle limitée pour ce fil peu coûteux, et comme l'opération est relativement simple et gourmande en main-d'œuvre, il était logique de l'installer en Pologne où les salaires représentent 1/11e de ce qu'ils sont en Italie. En Italie, la main-d'œuvre représente 30 % des coûts ; en Pologne, 3 %. En lançant cette activité bas de gamme, la firme a élargi sa palette de produits et s'offre une solution de repli en cas de difficultés pour son activité principale.

Pour la plupart des entreprises des districts italiens, produire en Chine reste une perspective très lointaine. Mais nous en avons rencontré quelques-unes qui avaient choisi cette voie. Même pour elles, la production en Chine est organisée pour compléter plutôt que pour remplacer l'activité en Italie. L'une de ces initiatives a quasiment tourné au désastre. L'entreprise que j'appellerai Seta Frères achetait de la soie brute en Chine, la tissait en soie grège en Italie, et vendait le tissu à des firmes italiennes pour la finition et l'impression. À la fin des années 1980, elle a découvert que son fournisseur chinois (une soierie d'État qui avait pratiquement le monopole de la matière première) s'était également mis à fabriquer de la soie grège et la vendait directement aux clients de Seta Frères en Italie. Quand le directeur de Seta s'en est plaint, le fournisseur chinois a répondu : « Vous n'avez pas à nous dire ce que nous devons vendre. Estimez-vous heureux que nous soyons encore prêts à vous vendre du fil. » Le directeur a aussitôt compris qu'il devait renoncer à la soie grège. La seule solution était de remonter la chaîne de valeur en tissant la soie avec d'autres fibres, processus très délicat et très complexe, en la teignant et en l'imprimant. Ce passage à des produits plus sophistiqués fabriqués en Italie a été la source d'une grande réussite commerciale.

L'avantage de la proximité

Pourquoi le textile et le prêt-à-porter se portent-ils mieux en Italie ? Ce n'est pas que les salaires y soient moins élevés qu'aux États-Unis ou dans le reste de l'Europe. En fait, en 2000, le salaire horaire moyen dans l'industrie du textile était de 14,20 dollars aux États-Unis et de 14,70 en Italie. Étant donné la faiblesse du dollar par rapport à l'euro depuis cinq ans, cet écart s'est creusé. En fait, la stratégie des entreprises italiennes repose sur la proximité d'atouts précieux et immobiles. C'est seulement en restant en Italie qu'elles peuvent garder un accès continu à des fournisseurs locaux aux compétences très spécialisées, à des marques comme Giorgio Armani, Gucci et Prada, dont les créateurs rendent souvent visite aux fabricants pour concevoir de nouveaux produits, et à des consommateurs en quête de qualité et donc prêts à payer plus cher que la clientèle américaine. Les préférences des consommateurs italiens expliquent pourquoi les Italiens réussissent là où une entreprise américaine comme L.W. Packard échoue (voir chapitre I).

En maintenant la production en Italie, les firmes conservent des atouts précieux (design, marques, compétences).

Elles restent proches d'un système de grande distribution qui tient à commercialiser des produits italiens et, plus généralement, européens. Une enquête réalisée en 2002 a montré que 43 % des vêtements vendus par les détaillants italiens étaient fabriqués en Europe (alors que la production européenne ne représentait que 18 % des ventes en Grande-Bretagne, 8 % en Allemagne et 21 % en France[11], le reste venant d'Europe de l'Est, d'Asie, de Turquie ou d'Afrique du Nord). Les marques italiennes vendent plus de vêtements fabriqués en Europe que les marques britanniques, françaises ou allemandes. Ces chiffres sont approximatifs, car il n'existe aucun contrôle systématique de l'origine des produits ; un vêtement étiqueté « Made in Italy » contient des composants venus d'ailleurs. Pourtant, les détaillants et les marques (et sans doute les consommateurs) italiens ont une préférence pour la production nationale. Ce facteur contribue également à retenir la production haut de gamme.

Le désir de rester à proximité de ressources précieuses explique aussi les choix de nombreuses firmes allemandes auxquelles nous avons rendu visite. Comme les États-Unis, l'Allemagne a perdu beaucoup d'emplois dans le secteur textile lorsque les firmes ont déplacé leur production vers des pays d'Europe centrale et d'Asie, aux coûts moindres. Mais les chefs d'entreprise allemands considèrent leurs travailleurs qualifiés comme des ressources difficiles à remplacer. Lors de nos interviews, seuls 6 % des Américains ont mentionné les compétences comme une raison de conserver la production, alors que 52 % des Allemands (et 50 % des Italiens) les ont évoquées. Afin d'exploiter ces talents, l'industrie allemande tend à conserver les emplois qui exi-

11. IFM/Eurovet, *Journal du textile*, n° 1704, 22 avril 2002, p. 4.

gent une formation technique (dans la logistique ou l'élaboration de prototypes), ceux qui utilisent des matériaux coûteux, et ceux qui supposent une relation directe avec le consommateur.

Boos Textile Elastics, implanté à Wuppertal, fabrique des élastiques et des tricots élastiques pour la lingerie et pour des usages médicaux et industriels[12]. Le tissu est envoyé par avion à des clients en Asie, cousu, puis vendu sur les marchés américains et européens. Bernd-Michael Kader, dont la famille dirige depuis quatre générations cette entreprise de 250 employés, estime qu'il devra un jour ouvrir une usine en Asie, surtout après la fin des quotas en 2005. Mais ses travailleurs qualifiés allemands sont un atout précieux. Un producteur chinois pourrait acheter les mêmes machines, mais sans les ouvriers de Boos, il ne pourra atteindre la même qualité. Localiser la production en Asie rendrait trois fois plus cher à Boos le salaire des techniciens, si l'on tient compte des frais de transport, des congés et des primes. Même si Kader ouvre un site en Asie, il prévoit de développer la production médicale et technique dans ses deux usines allemandes. Renforcer la production dans ces deux domaines compensera la délocalisation de la lingerie, et il espère ne pas avoir à licencier.

Même si les effectifs chutent dans le textile et le prêt-à-porter, les entreprises allemandes que nous avons rencontrées ne transfèrent pas toutes leurs activités vers l'étranger, préférant conserver les emplois plus qualifiés et mieux payés. Alors que ce secteur est en déclin, les emplois qui demeurent sont de mieux en mieux rémunérés. Au contraire, aux États-Unis, alors que le chômage augmente, le pour-

12. Interview du 31 mars 2003.

centage d'employés qualifiés dans le prêt-à-porter est passé de 16 % en 1993 à seulement 23 % en 2002 ; dans le textile, le chiffre n'a pratiquement pas changé et reste inférieur à 20 %[13].

Made in monde

En prenant du recul par rapport aux interviews que nous avons réalisées en Allemagne, au Japon, en Grande-Bretagne, en France, en Italie et aux États-Unis, nous pouvons observer une métamorphose très nette. Il y a vingt ans, la plupart des échanges internationaux passaient par les exportations et les importations à travers les frontières ; aujourd'hui, les structures productives nationales sont étroitement liées avec celles d'autres pays avancés ou en voie de développement. Les produits de la vie quotidienne devraient être étiquetés « Made in monde ». Les baskets New Balance, les ballons Anagram, les ordinateurs Dell, les soutiens-gorge à dentelle élastique Boos, les iPod Apple, tous contiennent des éléments fabriqués dans de nombreux pays du monde. Chacun d'eux reflète une stratégie qui combine en un seul produit fini les forces de sociétés, d'économies et d'individus très divers.

Au départ, notre équipe se demandait si ces changements entraînaient une convergence tendant à l'uniformisation des pratiques et des stratégies d'un pays à l'autre. Face aux mêmes pressions et aux mêmes concurrents, toutes les

13. Présentation par Sara Jane McCaffrey, « Textiles and Apparel After NAFTA : The US Story », MIT Industrial Performance Center, 20 février 2003.

entreprises ne seraient-elles pas conduites à faire les mêmes choix ? Pourtant, en examinant les mêmes secteurs et les mêmes produits, nous avons vu que les firmes optaient pour des structures radicalement différentes. Cela s'explique en partie par les ressources disponibles. Les économies capitalistes nationales créent des atouts très divers : de solides institutions de formation continue en Allemagne et au Japon, une tradition juridique qui facilite les relations contractuelles aux États-Unis et en Grande-Bretagne, des liens entre université et industrie qui accélèrent le transfert de la recherche fondamentale vers les start-up aux États-Unis. Ces facteurs modèlent les compétences aujourd'hui incorporées dans les stratégies par lesquelles les entreprises affrontent les défis de la mondialisation. Mais le fait d'avoir un héritage dans lequel puiser n'est pas une garantie de succès. Dans les deux derniers chapitres de ce livre, j'évoquerai comment ces héritages dynamiques peuvent être exploités aujourd'hui.

SIXIÈME PARTIE

COMMENT RÉUSSIR DANS L'ÉCONOMIE GLOBALE ?

CHAPITRE XI

Les leçons du terrain

Beaucoup de modèles de succès, pas de recette infaillible

Nous n'avons pas trouvé de boule de cristal où l'on puisse lire l'avenir de l'économie mondiale. Mais les 500 entreprises que nous avons étudiées nous ont renseignés sur les stratégies disponibles en période de grande incertitude et face à une pression concurrentielle intense. Nous avons vu les meilleures cultiver, étendre et exploiter les compétences issues de leur héritage spécifique, repousser une concurrence qui aurait pu détruire ces avantages, et couper l'herbe sous le pied à leurs concurrents. Certaines opèrent dans des secteurs à mutation lente, comme le textile et le prêt-à-porter, où la technologie et les processus n'évoluent que peu à peu ; d'autres, dans des secteurs à mutation rapide, comme l'électronique, où des innovations imprévisibles viennent régulièrement balayer les avantages du leader d'hier. Mais, partout, nous avons été frappés par la diversité des stratégies et des compétences mobilisées pour créer ou maintenir une activité rentable et innovante.

Il existe des gagnants (et des perdants) dans tous les secteurs et dans tous les pays, mais nous n'avons vu émerger nulle part un modèle unique et supérieur à tous les autres. Au contraire, nous avons découvert toutes sortes de modèles gagnants, fondés sur des ressources diverses, appartenant déjà au répertoire de l'entreprise ou acquises grâce aux fournisseurs et aux partenaires. Aux États-Unis, dans le domaine des composants électroniques et des équipements de télécommunication, il existe des firmes comme Cisco qui sous-traitent toute leur fabrication et d'autres comme Intel qui se chargent elles-mêmes de pratiquement toutes les opérations. En somme, il n'y a pas de formule unique, pas même pour celles qui opèrent dans un même secteur : les ordinateurs Dell forment le cœur d'activité d'une entreprise qui progresse chaque année de 6 à 7 milliards de dollars, alors que l'ex-leader du PC, IBM, a jugé que ce produit dégageait des marges trop faibles, et a décidé de vendre cette spécialité en 2004, après des années de pertes.

Dans le prêt-à-porter, alors que presque tous les grands détaillants et toutes les grandes marques des États-Unis sous-traitent et délocalisent leur production, nous avons été surpris d'apprendre que Zara, la firme qui connaît en Europe la croissance la plus rapide, fait fabriquer plus de la moitié de ses produits en Espagne et que ses bénéfices nets ont néanmoins triplé entre 1999 et 2004, période extrêmement difficile pour les fabricants dans les pays à hauts salaires. Nous pensions qu'il était impossible de fabriquer des T-shirts aux États-Unis, jusqu'au jour où nous avons interviewé American Apparel à Los Angeles. Dans un secteur où la fabrication se déroule surtout dans des pays à bas salaires comme le Bangladesh, American Apparel a doublé ses effectifs durant l'année qui a suivi notre interview. La viabilité de ces différents itinéraires vers le succès dans un « même » secteur prouve qu'il n'existe pas de stratégie hégémonique, même lorsqu'on étudie la situation dans le détail, produit par produit. La diversité se recrée continuellement.

Les changements technologiques et organisationnels des quinze dernières années, qui ont rendu possible la production modulaire dans un grand nombre de secteurs, ont contribué à cette multiplication des modèles de réussite. Il est beaucoup plus facile pour une entreprise de se lancer si elle n'a pas à mettre au point un processus de production entièrement intégrée mais peut au contraire se focaliser sur son point fort, qu'il s'agisse de la définition du produit, de son design, de sa distribution ou de sa vente, et acheter les autres services. De nos jours, une entreprise peut se procurer auprès d'autres firmes les biens et les services qu'elle aurait jadis dû produire elle-même (ou, selon les cas, elle peut vendre à d'autres ce qu'elles auraient jadis fait elles-mêmes). Parce que l'iPod a été créé à partir de composants déjà produits par d'autres firmes et assemblés à l'aide de fabricants contractuels, Apple a pu très vite lancer sur le marché son lecteur de musique numérique.

La fragmentation de la chaîne de valeur n'a pas seulement accru les possibilités d'innovation pour des firmes établies comme Apple. Elle a aussi largement profité aux nouveaux venus. Dans le chapitre I, j'ai raconté l'histoire du SMaL. Cet appareil photo numérique a été imaginé par des ingénieurs du MIT, qui en ont confié la fabrication des puces à Taiwan et le design technique détaillé à Hongkong, et l'ont vendu en kit à des marques qui ont fait assembler les appareils en Chine. C'est par ce processus que des milliers de start-up se font aujourd'hui une place au soleil.

La modularisation, qui joue un rôle capital dans la façon dont la mondialisation transforme la production, permet l'apparition de nouvelles activités. Mais par les mêmes mécanismes, elle renforce aussi la concurrence à chaque point de la chaîne de valeur. La fragmentation en réseaux signifie que, pour chaque fonction ou ensemble de fonctions conservé, une entreprise doit s'efforcer de surpasser tous ses rivaux. Comme les produits et les processus évoluent rapidement du fait de l'innovation, on peut concevoir que les entreprises devraient conserver plus de fonctions que n'ont choisi de le faire la plupart des firmes américaines, afin de pouvoir avancer dans de nouveaux domaines. Nous avons pu observer les avantages compétitifs d'entreprises plus intégrées comme Samsung, Zara et Sharp : elles repèrent rapidement les nouvelles opportunités et y réagissent très vite.

Mais s'accrocher aux vieux modèles n'est pas sans danger. Une entreprise va mal lorsqu'elle croit encore aux synergies de l'intégration au lieu de s'interroger, activité par activité, produit par produit, processus par processus, sur ses points forts et sur ceux de ses fournisseurs nationaux ou étrangers. C'est le cas de Sony en 2005. La firme a parié sur des innovations-phares comme la puce Cell pour sauver son modèle d'organisation et se propulser de nouveau parmi les entreprises gagnantes. Même si ce calcul devait être couronné de succès, nous estimons qu'il vaudrait mieux renoncer à l'idée que les composants s'intègrent mieux les uns aux autres lorsqu'ils sont tous « Made in Sony ». Chez Sony, quelqu'un devrait se demander s'il est normal que leurs lecteurs numériques ne permettent d'écouter que de la musique Sony. Quelqu'un devrait chercher à savoir si un ODM taiwanais peut fabriquer pour moins cher un produit haut de gamme comme le Vaio, avec ou sans la finition laquée noire qui ne peut à l'heure actuelle se faire qu'au Japon. Aujourd'hui, même les firmes intégrées qui choisissent comme Sony de conserver une large gamme de fonctions doivent déterminer lesquelles il vaut mieux acheter ailleurs.

Ce sont les compétences qui font la différence

Parce que les entreprises d'un même secteur réussissent grâce à des combinaisons très diverses de compétences et de préoccupations, nous avons souvent eu du mal à décider s'il s'agissait bien de la « même » activité. Des fonctions que nous aurions autrefois rangées dans la catégorie « fabrication » sont désormais fusionnées avec des activités qualifiées de « services ». Les opérateurs téléphoniques, par exemple, ont de plus en plus tendance à associer un service téléphonique à l'achat d'un téléphone portable. L'appareil porte le nom de l'opérateur alors qu'il a été conçu et fabriqué par un ODM ou par une firme comme Sharp ou Motorola, à moins que ce ne soit Bird ou TCL, les nouvelles marques chinoises. Vodafone, premier opérateur téléphonique mondial, vend aujourd'hui des appareils spécialement fabriqués par Sharp. Mais peut-on considérer alors que Vodafone exerce la même activité que Nokia, qui fabrique lui-même la plupart de ses téléphones et les vend sous sa propre marque[1] ? Prenons l'exemple des lunettes. Les producteurs italiens qui vendent des montures sous des griffes de haute couture exercent-ils la même activité que le fabricant de Hongkong dépourvu de marque ? Ou que Zoff, le détaillant japonais qui sous-traite les montures en Chine et les verres en Corée du Sud ? Dell, Sony, IBM et Hewlett-Packard, tout

1. « Special Report Nokia's Turnaround. The Giant in the Palm of Your Hand », *The Economist*, 12 février 2005, p. 67-69.

comme Liz Claiborne, Benetton, Zara, Kellwood et Ralph Lauren, combinent différentes compétences à différents points de la chaîne de valeur. Quel que soit le secteur dans lequel nous les rangeons, il est clair qu'une entreprise prospère peut être créée à n'importe quel point de la chaîne de valeur.

Il n'y a pas de secteur condamné

Ce n'est pas le secteur qui compte, mais les *compétences* d'une entreprise. Autrement dit, il n'existe pas de secteur voué à disparaître dans les économies à hauts salaires, même s'il existe incontestablement des stratégies condamnées d'avance à l'échec, notamment celle qui consiste à échafauder une entreprise sur les seuls avantages d'une main-d'œuvre peu onéreuse. Dans les pays riches, le nombre d'emplois et d'entreprises dans les secteurs à mutation lente et gourmands en effectifs continuera à chuter, parce que les avancées technologiques permettent de produire plus avec moins de personnel, et à cause de la concurrence de rivaux étrangers solides et expérimentés. Alors que le nombre de personnes travaillant dans ces secteurs décroît dans les pays à hauts salaires, la vitesse à laquelle il décline varie énormément d'un pays à l'autre. Ce détail a son importance, car il est généralement très difficile de retrouver un emploi aussi bien payé que celui qui a été perdu.

Des pays comme la Chine et l'Inde vont certainement augmenter leurs parts du marché du prêt-à-porter dans les pays avancés. Mais cela ne veut pas dire qu'il n'y ait plus de place pour les firmes nationales si elles élaborent des produits et des services très appréciés, comme Lucky Jeans et Juicy Couture à Los Angeles. Même si ce secteur est en perte de vitesse aux États-Unis, les entreprises qui persistent peuvent s'avérer très rentables. Dans la liste des 500 entreprises les plus rentables établie par le magazine *Fortune*, le prêt-à-porter est représenté parmi les dix premières, pour le rendement des actifs comme pour le rendement des actions, et se situe au-dessus de la moyenne pour la marge brute d'exploitation durant la période 1994-2004 [2]. *Fortune* reste perplexe face à ce résultat. Selon moi, ce n'est un mystère que si l'on croit à une économie divisée en secteurs condamnés et secteurs promis à un avenir radieux.

Même dans des secteurs comme le textile et le prêt-à-porter, certaines entreprises profitent de leurs points forts pour se hisser au-dessus de la concurrence. Elles peuvent ainsi proposer de bons emplois (j'entends par là des emplois payés au-dessus du salaire minimum, avec des avantages sociaux ; nos sociétés peuvent certainement faire beaucoup mieux, mais, dans bien des cas, nous sommes encore loin d'atteindre ce niveau basique). Des firmes comme Anagram, le fabricant de ballons du Minnesota, American Apparel, le producteur de T-shirts de Los Angeles, Solstiss, le dentellier français, les fabricants italiens de lunettes, Kenwood, l'entreprise japonaise spécialisée dans l'électronique grand public, pour n'en citer que quelques-unes, offrent de bons emplois. Si elles prospèrent malgré la concurrence de firmes étrangères aux salaires très bas, c'est parce qu'elles associent à leurs produits d'autres caractéristiques très demandées : la vitesse, la mode, le caractère unique et l'image. Ces caractéristiques sont difficiles à imiter, ce qui permet de tenir

2. « Fortune 500 : How the Industries Stack Up », 18 avril 2005, p. F-28. Notre équipe a interviewé les cadres de six des onze firmes de prêt-à-porter répertoriées dans la liste des 500 plus rentables.

encore un peu les concurrents à distance. Cependant, aucun avantage n'est éternel et ces firmes devront continuer à développer de nouvelles compétences si elles veulent rester devant leurs concurrents chinois, indiens ou vietnamiens, qui sont également en train de se doter de ressources autres que leur main-d'œuvre à faibles salaires.

Au-delà des questions de survie et de résistance, une entreprise peut prospérer dans ces secteurs prétendument moribonds et déclinants. Ces dernières années, l'un des plus grands succès de l'industrie italienne est Geox, producteur de chaussures créé en 1995 à Montebelluna (province de Trévise), région traditionnellement vouée à la chaussure et aux vêtements de sport [3]. Geox a commencé avec dix employés : ils sont aujourd'hui 5 000 à travers le monde. La firme a été cotée en Bourse en décembre 2004, et vaut à présent 1,5 milliard de dollars. Le rendement des actions en 2003 a été estimé à 45 %. C'est devenu le quatrième producteur mondial, avec 9 millions de paires vendues en 2004. Geox a ouvert 233 points de vente en Europe et aux États-Unis ; environ 46 % de ses ventes se font hors d'Italie.

Comment a-t-il été possible de créer une nouvelle entreprise dynamique dans un secteur dominé par les producteurs à faibles coûts dans des pays comme la Chine, le Vietnam et l'Indonésie ? Le fondateur de Geox, Mario Moretti Polegato, a eu l'inspiration un jour où il se promenait à Reno, dans le Nevada. Il faisait très chaud et, comme il avait mal aux pieds, il perça les semelles de ses chaussures pour laisser sortir la transpiration. Il lui vint l'idée de fabriquer des

3. Interview accordée par le fondateur et président, Mario Moretti Polegato, 18 janvier 2002 ; Arnaldo Camuffo, Andrea Furlan, Pietro Romano et Andrea Vinelli, « Breathing Shoes and Complementarities : How Geox's Strategy is Rejuvenating the Footwear Industry », décembre 2004.

semelles dotées d'une membrane permettant à l'humidité de s'échapper mais pas d'entrer. Geox détient aujourd'hui trente brevets sur ce concept de base, et les concurrents n'ont pas encore pu le rattraper. Les publicités sur le thème de « la chaussure qui respire » montrent la sueur sortant des semelles comme la vapeur sort d'un fer à repasser.

Sans l'expérience accumulée dans le domaine de la fabrication des chaussures, sans les compétences en matière de design et sans la main-d'œuvre qualifiée qui existaient à Montebelluna, Geox n'aurait jamais pu décoller. Mais une fois que la firme a entamé sa croissance, elle a rapidement découvert qu'il n'y avait pas assez de travailleurs disponibles dans la région, puisque le chômage y est très limité. Aujourd'hui, alors que la Recherche et le Développement, le design, la logistique et la gestion sont implantés en Italie, Geox fait fabriquer ses chaussures à l'étranger. Polegato parle de « délocalisation intelligente » : tout ce qui exige un personnel très qualifié est maintenu en Italie, et le reste confié à la Roumanie et à l'Asie. En combinant l'héritage artisanal des districts à la nouvelle technologie, Geox a créé un produit stylé, doté de caractéristiques techniques originales, et une entreprise très rentable. À l'époque de sa fondation, personne n'aurait pu imaginer un secteur moins prometteur que celui de la chaussure, dans une économie avancée comme celle de l'Italie. Aujourd'hui, alors que la plupart des start-up « à la pointe du progrès » créées à la même époque ont disparu, Geox poursuit son envolée.

Cet exemple illustre la force d'une stratégie qui combine de manière inédite et rentable les ressources de son héritage. Dans le cas de Geox, cet héritage résidait dans l'expérience de la région, et sa spécialisation traditionnelle dans la chaussure. Comme des firmes établies de plus longue date, Geox produit des chaussures séduisantes et de qualité. En ajoutant des innovations techniques et organisationelles qui mettent en réseau le district de Montebelluna avec la Roumanie et la Chine, Geox a créé une entreprise d'un type nouveau. En continuant à investir dans la technologie, elle a pu distancer ses aînées dans le secteur de la chaussure.

Mais ce n'est qu'un exemple d'exploitation ingénieuse d'un héritage accumulé. Pour Dell, les points forts résultent de l'expérience acquise dans l'identification des préférences des consommateurs sur Internet et dans la coordination d'une production rapide et sans ruptures impliquant une myriade de fournisseurs indépendants. Dell a d'abord développé ces compétences pour fabriquer des ordinateurs ; maintenant, la firme profite de cet héritage pour s'étendre à d'autres produits – imprimantes, lecteurs MP3, moniteurs, etc. Des réussites comme celles de Dell et de Geox n'ont pas grand rapport avec les caractéristiques du secteur, mais tiennent à la création de compétences uniques qui font la différence avec leurs concurrents les plus proches.

La main-d'œuvre peu coûteuse n'est pas une stratégie gagnante

Plusieurs conclusions s'imposent. Premièrement, des entreprises innovantes et dynamiques peuvent apparaître dans tous les secteurs, y compris les secteurs traditionnels ou à mutation lente. Si ce livre puise beaucoup d'exemples dans le textile et le prêt-à-porter, c'est parce que nous avons voulu vérifier l'opinion très répandue selon laquelle ces secteurs seraient condamnés dans les pays avancés. Comme je l'ai dit, cette idée résulte d'une approche purement macroéconomique de la situation internationale. Selon les théories classiques, un pays obtient un avantage comparatif en exploitant les facteurs les plus abondants dans sa société : la Chine et l'Inde ont donc un avantage lorsqu'il s'agit de fabriquer et de vendre des biens et des services qui exigent une main-d'œuvre importante, tandis que les États-Unis, l'Europe et le Japon ont un avantage lorsque ce sont des capitaux importants qui sont requis.

En théorie donc, les choses devraient fonctionner de cette manière. Mais comme nous avons pu le constater dans les usines de pays avancés ou en voie de développement, ce n'est pas le cas. Certes, le salaire horaire des ouvriers chinois représente une fraction de ce que touchent leurs homologues américains ; un ingénieur informaticien est beaucoup moins bien payé en Inde qu'aux États-Unis. Mais même en Chine et en Inde, malgré une population immense, le salaire des cadres et des techniciens expérimentés connaît une hausse rapide. Le coût de la main-d'œuvre compte, évidemment, mais d'autres facteurs s'avèrent bien plus importants qu'on ne le pense souvent : le risque politique, les menaces sur la propriété intellectuelle, le prix des matériaux et de l'équipement, les frais de transport, les taux d'intérêt, le coût de l'énergie, les taxes, les brevets. Quand une entreprise prend en considération le véritable coût de la production à l'étranger, et pas seulement les frais de fabrication, l'avantage par rapport aux coûts de production sur son territoire d'origine paraît nettement réduit. Une récente enquête de McKinsey effectuée en Californie a montré que, si l'on prend en compte ces variables, et quand les usines nationales fonctionnent de manière efficace, l'économie réalisée en délocalisant est de 0,6 % pour une entreprise high-tech, de 6 % pour un producteur de plastique et de

13 % pour une firme de prêt-à-porter [4]. Ces économies sont si dérisoires qu'il est souvent plus avantageux de satisfaire la clientèle en écourtant les délais de production.

Même si l'on ne s'intéresse qu'au coût de la main-d'œuvre, il reste à déterminer le volume de personnels nécessaires pour produire une valeur donnée. Considéré sous cet angle, le coût unitaire du travail s'avère souvent plus élevé dans les pays moins développés. Dans les usines récemment établies, où des employés inexpérimentés utilisent des machines qu'ils savent à peine faire tourner, entretenir ou réparer, de précieux matériaux importés sont gâchés. On perd du temps quand les ouvriers s'efforcent d'arriver à l'heure sur leur lieu de travail à bord de transports en commun désespérément surchargés. Quand les ouvriers vivent dans des foyers-dortoirs comme c'est le cas dans la plupart des usines du sud de la Chine, ils arrivent plus souvent à l'heure. Mais ces ouvriers passent généralement très peu d'années dans l'usine : ils repartent dès que possible pour leur contrée natale, laissant aux responsables le soin de recruter et de former de nouveaux effectifs. Presque tous les chefs d'entreprise travaillant avec la Chine évoquent ces difficultés dans nos interviews. La tâche est d'autant plus redoutable que les managers chinois changent eux-mêmes très souvent de firme.

Même quand les usines à faibles salaires sont stabilisées et que les difficultés liées à l'environnement politique (application arbitraire des règlements, corruption, avidité des « partenaires » locaux) sont résolues, les autres coûts de la chaîne de production l'emportent sur la main-d'œuvre :

4. Ronald C. Ritter et Robert L. Sternfels, « When Offshore Manufacturing Doesn't Make Sense », *McKinsey Quarterly*, n° 4, 2004, p. 124.

l'importation des matériaux et de l'équipement, les taxes, les transports, les assurances, les taux d'intérêt, les risques pour la propriété intellectuelle, etc., décrits au chapitre VI. Une entreprise qui a besoin de beaucoup d'employés semi-qualifiés s'en sortira sans doute mieux dans un pays à bas salaires, toutes choses égales par ailleurs (mais les choses sont rarement égales). L'exploit qu'ont su accomplir les plus prospères usines d'investisseurs étrangers (et de quelques entreprises nationales) dans des régions comme le Guangdong, c'est de maîtriser ces autres facteurs afin de profiter des avantages d'une main-d'œuvre moins bien payée.

Ne pas créer la concurrence

Pour une entreprise, l'une des décisions les plus délicates à prendre concerne la proportion de sous-traitance à laquelle elle doit recourir. Quel doit être son degré de collaboration avec ses fournisseurs ? Chaque fois que des technologies et des compétences sont transférées vers un partenaire, on risque de voir apparaître un nouveau concurrent. Nous avons analysé plusieurs cas où les partenaires contractuels ont fini par créer leur propre marque (voir Acer, Giant et Fang Brothers au chapitre VIII), ce qui a entraîné des ruptures et de sérieux conflits avec les grandes marques. Même si tous les dirigeants d'OEM et d'ODM que nous avons rencontrés affirment qu'ils ne feront jamais concurrence à leurs clients, cette division du travail est entrée dans un rapide processus de changement.

D'un côté, les grandes entreprises doivent partager les informations avec leurs fournisseurs, leurs clients et leurs alliés afin d'optimiser la collaboration par-delà les frontières institutionnelles. IBM, leader dans le domaine des brevets (3 248 brevets déposés aux États-Unis en 2004), a récemment déclaré se réorienter vers le partage des technologies [5]. La firme a annoncé en janvier 2005 qu'elle commencerait par créer 500 brevets (surtout pour les logiciels) disponibles gratuitement, et qu'elle continuerait à en ajouter. Le but est de favoriser l'échange d'informations en développant des standards techniques ouverts. Ainsi, d'autres seront encouragés à utiliser et à enrichir la technologie IBM. John E. Kelly, vice-président chargé de l'initiative, a souligné que ces brevets resteraient une partie importante de l'activité d'IBM. « La gamme de technologies accessibles va augmenter régulièrement. Mais ne croyez pas que nous soyons tombés sur la tête. Cette transition, c'est comme le désarmement. On ne renonce pas du premier coup à tous ses missiles. » Dans le domaine des services, « lorsqu'on co-invente avec un client, il faut être moins soucieux en matière de propriété intellectuelle. C'est très différent de la tradition selon laquelle "cette idée est à nous et nous la brevetons" ».

D'un autre côté, le partage entraîne des risques de dépendance et de concurrence. Alors que les grandes firmes externalisent de plus en plus les fonctions de développement et de design auprès des ODM, les technologies qu'elles doivent partager pour aider leurs fournisseurs à avancer sont celles que les fabricants contractuels réutiliseront pour les produits qu'ils proposent à d'autres marques. En aidant votre fournisseur à améliorer ses capacités, vous l'aidez aussi à développer des compétences dont vos concur-

5. Les arguments de ce paragraphe et les citations viennent de Steve Lohr, « Sharing the Wealth at IBM », *The New York Times*, 11 avril 2005, p. 1, 4.

rents pourront profiter. Sharp s'est rendu compte que la concurrence avait très vite accès à ses nouvelles technologies parce que ses fournisseurs travaillent aussi pour les producteurs taiwanais d'écrans à panneau plat. Sharp tente désormais de réparer lui-même ses machines pour empêcher ses fournisseurs de connaître les dysfonctionnements d'appareils qu'ils ont peut-être vendus à d'autres fabricants [6].

Les produits que les grandes firmes se procurent auprès de leurs fabricants contractuels risquent aussi de ressembler de plus en plus à ceux qui sont fabriqués dans la même usine pour d'autres entreprises, ce qui rend les marques moins singulières et moins compétitives. Finalement, lorsqu'une grande firme devient plus dépendante des OEM et des ODM, cela se traduit généralement par une réduction des effectifs et par une expérience moins diversifiée pour les ingénieurs restés au pays. Selon John Wrinn, vice-président chargé de la fabrication chez Teradyne, firme de Boston qui produit des équipements destinés à tester la fabrication de semi-conducteurs, une entreprise doit continuer à engager des ingénieurs et ne pas sous-traiter systématiquement, même si les salaires sont moins élevés à l'étranger : ses futures capacités d'innovation en dépendent. « Nous formons des architectes de système en donnant aux ingénieurs que nous recrutons une connaissance très pointue de l'entreprise et l'expérience dont ils ont besoin pour comprendre le fonctionnement et les particularités du système, et comment les différents éléments entrent en relation. Si nous ne maintenons pas les premiers emplois aux États-Unis, nous

6. « Special Report : Manufacturing in Japan. (Still) Made in Japan », *The Economist*, 10 avril 2004, p. 59.

n'aurons jamais les emplois hautement qualifiés. Ils doivent apprendre à produire plus vite, moins cher, plus original, mieux adapté à la demande, et la seule façon d'apprendre est de commencer par une partie du système, et de passer peu à peu à des travaux plus complexes sous la supervision des architectes de système. Même quand nous engageons des ingénieurs en milieu de carrière, il leur faut trois ou quatre ans pour prendre connaissance du système. »

Pour l'avenir d'une entreprise, il est vital de former la future génération des architectes de système. Quand de nouvelles avancées technologiques se produiront, avec de nouvelles opportunités, les grandes firmes ne pourront sentir le vent tourner et profiter de ces occasions si elles ne disposent pas d'un personnel aux talents très diversifiés. Il sera trop tard pour recruter des spécialistes. Les compétences nécessaires sont si étroitement liées à la connaissance des processus internes à l'entreprise qu'elles ne peuvent être codifiées ou apprises rapidement.

Au-delà des risques de dépendance, il se peut également que les fournisseurs deviennent d'authentiques concurrents. C'est dans nos entretiens avec les chefs d'entreprise japonais que ce souci est apparu le plus souvent. Ils nous ont dit que les *joint ventures* créées avec les Coréens et les Taiwanais dans les années 1990, dans des secteurs comme la production d'écrans à cristaux liquides, avaient permis à leurs partenaires de progresser plus vite qu'ils ne l'auraient fait sans les transferts de technologie et de savoir-faire. Les Japonais estiment que ce partage des technologies a eu des conséquences désastreuses : l'une après l'autre, les firmes coréennes et taiwanaises se sont transformées en concurrents dans des zones essentielles (ces *joint ventures* sont apparues parce que, dans les années 1990, les grandes entreprises japonaises manquaient de capitaux et ne pouvaient envisager de financer seules de nouvelles usines ; elles continuent à signer des alliances pour les gros projets, mais désormais avec d'autres firmes japonaises). Lors de nos entretiens les plus récents au Japon, les chefs d'entreprise nous ont déclaré qu'il était indispensable de cacher la propriété intellectuelle dans une « boîte noire » lorsqu'ils travaillent avec des fabricants contractuels : il s'agit d'incorporer leurs nouvelles technologies dans les produits et les processus de manière qu'il soit impossible pour les fournisseurs et les concurrents de découvrir la technologie par rétro-ingénierie et de déchiffrer les secrets d'entreprise. Lorsqu'ils se sentent incapables de cacher une technologie, ils renoncent à sous-traiter.

La comparaison des avantages et des inconvénients du partage de technologies débouche sur des conclusions claires. Chaque entreprise doit les adapter à sa propre situation, mais deux règles s'appliquent à tous. Premièrement, les cycles d'innovation dans les technologies avancées sont si courts, les firmes du monde entier ont de telles capacités à apprendre, et les idées circulent tellement vite qu'aucune entreprise ne peut se contenter des brevets ou de toute autre forme de protection légale pour garantir définitivement sa propriété intellectuelle. Dans le meilleur des cas, les secrets bien gardés offrent un avantage temporaire. Mais les seuls avantages durables sont les forces qui permettent à une entreprise de détecter de nouvelles opportunités et de développer ses capacités dans le cadre d'une marche en avant constante. L'écart qu'elle peut creuser avec ses concurrents et grâce auquel elle peut se permettre de pratiquer des prix élevés, repose en fait sur ce mouvement et non sur les barrages défensifs.

Deuxièmement, pour faire la différence et conserver leur spécificité, les entreprises doivent investir dans une sorte de « capacité excédentaire » qui leur permettra à l'avenir d'avancer rapidement dans des zones aujourd'hui à la périphérie de leurs activités. Cette capacité excédentaire peut prendre des formes très diverses : faire plus de recherche que nécessaire pour faire évoluer les produits, maintenir plus d'ingénieurs et de chercheurs sur les fonctions qui ont été sous-traitées (ou qui pourraient l'être un jour), s'intéresser à des activités marginales plus que leur rentabilité présente ne le voudrait, développer chez le personnel plus de compétences qu'il n'en faut pour le moment. Ce « gâchis » a deux raisons : il permet de détecter les premiers signes d'évolutions prometteuses, assez proches des activités centrales de la firme pour ouvrir de réelles perspectives d'expansion, et il permet à l'entreprise de se positionner rapidement dans ce domaine avant que la concurrence ne puisse s'y établir. Une firme comme Teradyne ne peut prédire combien d'architectes de système il lui faudra dans sept ans, ni ce qu'ils feront, mais elle sait que si elle n'embauche pas aujourd'hui des ingénieurs sans expérience (si elle sous-traite), elle ne pourra pas créer ces talents du jour au lendemain, ni les recruter quand le besoin d'individus très qualifiés se fera sentir.

Affronter le défi chinois

Même si aucun secteur n'est condamné dans les économies avancées, aucune activité, si innovante soit-elle, ne nous appartient pour toujours. L'Inde, la Chine et d'autres pays moins développés ont de vastes réserves de main-d'œuvre aussi intelligente, travailleuse et motivée que nous. Des centres d'excellence apparaissent dans des institutions prestigieuses comme les universités chinoises de Tsinghua, Pékin et Zhejiang, et dans les instituts de technologie indiens de Kanpur, Chennai et Bombay. Les laboratoires de recherche privés et publics attirent les talents, et les gouvernements les subventionnent généreusement [7]. Quand nous avons visité les salles de classe et les laboratoires de ces universités, nous avons vu qu'une institution comme le MIT conservait une bonne longueur d'avance, ne serait-ce que grâce aux ressources matérielles et humaines accumulées au fil des décennies, du fait de financements publics et privés. Mais nous avons aussi perçu une certaine effervescence, nous avons remarqué des équipements de qualité, nous avons vu des groupes interdisciplinaires au travail, et nous sentions que nous étions en terrain familier. Nous entrons dans une ère où les diplômés de quelques grandes universités chinoises et indiennes peuvent désormais parler d'égal à égal avec leurs homologues occidentaux.

Ces exemples suffisent pour que les pays en voie de développement sachent qu'ils ne resteront pas éternellement à la traîne de l'économie internationale. Cependant, ils ne confirment en rien les hypothèses énoncées par Thomas Friedman dans son best-seller *The World is Flat : A Brief History of the Twenty-First Century* : il y affirme que les individus talentueux du monde entier luttent désormais à armes égales. Ses arguments se joignent au chœur des lamentations sur le

7. En 2003, la Chine a consacré 60 milliards de dollars à la Recherche et au Développement ; les États-Unis en ont dépensé 282 milliards et le Japon 104 milliards. En 2004, 325 000 ingénieurs chinois ont obtenu leur diplôme, soit cinq fois plus qu'aux États-Unis. Ted C. Fishman, « The Chinese Century », *The New York Times Magazine*, 4 juillet 2004, p. 22-51.

nombre croissant d'ingénieurs dans les pays à bas salaires et l'avancée technologique des entreprises étrangères. Même si les mesures recommandées par Friedman et ses semblables (améliorer l'éducation, investir davantage dans la recherche) sont judicieuses en soi, il est parfaitement abusif de parler d'une planète « devenue plate » et grosse de dangers imminents. En Afrique, en Amérique latine, dans de vastes zones de l'Asie et du Moyen-Orient, on ne trouve pas ces pôles de compétitivité où s'enchevêtrent des compétences, des opportunités, des institutions d'enseignement, des entreprises… Rien de comparable en somme à Bangalore ou Shanghai, dont on nous rebat les oreilles dans les innombrables reportages au sujet de la menace que feraient peser l'Inde ou la Chine sur le niveau de vie occidental. En réalité, Bangalore et Shanghai sont des îlots isolés au milieu de sociétés très pauvres et sous-développées.

Même sur ces sites exceptionnels, il reste un long chemin à parcourir avant que les entreprises nationales n'atteignent les performances des firmes implantées dans les pays industrialisés. L'intelligence ou la créativité ne sont pas en cause. Mais des prouesses individuelles ne suffisent pas à elles seules à doper l'innovation et à augmenter les gains de productivité d'une région. Il y faut une fine combinaison de talent et de capital sociétal : des infrastructures, des institutions financières, un système juridique, des pratiques commerciales, des bureaucraties efficaces, des organismes de recherche, une culture publique… En outre, ce capital sociétal est très difficile à transformer rapidement. Certaines zones du monde en voie de développement parviennent à ressembler aux pays avancés, et c'est un exploit qui mérite d'être salué, mais, tout autour, le paysage reste très différent.

N'en déplaise à Thomas Friedman, la planète est toujours ronde, et il faut tâcher d'en tirer parti. Pour les entreprises, cela signifie développer des stratégies qui exploitent au mieux les ressources disponibles dans leur propre société et à l'étranger. Ainsi, dans certains cas, il faut aller chercher ailleurs des firmes qui travaillent pour moins cher. Les meilleures entreprises y découvrent parfois des capacités différentes de celles que génère leur système d'innovation national ; par exemple, une firme comme 3Com implante ses activités en Israël pour profiter des compétences israéliennes dans les commutateurs de réseaux locaux et les réseaux optiques.

Les entreprises peuvent développer leurs propres compétences tout en recourant à la « sous-traitance intelligente », comme le dit le président de Geox, afin d'avoir accès au potentiel croissant de firmes étrangères. Toutes ces combinaisons ne sont pas gagnantes, et il y aura évidemment des pertes sèches pour certaines entreprises occidentales. Mais tout au long de ce livre, j'ai présenté des exemples de stratégies permettant à des firmes américaines, japonaises et européennes de se développer dans leur pays tout en utilisant des compétences nouvelles à l'étranger. Au-delà de l'entreprise, les vrais défis pour les sociétés avancées ne se trouvent pas tant dans les menaces que représentent les autres, que dans leur propre difficulté à assumer les coûts de l'innovation, de la formation et de l'ouverture.

L'irruption de la Chine et de l'Inde dans la haute technologie a été soudaine et imprévisible. Les pays pauvres, dotés d'une population abondante et d'un avancement technologique limité, ont a priori tout intérêt à se concentrer sur les activités à faible technologie et gourmandes en main-d'œuvre. C'est pourquoi on comprend mal qu'ils puissent également réussir dans les secteurs de pointe. Et, de fait, lorsque le gouvernement chinois soutient ses « champions » nationaux de la haute technologie, cela ressemble fort à une dépense de pur prestige, car ces stratégies publiques n'ont guère fait preuve d'efficacité jusqu'ici. Pourtant, malgré les effets pervers des politiques gouvernementales, nous voyons apparaître, en Inde ou en Chine, des firmes de haute technologie dans toutes sortes de secteurs.

Notre équipe a commencé à examiner à la haute technologie chinoise en 1996-1997, alors que nous nous intéressions au déplacement des industries de Hongkong vers la Chine. Nos ingénieurs électriciens, spécialisés dans la conception et la fabrication des semi-conducteurs, ont visité plusieurs usines d'État près de Shanghai et de Pékin, qui essayaient de produire des puces à des fins commerciales. À Wuxi, dans une usine Hua Jing, des ingénieurs de la firme américaine Lucent travaillaient aux côtés des Chinois dans le cadre d'un transfert de technologie. Le gouvernement chinois avait imposé ce transfert à Lucent en échange de l'autorisation de vendre des équipements de télécommunication en Chine. En fait, la technologie en question était déjà ancienne, et l'usine chinoise n'avait aucune idée de ce qu'elle ferait des puces lorsqu'elle arriverait à les fabriquer. Les grands projets du gouvernement chinois avaient tout l'air de faire fausse route.

Le rapport de nos collègues était clair : les usines qu'ils avaient visitées étaient incapables de produire des puces d'une qualité et d'une rentabilité suffisamment élevées pour devenir des entreprises viables. Nos ingénieurs estimaient que les sites chinois avaient une dizaine d'années de retard. Et, à cette époque, c'était vrai. Mais à partir de 2001, des investisseurs taiwanais et étrangers ont massivement soutenu des usines chinoises comme Grace et Semiconductor Manufacturing International Corporation. Quand nos chercheurs sont repartis pour la Chine en 2002, ils ont découvert des sites qui étaient à la pointe du progrès. En 2005, six autres opéraient au même niveau dans la région de Shanghai, et deux autres devaient ouvrir.

Aujourd'hui, près de 85 % de la valeur des exportations high-tech chinoises viennent encore d'entreprises appartenant à des étrangers, qui reposent presque toutes sur la même division du travail : aux Chinois, la fabrication, et aux Taiwanais, aux Japonais ou aux Occidentaux, les centres de R&D et la conception [8]. Mais la progression des firmes nationales dans les secteurs high-tech se déroule sur un front large. Des fabricants de téléphones portables comme Bird et TCL sont devenus des concurrents de taille pour Nokia et Motorola sur le marché chinois. Des alliances avec des partenaires étrangers introduisent les firmes chinoises sur les marchés occidentaux. Lenovo (producteur d'ordinateurs) a racheté la branche PC d'IBM en décembre 2004 ; l'alliance entre TCL et Thomson a donné naissance en 2003 à un fabricant mondial de téléviseurs. Les firmes chinoises tentent de se mettre aux écrans plats et profitent de leurs alliances avec les Japonais (NEC), les Coréens (Hynix) et les Taiwanais pour acquérir les compétences complexes nécessaires pour ce type de production.

Huawei Technologies, fabricant d'équipement de télécommunication, est l'une des principales firmes chinoises, l'une de celles qui se développent le plus vite et dont les concurrents américains et européens observent les progrès

8. « Technology in China : The Allure of Low Technology », *The Economist*, 20 décembre 2003, p. 99.

avec crainte[9]. En 2004, ses ventes sur le marché chinois atteignaient 3 milliards de dollars et ses ventes internationales, 2,28 milliards[10]. Huawei occupe 40 % du marché chinois des commutateurs fixes et près de la moitié de l'équipement de transmission. Il recrute des centaines d'ingénieurs venus de toute la Chine pour son centre de R&D de Shenzhen. Huawei investit massivement dans les services de téléphonie mobile de la troisième génération, en concurrence avec des firmes étrangères comme Alcatel, Lucent, Nokia, Siemens et Ericsson, qui tentent également de conquérir le marché chinois. Il s'aventure sur le marché des réseaux à l'étranger, et ses *joint ventures* avec 3Com et Siemens l'introduisent dans de nouveaux domaines technologiques où elle rivalise avec des leaders comme Cisco. Une enquête sur les opérateurs téléphoniques du monde entier a placé Huawei en huitième position parmi les fabricants d'équipement (Cisco était premier) et en quatrième position pour les services[11].

À côté des géants issus des entreprises appartenant ou liées à l'État, il existe aujourd'hui des start-up high-tech privées qui attirent le capital-risque de la Silicon Valley, de Taiwan, de Hongkong et du Japon.

On peut se demander à quel point ces firmes chinoises sont innovantes. On entend quelquefois parler de recherches de pointe menées par des ingénieurs excellents pour des salaires de misère. Mais, une étude récente n'a identifié que

9. Huawei entretient des relations assez ambiguës avec le gouvernement et l'Armée de libération du peuple, mais l'entreprise prétend être entièrement privée.

10. « The Challenger from China : Why Huawei is Making the Telecoms World Take Notice », *Financial Times*, 11 janvier 2005, p. 13.

11. « See Huawei Run », *The Economist*, 5 mars 2005, p. 60-61.

trois ou quatre réussites chinoises dans le domaine de la haute technologie[12]. Beaucoup d'entreprises étrangères affirment que les firmes high-tech chinoises réussissent principalement par rétro-ingénierie et grâce au détournement de propriété intellectuelle. En 2003, Cisco a poursuivi Huawei pour infraction au droit de la propriété intellectuelle et copie de son code source ; les poursuites ont cessé un an plus tard, quand Huawei a consenti à modifier certaines parties de son routeur et de son logiciel. Lors d'une foire commerciale, une firme électronique japonaise a surpris des ingénieurs chinois en train de démonter un de ses produits pour en examiner les composants. La firme Taiwan Semiconductor Manufacturing Company (TSMC) a porté plainte contre certains de ses anciens dirigeants qui ont utilisé la technologie TSMC pour créer des usines en Chine et a obtenu de la Semiconductor International Manufacturing Corporation (SMIC) 175 millions de dollars de compensation et des accords de brevets croisés. On peut se demander combien de ces firmes chinoises seront susceptibles d'émerger un jour comme concurrentes sérieuses à la pointe de ce secteur.

Douglas B. Fuller, l'un des membres de notre équipe, a passé trois ans à étudier les firmes chinoises d'électronique et à estimer leurs capacités d'innovation[13]. Selon ses conclusions, les grandes entreprises nationales restent tributaires des technologies étrangères et ont peu de chances de devenir des foyers d'innovation dans un avenir proche. Il a cependant

12. Ming Zeng, professeur à l'Insead, cité dans *The Economist*, *op. cit.*, 2003.

13. Douglas B. Fuller, « Building Ladders out of Chains : China's Technological Development in a World of Global Production », Doctorat, MIT, département de sciences politiques, 2005.

découvert quelques exemples frappants de capacités originales dans les « hybrides globaux », ces firmes financées par l'investissement étranger et gérées par des Chinois émigrés revenus au pays. Le capital vient de l'étranger (surtout de Taiwan et de Hongkong), mais les opérations se déroulent presque entièrement en Chine. La stratégie de ces hybrides repose sur les compétences qu'ils peuvent mobiliser en Chine en matière de R & D et de production.

Fuller a notamment étudié les firmes spécialisées dans la conception de circuits intégrés, qui tentent d'élaborer de nouveaux produits en Chine, plutôt que d'épouser la division habituelle du travail : à la Silicon Valley les idées, à la Chine la transpiration. Pour leur avenir, ces firmes hybrides misent sur les talents recrutés localement, plutôt que sur la combinaison des cerveaux étrangers et des bras chinois. Parmi les plus prometteuses, Verisilicon, Newave, Comlent et Vimicro se détachent en raison de la complexité des problèmes résolus par leurs ingénieurs et parce qu'elles ont su se trouver une niche sur le marché.

Pas de privilèges éternels

L'avance actuelle des entreprises américaines en matière de hautes technologies a beau être frappante, elles ne peuvent considérer cette situation comme une rente inaltérable. La recherche de pointe attire de plus en plus de monde. Entre 1988 et 2001, par exemple, la proportion de brevets déposés aux États-Unis par des firmes asiatiques (Chine, Corée du Sud, Singapour et Taiwan) est passée de 2 à 12 % [14].

14. www.nsf.gov/sbe/srs/seind04/c) / c)s1,htm, tableau 0-11.

Pour les logiciels, deux petites économies encore à la traîne dans les années 1980 (Israël et l'Irlande) se sont hissées aux premiers rangs en matière de brevets, d'exportations et de créations d'entreprises. La vitesse à laquelle elles ont rattrapé leur retard prouve que la mondialisation offre des opportunités extraordinaires aux nouveaux venus.

Dan Breznitz, membre de notre équipe, a étudié le « saute-mouton » technologique accompli par le secteur informatique en Irlande, en Israël et à Taiwan [15]. Dans ces trois pays, le gouvernement a joué un rôle central en permettant à une économie pauvre et attardée de se propulser aux premiers rangs de la recherche. Depuis vingt ans, le gouvernement irlandais se concentre sur la création d'emplois et propose des avantages fiscaux, des programmes de formation et une politique territoriale pour inciter les multinationales comme Dell à installer des usines sur son territoire. Depuis vingt ans, Taiwan fait tout pour soutenir les firmes de haute technologie et cette politique a entraîné l'apparition de firmes comme TSMC. Israël s'est focalisé sur la recherche appliquée et a encouragé les liens avec les firmes technologiques étrangères, ainsi qu'avec des entreprises de pointe comme Checkpoint et Aladdin (spécialisées dans les logiciels de sécurité des données). Ces trois pays offrent des allègements fiscaux aux firmes étrangères, comme tous les gouvernements en quête d'investissements internationaux (Paul S. Otellini, président d'Intel, a récemment déclaré que construire une usine aux États-Unis plutôt qu'à l'étranger coûtait un milliard de dollars de plus pendant les dix pre-

15. Dan Breznitz, « Innovation and the State. Development Strategies for High Technology Industries in a World of Fragmented Production », Doctorat, MIT, département de sciences politiques, 2005.

mières années, non à cause du coût des salaires, mais à cause des avantages fiscaux offerts par les pays étrangers [16]). Ces trois pays ont investi lourdement dans l'éducation et la recherche, et ont pu créer un environnement dans lequel s'épanouissent des talents jusque-là inexploités.

Pourtant, sans les changements survenus dans l'économie internationale qui ont permis aux entreprises d'accéder aux ressources du monde entier, ces politiques gouvernementales n'auraient sans doute pas été couronnées de succès. En allant chercher les capitaux, les compétences, les partenaires et les clients à l'extérieur de leur petit marché national, les firmes irlandaises, israéliennes et taiwanaises ont pu se développer. Elles ont pu se brancher sur l'économie internationale comme fournisseurs des réseaux planétaires. Elles n'ont pas eu à réinventer la roue : elles ont pu se concentrer sur un créneau particulier. Et en profitant de la modularisation, elles ont pu rapidement progresser dans le domaine de la haute technologie. Leur dynamisme s'est propagé à toute l'économie de sorte que, outre leurs partenaires étrangers, elles travaillent aussi avec des fournisseurs et des clients locaux. Bien sûr, la politique étatique qui soutient aujourd'hui l'avancée technologique en Chine et en Inde est très différente de celle de ces petites économies dans les années 1990 [17]. Mais le principal mécanisme à l'œuvre dans ces économies géantes est le même qu'en Irlande, en Israël et à Taiwan : pour développer leurs capacités, les entreprises sont prêtes à exploiter toutes les possi-

16. Cité in John Markoff, « Intel Officer Says High Taxes Could Send Plant Overseas », *The New York Times*, 1er avril 2005.

17. Sur ces différences, voir Simon Long, « The Tiger in Front : A Survey of India and China », *The Economist*, 5 mars 2005.

bilités accessibles pour se lier aux investisseurs et aux innovateurs à l'extérieur de leurs frontières.

Ces firmes informatiques s'aventurent sur un terrain où les Américains n'ont pas l'habitude d'avoir beaucoup de voisins. Dans cette course, la distance entre les premiers et les suivants reste considérable, mais rien dans l'ADN des chefs d'entreprise américains ne leur garantit qu'ils resteront en tête de peloton. Si les firmes américaines veulent rester à la pointe, elles peuvent encore exploiter leur riche héritage pour consolider leurs forces. Mais si elles veulent retrouver l'élan des grands bonds en avant réalisés grâce aux laboratoires Bell, au parc Xerox ou au centre de recherche d'IBM à Yorktown Heights (aujourd'hui réorganisés pour produire des résultats à plus court terme), les Américains doivent regarder plus loin. Ils doivent se demander comment les capacités d'innovation et le dynamisme de l'économie américaine peuvent être préservés dans un environnement qui raisonne en termes de recettes trimestrielles. Ce sera le sujet du prochain chapitre.

CHAPITRE XII

Au-delà de l'entreprise

L'héritage : une ressource renouvelable

Quand nous avons entamé notre périple de cinq années à travers des centaines d'entreprises, nous voulions apprendre comment faire pour que la mondialisation profite à notre société. Alors que les produits, les services et les capitaux franchissent allègrement les frontières, les secteurs innovants et dynamiques continueraient-ils à croître dans notre pays ? À l'heure où les entreprises peuvent recruter à l'étranger un personnel tout aussi qualifié, mais pour un salaire moindre, pourquoi s'abstiendraient-elles de délocaliser ? Nous voulions également déterminer quels seraient les secteurs prometteurs pour les Occidentaux : s'agirait-il exclusivement de secteurs à mutation rapide ? Quels types d'emplois créeraient-ils, et pour qui ? Dans une économie internationale ouverte, comment les Occidentaux pourraient-ils créer une société offrant à tous la possibilité de s'épanouir ?

Nous n'avions pas prévu d'étudier les politiques et les institutions nationales, mais nous savions que les entreprises ont besoin de nombreux atouts qu'elles ne peuvent générer elles-mêmes. Le respect de la loi, une administration publique compétente et un environnement exempt de violence : tels sont les éléments de base que les firmes américaines considèrent comme devant aller de soi. Lorsqu'elles s'implantent à l'étranger, dans des sociétés défaillantes de ce point de vue, elles doivent recourir à des solutions de substitution : agents de sécurité, dortoirs entourés de hauts murs surmontés de barbelés, arrangements « particuliers » avec la police, les juges et la mafia locale. Il y a bien d'autres facteurs macropolitiques et macroéconomiques comme l'ordre ou la stabilité de la monnaie, qui affectent les entreprises lorsqu'elles décident de s'installer à l'étranger. La liste des conditions requises et fournies par les institutions américaines serait très longue, et c'est une base que l'on retrouve dans toutes les démocraties industrialisées.

Mais au-delà de ces éléments, la politique et les institutions nationales confèrent aux entreprises certaines forces propres à tel ou tel pays. Les compétences de la main-d'œuvre, l'art de constituer un réseau de fournisseurs, les relations étroites avec les banques, la collaboration avec d'autres firmes du même secteur, tous ces atouts sont créés par la mobilisation des ressources publiques. Les compétences de la main-d'œuvre japonaise, par exemple, sont formées par les écoles publiques qui parviennent à conduire les individus à un certain degré d'excellence, puis par les entreprises privées qui investissent massivement dans la formation continue. La législation bancaire, les codes de gestion, les règles de comptabilité, les lois sur la concurrence, tous ces facteurs influent sur le système financier des entreprises. Les ressources formant l'héritage d'une firme sont en partie le fait du pays où cette firme est née et s'est développée.

Le capitalisme n'a pas connu la même évolution au Japon, aux États-Unis, en Grande-Bretagne, en France, en Italie et en Allemagne. Ces différences historiques se perpétuent parce que les ressources que ces systèmes génèrent sont employées dans des combinaisons nouvelles afin d'atteindre des objectifs nouveaux. Les ouvriers qualifiés japonais, dont le talent est le fruit des institutions et des politiques conçues pour former le personnel des industries de masse de l'après-guerre, sont aujourd'hui des ressources qui tiennent la production à forte valeur ajoutée sur le territoire japonais, alors même que beaucoup d'emplois partent vers la Chine. La disponibilité de ces ouvriers très qualifiés (ainsi que la réprobation sociale qu'inspire tout licenciement) incite les firmes à préférer telle technologie à telle autre, telle ligne de produits à telle autre. L'héritage d'une entreprise, c'est l'ensemble de ces atouts et de ces compétences, parmi lesquels elle fait son choix lorsqu'elle s'oriente dans de nouvelles directions. De fait, les choix passés influencent les stratégies actuelles. Les constructions en Lego que nous avons étudiées combinent ainsi des pièces anciennes et nouvelles.

Mais l'héritage est vulnérable. Il s'use avec le temps, et lorsqu'il est mobilisé de manière inadaptée, il suscite des frictions. Ainsi, des institutions et des normes apparues dans des circonstances particulières, se maintiennent dans des situations radicalement différentes qui requièrent un aggiornamento. Mais souvent, cet effort d'adaptation se heurte à des résistances. Car les intérêts apparus autour des anciennes pratiques commerciales ont la vie dure. L'héritage d'une firme n'est pas un patrimoine génétique qui se transmet intact de génération en génération. Enraciné dans les décisions passées et dans le fouillis des institutions et des intérêts apparus en cours de route, il doit être alimenté par les nouveaux choix d'aujourd'hui. Il faut imaginer cet héritage non comme un destin écrit d'avance, mais comme une réserve de choix possibles dont il revient à nos actions présentes de préserver la richesse et la profondeur.

Le gouvernement a-t-il un rôle à jouer ?

Nous n'avons pas analysé les institutions et les politiques au niveau national, mais nous en avons partout constaté l'impact dans les ressources dont disposent les entreprises. Au terme de notre étude, quand nous avons tenté de déterminer comment la force des firmes américaines pouvait être préservée et renouvelée, nous avons dû revenir aux politiques nationales. Nos conclusions ne sont certes que des hypothèses, mais nous avons la conviction que, pour maintenir l'ouverture et le dynamisme des économies avancées, il faut des décisions et des investissements qui dépassent les capacités des seules entreprises. Nous ne pouvons nous contenter de nous représenter comme les héritiers d'une économie innovante, riche en opportunités d'emploi et d'expansion : nous devons la recréer en décidant de nouveaux investissements, décisions qui relèvent autant du gouvernement que du secteur privé.

La mondialisation a ses adversaires et ses défenseurs. Malgré leurs désaccords, ils sont également sceptiques quant au rôle des gouvernements dans des économies aussi ouvertes et intégrées dans le système global[1]. Dans un monde de réseaux de production mondiaux et de mobilité des capitaux, les entreprises auraient perdu leur nationalité. Si les multinationales peuvent s'installer n'importe où, pourquoi devraient-elles se soucier des politiques et des institutions de tel ou tel pays ? Quelle influence les actions de tel ou tel gouvernement peuvent-elles avoir sur les multinationales ? Nous avons pourtant découvert que la réalité est bien différente de ce mythe de l'entreprise apatride.

1. Ces arguments sont présentés au chapitre I.

Même lorsqu'une firme a délocalisé certains éléments de production, la base nationale compte toujours. C'est au pays natal que la firme a son siège social. C'est en territoire national qu'est détenue la part la plus importante des actifs de l'entreprise. Le marché national est généralement la principale base de clientèle des multinationales ; les biens et les services proposés par une entreprise reflètent les goûts et les besoins de ses compatriotes (évidemment, la situation est très différente pour les multinationales de très petits pays, comme Philips aux Pays-Bas, ou Nokia en Finlande). Dans l'ensemble, la proximité physique des clients permet aux concepteurs de produits de saisir plus vite et mieux ce dont les gens ont envie. C'est l'interaction avec les consommateurs et la faculté d'interpréter leurs réactions qui constituent le principal avantage compétitif de Dell, selon son vice-président Dick Hunter. Une entreprise étrangère comme Samsung qui dépend fortement des consommateurs américains enverra ses équipes de design travailler aux États-Unis. Mais cela reste un deuxième choix par rapport à l'idéal : appartenir à la société dans laquelle vous vendez vos produits, où vous pouvez regarder votre tante utiliser son téléphone portable et votre cousin choisir ses jeans. La branche R&D reste souvent au pays, elle aussi. En 2000, les multinationales américaines ont dépensé 131,6 milliards de dollars en R&D sur le territoire des États-Unis (soit 87 % du total) et 19,8 milliards en R&D dans leurs implantations à l'étranger[2].

À cause de la prépondérance des ressources qui ne bou-

2. National Science Board, *Science and Engineering Indicators 2004*, Arlington, National Science Foundation, Division of Science Resources Statistics, 2004 ; http ://www.nsf.gov/sbe/srs/seind04/front/nsb.htm.

gent pas (même dans le cadre de la mondialisation), les institutions et les politiques nationales continuent à influer sur la manière dont les entreprises s'efforcent d'être compétitives. Renouveler les ressources que les firmes tirent de leur environnement national revient donc à concevoir des politiques qui contribuent à la productivité et à la capacité d'innovation de l'entreprise. Certaines des mesures nécessaires doivent être prises par le gouvernement, car elles dépassent les moyens d'individus ou de sociétés privées. Trois d'entre elles nous semblent décisives : celles qui entretiennent une société et une économie ouvertes, celles qui améliorent l'éducation et celles qui soutiennent l'innovation à travers toute l'économie du pays.

Un héritage d'ouverture

Le dynamisme des économies avancées suppose que les citoyens acceptent un monde où de nombreuses firmes disparaissent chaque année et où leurs ressources humaines et matérielles sont absorbées et recombinées au sein d'activités nouvelles. Ces sociétés ouvertes, sans rempart contre la concurrence nationale ou étrangère, entraînent de redoutables incertitudes quant au sort de chaque individu et de l'économie en général. Personne ne peut prévoir avec précision quelle forme prendront les emplois et les secteurs de l'avenir. Les experts eux-mêmes se trompent souvent : en extrapolant les perspectives futures à partir des tendances actuelles, ils finissent en général par formuler des hypothèses trop conservatrices. En 1988, par exemple, le Bureau des statistiques de l'emploi (BLS) américain prévoyait une hausse du nombre d'emplois dans les stations-service, sans se rendre compte que la tendance était aux self-services : en 2000, le nombre d'emplois dans les stations d'essence avait baissé de moitié [3]. Sur les vingt secteurs dans lesquels le BLS prévoyait les plus grandes pertes d'emplois, dix ont en fait connu une hausse pendant la période 1988-2000. Non seulement le taux de croissance futur des activités existantes nous échappe, mais, par définition, nous ignorons tout des emplois qui seront créés par des industries qui n'existent pas encore. L'expérience prouve qu'il en apparaîtra pourtant de nouvelles. Selon William Nordhaus, professeur d'économie à Yale, moins d'un tiers des biens et services utilisés aujourd'hui ont un lien avec les produits qui existaient il y a un siècle ; on peut donc raisonnablement s'attendre à des innovations importantes même si nous sommes incapables d'en prévoir la nature exacte [4].

Mais le travailleur qui a perdu son emploi sans pouvoir en retrouver un autre à salaire équivalent ne sera guère rassuré d'apprendre que, historiquement, de nouveaux emplois ont toujours fini par apparaître quelque part. Après tout, les États-Unis donnent tous les signes d'une reprise économique « sans emplois ». C'est seulement la deuxième fois depuis la Seconde Guerre mondiale qu'un regain d'activité après une récession (« officiellement » terminée en novembre 2001) ne s'accompagne pas d'une nette hausse de l'emploi [5]. L'autre épisode fut la reprise après la réces-

3. Andrew Alpert et Jill Auyer, « Evaluating the BLS 1988-2000 Employment Projections », *Monthly Labor Review*, octobre 2003, p. 13-37.

4. Cité in Ben Edwards, « A World of Work. A Survey of Outsourcing », *The Economist*, 13 novembre 2004, p. 14.

5. Stacey R. Schreft et Aarti Singh, « A Closer Look at Jobless Recoveries », *Economic Review. Second Quarter 2003*, Federal Reserve Bank of

sion de 1990-1991. Mais cette fois-là, dix-huit mois après la fin officielle de la crise, les créations d'emplois connurent un essor rapide. Puis ce fut le boom : une vague de nouveaux emplois dans l'informatique, et une croissance qui entraîna toute l'économie.

Depuis la révolution industrielle, les prédictions sur la réduction du nombre d'emplois à cause des gains de productivité et de l'automatisation se sont souvent révélées erronées ; pourtant, il est légitime de se demander si elles ne pourraient pas s'avérer cette fois-ci. En fait, la reprise paraît bien différente de celle qui avait suivi la récession de 1990-1991 car c'étaient alors les suppressions d'emplois qui maintenaient un fort taux de chômage ; à présent, c'est la lenteur des créations d'emplois qui semble poser problème [6]. Après avoir si souvent crié au loup, les pessimistes ont peut-être enfin raison de nous alerter. Nous pouvons seulement espérer qu'une fois encore, la combinaison dynamique d'activités anciennes et l'émergence d'entreprises innovantes suscitera de nouvelles possibilités d'emplois, comme ce fut le cas dans le passé. Bien sûr, nous ignorons en quoi elles consisteront exactement.

Vivant et travaillant dans l'une des économies locales les plus dynamiques des États-Unis, nous prenons le parti des optimistes. La force et la profondeur des capacités d'innovation en Amérique laissent espérer une vague puissante de nouvelles activités et de nouveaux emplois, à condition que nous puissions conserver l'ouverture et le dynamisme de

---

Kansas City, 2003, p. 45-66 ; Erica L. Groshen et Simon Potter, « Has Structural Change Contributed to a Jobless Recovery ? », *Current Issues in Economics and Finance*, vol. 9, n° 8, Federal Reserve Bank of New York, août 2003.

6. R. Jason Faberman, « Gross Jobs Flow over the Past Two Business Cycles : Not All "Recoveries" are Created Equal », BLS Working Paper 372, Washington, US Bureau of Labor Statistics, juin 2004.

notre société. Mais, même de notre point de vue de privilégiés, nous observons une répartition troublante des coûts, des bénéfices et des avantages de la mondialisation. Les craintes qu'inspire l'avenir se transforment en exigences de protection. On réclame le maintien des secteurs « critiques », afin de « jouer à armes égales », on demande l'accès aux marchés étrangers, on veut que les Chinois réévaluent le yuan. Bref, on imagine des solutions qui font porter le chapeau aux pays étrangers. Les choix des autres ne sont certes pas irréprochables, mais les nôtres ne le sont pas davantage, si l'on songe aux subventions agricoles versées par les États-Unis, l'Union européenne et le Japon, qui sont fatales pour les fermiers des pays pauvres. En nous focalisant sur les désordres des échanges internationaux, nous oublions ce que nous devrions faire dans notre propre pays. En optant pour le protectionnisme, nous ferions un choix aux antipodes de tout ce qui fait notre force : notre ouverture et notre capacité à recombiner nos ressources de manière toujours plus productive.

L'inquiétude face à la mondialisation reflète un vrai problème. Certaines de ces craintes viennent d'une mauvaise perception des causes du chômage. Ces dernières années, les suppressions d'emplois aux États-Unis viennent pour l'essentiel des gains de productivité, et non des délocalisations. Mais il n'en reste pas moins vrai que la mondialisation profite plus à certains qu'à d'autres. Même si les économistes nous promettent d'énormes gains grâce à l'ouverture des échanges et au renforcement de l'intégration mondiale, rien ne permet de penser que ces bénéfices amélioreront le niveau de vie de tous[7]. Au contraire… Les pertes entraînées par la

7. Pour une estimation récente qui promet une hausse colossale (de 450 à 1 300 milliards de dollars par an) du revenu national américain grâce à

mondialisation frappent plus durement certains groupes, et cela restera vrai à l'avenir. Dans un climat d'incertitude économique et politique, l'anxiété gagne peu à peu l'ensemble de la société. Aujourd'hui, presque tous se sentent vulnérables face aux changements survenus hors de notre économie nationale et hors de portée de nos institutions démocratiques.

Ce qui rend cette réaction dangereuse, c'est que l'ouverture au changement est essentielle pour assurer le renouveau de l'économie. Dans l'héritage des entreprises américaines, les plus puissants ressorts sont le résultat d'un environnement ouvert d'où peuvent émerger des idées, des innovations, des technologies, des formes d'organisation. Dans ce cadre, les activités qui stagnent courent un risque plus élevé que les autres de disparaître et d'être remplacées par de nouvelles formes plus productives. Si on peut admirer de l'extérieur la manière dont les districts italiens et les grandes firmes japonaises adaptent leurs anciens atouts à de nouveaux usages, on ne peut guère les imiter. Les avantages spécifiques des entreprises américaines résident dans des compétences tout autres, qu'elles doivent identifier, préserver et mettre en avant.

Aux États-Unis, la transformation dynamique des secteurs et des marchés vient souvent de nouveaux acteurs et de nouvelles activités qui surgissent hors des entreprises existantes. Les politiques et les institutions américaines encouragent ce phénomène. Le capital-risque, les liens étroits

---

la libéralisation des échanges, voir Scott Bradford, Paul Grieco et Gary Hufbauer, « The Payoff to America from Global Integration », in Fred Bergsten, éd., *The United States and the World Economy : Foreign Economic Policy for the Next Decade*, Washington, International Institute of Economics, 2005.

entre les centres de recherche et les consommateurs, la flexibilité du marché du travail, les contrats fondés sur le marché et les autres caractéristiques institutionnelles du « capitalisme de marché libéral » (pour reprendre les distinctions proposées au chapitre II) créent un système riche en opportunités pour les acteurs qui peuvent innover par-delà les frontières sectorielles, par opposition aux systèmes japonais et allemand, où les ressources sont concentrées entre les mains d'acteurs établis laissant peu de place à l'innovation. Outre les encouragements à l'innovation fournis par la politique et les institutions américaines, il faut également noter l'énorme avantage lié à la proximité d'un vaste marché de consommateurs riches et intéressés par les produits nouveaux. La publicité, le marketing et la grande distribution contribuent à créer une base pour l'émergence de biens et de services.

Outre les institutions libérales qui favorisent l'acceptation rapide de nouvelles manières de faire les choses, il existe des normes très répandues en matière d'efficacité, de transparence et de standardisation qui facilitent aussi le changement. Bon nombre de chefs d'entreprise étrangers l'ont signalé dans nos interviews lorsqu'ils se comparaient avec les firmes américaines. Le directeur d'une grande firme japonaise implantée en Chine nous a déclaré que, grâce à la diversité de la population américaine, les États-Unis avaient dû créer des règles standard en nombre limité[8]. Et ensuite les Américains appliquent à l'étranger ce qu'ils font chez eux.

Il nous a alors raconté son expérience de *joint venture* dans une usine singapourienne de semi-conducteurs. Il avait essayé de traduire en anglais les consignes japonaises, mais

8. Interview du 27 juin 2001.

le résultat ressemblait à : « Faites ceci et cela de manière appropriée, jusqu'à un certain point. » Ce genre de formule ambiguë était intelligible pour des Japonais qui partagent le même contexte culturel et qui devinent les sous-entendus, mais les autres employés n'y comprenaient rien.

À cause de ces institutions, de ces normes et du climat d'ouverture, les chefs d'entreprise américains ont pu rapidement élaborer de nouveaux modèles organisationnels. La propension du pays à créer de nouveaux acteurs a rendu les firmes américaines particulièrement habiles lorsqu'il s'agit de profiter des occasions offertes par les progrès technologiques radicaux, à un moment où les avantages des entreprises établies sont éliminés par une soudaine innovation hors de leur territoire [9]. Des firmes comme Cisco et Dell se sont développées autour d'internet et des potentialités des réseaux de production fragmentés. La capacité à repérer les discontinuités technologiques et à créer de nouvelles firmes pour les exploiter est l'une des grandes forces de ce système. La modularisation est l'un des principaux processus qui ont permis la transformation organisationnelle des vingt dernières années. Pourtant, même pour ces technologies et pour ces secteurs de l'économie qui exigent une plus grande intégration au sein d'une entreprise, il est crucial de préserver un espace ouvert pour l'apparition de nouveaux acteurs.

Le seul moyen d'éliminer les incertitudes et les risques liés à une économie compétitive et à la libre circulation des biens, des services et des capitaux à travers les frontières c'est précisément d'éliminer cette ouverture. Mais si

9. Clayton M. Christensen, *The Innovator's Dilemma. When New Technologies Cause Great Firms to Fail*, Boston, Harvard Business School Press, 1997.

nous voulons la préserver, nous devons affronter les craintes profondes et légitimes que suscitent ses conséquences. Les gens craignent de ne plus pouvoir gagner assez pour répondre aux besoins élémentaires de leur famille (nourriture, logement, éducation, soins médicaux, retraite). Il existe déjà aux États-Unis beaucoup de familles qui vivent à la limite du désastre économique[10]. 2,5 millions de familles sont officiellement en dessous du seuil de pauvreté (18 392 dollars par an). 6,7 millions de familles restent vulnérables en cas d'imprévu économique[11]. Comme le résume un récent rapport du Working Poor Families Project : « Il existe aux États-Unis vingt-huit millions d'emplois, soit près d'un quart du total, qui ne permettent pas à une famille de quatre personnes de vivre au-dessus du seuil de pauvreté et qui n'offrent pratiquement aucune protection sociale. »

Dans ce contexte, il n'est pas étonnant que les gens aient peur de perdre leur emploi. Aux États-Unis, les employés d'âge moyen qui se retrouvent au chômage ont peu de chances de retrouver un emploi doté des mêmes avantages. La plupart des nouveaux emplois apparus dans l'économie ne permettent pas à une famille de se maintenir au-dessus du seuil de pauvreté[12]. De nombreuses propositions ont

10. Tom Waldron, Brandon Roberts et Andrew Reamer, *Working Hard, Falling Short. America's Working Families and the Pursuit of Economic Security*, Working Poor Families Project, octobre 2004. Voir aussi David K. Shipler, *The Working Poor : Invisible in America*, New York, Knopf, 2004 ; Michelle Conlin et Aaron Bernstein, « Working... And Poor », *Business-Week online*, 31 mai 2004. http ://www.businessweek.com/print/magazine/content/ 04_22/b3885001_mz001.tm ?chan=mz.

11. Ces statistiques proviennent de Waldron *et al* (2004).

12. Dans 7 des 10 professions pour lesquelles le Bureau des statistiques de l'emploi (BLS) prévoit une croissance maximum entre aujourd'hui et 2012, les emplois sont généralement mal payés (moins de 18 000 dollars par an) : gardiens d'immeuble, serveurs, employés dans l'agro-alimentaire,

déjà été formulées pour lutter contre ce problème : accès universel aux soins médicaux, portabilité des droits sociaux, assurance-salaire, sécurité sociale minimum, réforme de l'enseignement[13]. Ces politiques visant à limiter l'impact des changements peuvent être compatibles avec une ouverture économique qui permet l'émergence de nouvelles activités, l'ascension de certaines entreprises et la disparition de certaines autres. Notre équipe n'a pas vocation à choisir parmi ces différentes options de politique sociale, mais nous y voyons des alternatives réalistes au protectionnisme économique, qui irait à l'encontre des principales forces du pays en fermant les portes et en imposant le statu quo.

Nous croyons que la prospérité future des États-Unis dépend du soutien public à l'ouverture et au redéploiement rapide des ressources d'une activité vers une autre, afin que les nouvelles formes puissent émerger. Pour préserver ce consensus, les gens ont besoin d'être rassurés : perdre un emploi et en chercher un autre ne signifie pas avoir « tout perdu ». Quand les risques sont trop grands pour trop de gens, qui n'ont pas la maîtrise de leur survie, le risque de contrecoup est élevé. Il est donc urgent de mettre en place une politique sociale qui soutienne les efforts des individus contre les risques de la mondialisation. Et ce, sans empêcher que la société reste ouverte aux défis de la concurrence étrangère et aux transformations suggérées par les idées et

---

caissiers, personnel des hôpitaux, responsables du service clients. Cité in Steven Greenhouse, « If You're a Waiter, the Future is Rosy », *The New York Times*, 7 mars 2004.

13. Ces options sont discutées dans Lori G. Kletzer et Howard Rosen, « Easing the Adjustment Burden on US Workers », *The United States and the World Economy : Foreign Economic Policy for the Next Decade*, éd. C. F. Bergsten, Washington, Institute for International Economics, 2005, p. 313-342.

les technologies nouvelles conçues à l'intérieur de notre territoire.

L'enseignement pour tous

L'une des principales aides que les institutions publiques apportent aux entreprises privées, c'est la formation d'une main-d'œuvre qualifiée. Avec le temps, les universités américaines ont su préparer les étudiants à des activités qui évoluent rapidement. Le nombre d'Américains qui bénéficient de cette formation a augmenté, la proportion d'individus poursuivant des études supérieures étant passé de 47 % en 1973 à 62 % en 2001 [14]. Le problème est que tous les autres doivent se contenter de ce qu'ils ont appris auparavant. De nombreux indices montrent que l'éducation secondaire américaine n'est pas à la hauteur. En mathématiques, en sciences et en lecture, les jeunes Américains âgés de 15 ans sont moins bons que leurs contemporains finlandais, coréens, néerlandais, et très loin des résultats obtenus par les adolescents vivant dans des économies de transition comme la République tchèque, la Pologne ou la Hongrie [15].

Bill Gates, le créateur de Microsoft, a résumé ce tableau effrayant dans un discours prononcé le 26 février 2005 lors d'un congrès sur l'enseignement au lycée [16] :

14. http ://www.nsf.gov.sbe/srs/seind04/c1/c1c/htm.

15. Le Program for International Student Assessment de l'OCDE a testé 250000 jeunes de 15 ans dans 41 pays. Les résultats sont présentés dans « Learning for Tomorrow's World-First Results from PISA 2003 Executive Summary » ; www.pisa.oecd.org.document/55/0,2340,en_32252351_32236173_3391. On trouvera d'autres études comparatives sur http ://nces.ed.gov/pubs2005/timss03/tables/table06.asp.

16. www.gatesfoundation.org/MediaCenter/Speeches/BillGSpeeches.

« Dans la course internationale aux salariés les plus qualifiés, l'Amérique est loin du peloton de tête. Il y a là un argument économique de poids en faveur d'une amélioration de l'enseignement au lycée. Le message est le suivant : Nous avons intérêt à faire quelque chose pour les enfants qui ne reçoivent aucune éducation, parce que c'est mauvais pour nous. Mais il y a aussi un argument moral, qui dit : Nous avons intérêt à faire quelque chose pour les enfants qui ne reçoivent aucune éducation, parce que c'est mauvais pour eux.

Aujourd'hui, la plupart des emplois qui permettent de nourrir une famille exigent des études supérieures. Malheureusement, seulement la moitié des jeunes vont à l'université.

[…]

Si le système reste tel qu'il est, des millions d'enfants n'auront jamais la chance de s'épanouir à cause de leur code postal, de la couleur de leur peau ou des revenus de leurs parents. Cela va à l'encontre des valeurs auxquelles nous croyons, et c'est une insulte envers ce que nous sommes. Tous les enfants devraient avoir l'occasion de poursuivre des études. »

La situation décrite par Bill Gates n'était guère différente il y a un quart de siècle. Quelques améliorations limitées ont été constatées depuis les années 1970, mais elles ont pour la plupart plus de vingt ans [17]. Les résultats scolaires des jeunes Américains restent médiocres par rapport à ceux des autres pays, et plus ils grandissent, plus leurs performances se dégradent.

La formation continue n'a pas progressé non plus. Pour

17. http ://www.nsf.gov.sbe/srs/seind04/c1/c1chtm.

les employés qui n'ont jamais fait d'études supérieures, imiter les collègues plus expérimentés reste le principal moyen d'acquérir des compétences. Les ressources que les firmes américaines consacrent à la formation concernent avant tout les salariés diplômés. Dans le monde entier, les entreprises préfèrent investir dans leur personnel qualifié, mais cette tendance est beaucoup plus nette encore aux États-Unis que dans les autres économies avancées (les diplômés y sont 4 fois plus nombreux à participer aux programmes de formation continue ; ils sont 1,96 fois plus nombreux en Allemagne et 1,58 fois en Suède [18]). C'est un potentiel considérable qui est ainsi négligé.

En un sens, les faiblesses du système éducatif américain sont le revers de la médaille qui met en avant les forces liées à la flexibilité de sa main-d'œuvre. Parce que les travailleurs passent librement d'un emploi à un autre, ce qui permet aux employeurs de trouver sur le marché les compétences dont ils ont besoin au lieu de les former au sein de leur personnel, les chefs d'entreprise n'ont aucune raison d'investir dans les ressources humaines. Le genre de formation continue qui rendrait un individu employable à vie est « trop cher » pour les entreprises qui peuvent se débarrasser de leurs salariés pour en trouver d'autres sur le marché, ou délocaliser les emplois et recruter une main-d'œuvre qualifiée formée grâce aux impôts d'une autre population. C'est une spirale descendante.

18. Lori G. Kletzer et William L. Koch, « International Experience with Job Training : Lessons for the US », in C. O. Leary, R. Straits et S. Wandner, éd., *Job Training Policy in the US*, W. E. Upjohn Institute for Employment Research, 2004, tableau 5.

Investir pour l'innovation dans un monde modulaire

Si les Américains croient qu'une nouvelle vague de croissance et d'emploi est en vue, c'est surtout parce qu'ils croient dans l'innovation. Le boom de la fin des années 1990 fut un moment de transformation pour beaucoup d'Américains. Le message était que la prospérité augmente grâce à l'amélioration des compétences scientifiques et technologiques de la société. Les bénéfices et les salaires ont crû lorsque les découvertes en informatique et en communication se sont traduites par de nouveaux produits et services. Une renaissance de l'esprit d'entreprise et de la créativité a dynamisé l'économie américaine. De nouvelles firmes puissantes comme Cisco, Broadcomm, Dell, Amazon et Ebay sont apparues, tandis que les corporations à l'ancienne se débattaient pour échapper au sort des dinosaures. Pour la première fois depuis le début des années 1970, les salaires moyens ont augmenté et même la tranche la plus basse des salaires a connu une hausse.

Il n'est pas évident que nous puissions reproduire à l'avenir ce cycle vertueux. Les grands bonds technologiques qui ont fait des années 1990 une période glorieuse étaient le fruit d'institutions aujourd'hui détruites ou du moins très altérées. Pouvons-nous attendre un miracle semblable des organisations qui les ont remplacées ? La réduction radicale des grands laboratoires de recherche comme les labos Bell d'AT&T, le Palo Alto Research Center de Xerox, ceux d'IBM et de DuPont a fondamentalement modifié l'équilibre de la recherche privée. Richard K. Lester et Michael J. Piore, professeurs d'ingénierie et d'économie au MIT, ont analysé la dynamique d'interaction parmi les chercheurs, sur les sites où ont été créés certains des produits et services-phares des années 1990[19]. Ils ont identifié un processus par lequel les pôles de scientifiques et d'ingénieurs qui étaient jadis relativement libres de mener des recherches interdisciplinaires ont été démantelés puis regroupés, les laboratoires dans lesquels ils travaillaient ayant été rattachés à des divisions spécifiques au sein des entreprises.

Les laboratoires Bell d'AT&T étaient autrefois les premiers laboratoires privés du pays. Créés en 1925, ils ont donné naissance à des innovations révolutionnaires, dont le premier transistor, les téléphones à touches, la stéréo, les commutateurs téléphoniques, le fax et le logiciel Unix[20]. L'informatique était un secteur particulièrement porteur, et les chercheurs des laboratoires Bell avaient reçu onze prix Nobel. Au cours des années 1960 et 1970, c'est dans ces laboratoires que la technologie cellulaire fut élaborée. Des ingénieurs représentant toute une gamme de spécialités exploraient librement les nouvelles technologies. Le résultat fut une avalanche de produits innovants, dont les retombées financières ne profitèrent pas toujours à AT&T.

Cet univers a commencé à se désagréger à la fin des années 1990. D'abord, sous la pression de la dérégulation des télécommunications, AT&T a créé une nouvelle firme, Lucent Technology, à laquelle devaient être confiés les laboratoires Bell, en même temps que la fabrication d'équipement. Pour réduire les coûts, certains sites ont été fermés (notamment dans la Silicon Valley, en 2001) et les activités de recherche ont dû se concentrer sur les résultats à court terme. Quand

19. Voir leur ouvrage paru en 2004, *Innovation : The Missing Dimension*, Cambridge, Harvard University Press, dont je m'inspire largement (surtout au chapitre VIII).

20. www.bell-labs.com/about/history/timeline.html.

Bill O'Shea fut nommé président des laboratoires Bell en 2001, Lucent décrivit ainsi sa mission : « Associer nos efforts de marketing et de vente avec notre moteur d'innovation ». Dans les autres firmes de télécommunication étudiées par Lester et Piore, comme Nokia et Motorola, les dépenses de recherche concernaient initialement une gamme de structures très large et très diversifiée. Ces entreprises ont elles aussi été restructurées et, là encore, la recherche a été reliée aux « centres de profit ». La réduction des firmes à organisation verticale intégrée a limité les possibilités de « financement croisé » pour les laboratoires de R&D.

Le démantèlement de ces grandes institutions privées fut en partie une réponse aux nouvelles pressions de la concurrence. En rattachant fermement la recherche aux produits commercialisables et en rapprochant les scientifiques des spécialistes du développement et du marketing, les entreprises espéraient obtenir un « Big Bang » encore plus retentissant. Elles voulaient aussi réduire leurs frais généraux. Après l'essor qu'avaient connu les dépenses de R&D à la fin des années 1990, la tendance aux économies l'a de nouveau emporté. Les firmes qui avaient porté le boom de la technologie informatique réduisent maintenant leurs dépenses de recherche. En 2004, Cisco, Dell, HP, Lucent, Motorola, Ericsson et Nortel ont consacré à la recherche un pourcentage de leurs ventes plus faible qu'en 2003 ; en général, la tendance est à la baisse depuis 2000 [21].

À côté de ces mesures de restriction, une autre dynamique était pourtant à l'œuvre. Alors que la modularisation et la fragmentation commençaient à transformer le paysage, les entreprises ont limité la gamme d'innovation qu'elles

21. R. Lester et M. Piore, *op. cit.*, p. 87.

soutenaient et leur programme de recherche s'est concentré sur des objectifs plus précis. Dès lors que les firmes à intégration verticale, avec leur « capacité excédentaire », n'avaient plus de raison d'être, et que disparut le « financement croisé » d'activités moins rentables, la recherche perdit toute liberté dans le secteur privé. La modularisation a beaucoup d'avantages, elle offre quantité de possibilités aux firmes nouvelles, mais elle semble aussi avoir des effets inquiétants. La fragmentation de la production semble décourager la recherche menée jadis par les entreprises, entraînant un recul des soutiens privés qu'aucun investissement public n'est venu compenser.

La source d'innovation risque également de se tarir aux États-Unis pour une autre raison. La modularisation favorise la sous-traitance et la délocalisation de la recherche. Un article récemment paru dans *BusinessWeek* étudie cette réduction des dépenses de R&D, alors que les projets de design et de développement sont confiés à des contractuels dans les pays moins avancés [22]. Initialement, les fabricants contractuels d'informatique (les OEM et les ODM évoqués au chapitre IV) suivaient les recommandations et les schémas fournis par les grandes marques. Mais déjà en 1999, quand notre équipe a interviewé des ODM taiwanais comme Quanta, Compal et Asustek, nous avions remarqué que ces entreprises jouaient un rôle majeur dans le design détaillé des PC.

Aujourd'hui, les grandes marques confient aux ODM le design d'un nombre croissant de produits, notamment pour les appareils photo numériques, les téléphones portables et

22. Pete Engardio et Bruce Einhorn, « Outsourcing Innovation », *BusinessWeek*, 21 mars 2005, p. 84-94.

les PDA. *BusinessWeek* cite le fondateur et président de Quanta, Barry Lam : « Ce qui a changé, c'est qu'il y a désormais davantage de clients qui ont besoin de nous pour concevoir l'ensemble du produit. Il est difficile à présent d'obtenir de bonnes idées auprès de nos clients. Nous devons innover nous-mêmes [23]. » Quanta développe son site de recherche à Taiwan et a annoncé en avril 2005 un programme de recherche d'un montant de 20 millions de dollars en collaboration avec le Laboratory for Computer Science and Artificial Intelligence du MIT. À présent, des grands fournisseurs mondiaux comme Flextronics se mettent aussi au design. Le même phénomène est signalé dans des secteurs comme l'aérospatiale et l'industrie pharmaceutique. Si cette tendance se prolonge, les grandes firmes auront encore moins de raisons d'investir dans la recherche. Il est possible que l'article de *BusinessWeek* soit un peu alarmiste. Les cadres de grandes marques que nous avons rencontrés en Amérique, en Europe et au Japon savent parfaitement qu'ils risquent de perdre leur propriété intellectuelle lorsqu'ils transfèrent le design à l'étranger. Ils ont compris que leur supériorité dépend de la capacité à occuper une niche sur le marché grâce à leur originalité technologique. Le fossé entre leurs capacités innovantes et celles de leurs fournisseurs semble encore très large dans la plupart des secteurs. Néanmoins, les nouvelles données renforcent nos inquiétudes : la présence aux États-Unis des technologies les plus avancées ne peut être considérée comme allant de soi.

En Amérique, le secteur privé reste de loin l'acteur principal dans le domaine de la Recherche et du Développement,

23. *Ibid.*, p. 90.

qu'il finançait à 65,5 % en 2002[24]. Il y a vingt ans, la courbe croissante des investissements de R&D du privé s'est mise à dépasser celle des investissements du gouvernement fédéral[25]. Durant la même période, les dépenses fédérales consacrées à la recherche militaire ont toujours dépassé celles de la recherche civile, avec une brusque hausse après 2001. Le financement public de la recherche civile reste pourtant très important (28,3 % du total en 2002), surtout dans le domaine de la santé. L'argent de l'État se dirige de plus en plus vers les universités. Les firmes biotech et pharmaceutiques vont à la pêche aux découvertes dans le torrent de la recherche fondamentale charrié par des laboratoires universitaires massivement soutenus par les fonds publics. En 2004, par exemple, le gouvernement fédéral a accordé au MIT 411,9 millions de dollars pour sa recherche, soit 78 % du budget de recherche total de cette institution. La part du lion venait du Département de la santé (159 millions). Les firmes américaines ne sont pas les seules à frayer dans ces eaux. À Cambridge (Massachusetts), les usines arborent souvent le nom d'entreprises pharmaceutiques allemandes, françaises, japonaises et suisses, venues aux États-Unis parce que les cours d'eau de leurs pays leur semblaient peu poissonneux.

Pour une entreprise, la capacité à transformer en produits rentables les découvertes ainsi pêchées dépend surtout de la façon dont elle déploie ses propres ressources internes. Mais si elle n'a pas accès au torrent ou si celui-ci se tarit, le

24. National Science Board, *Science and Engineering Indicators 2004*, Arlington, National Science Foundation, Division of Science Resources Statistics, 2004, p. 4-9. http ://www.nsf.gov/sbe/srs/seind/o4/front/nsb.htm.
25. *Ibid.*, schéma 4.9.

seul héritage de la firme ne permettra pas de concevoir des produits innovants. Tous les secteurs ne sont pas aussi tributaires de l'investissement public dans la recherche fondamentale. Mais, comme en témoignent toutes sortes de produits et de services issus des subsides accordés par l'Advanced Research Projects Agency du Département de la défense, le financement du gouvernement a contribué à l'émergence de nouveaux secteurs et à la transformation des anciens. Il y a donc lieu de s'inquiéter du fait que les dépenses fédérales de R&D ralentissent exactement en même temps que celles des entreprises. Au sein du budget du Département de la défense, le financement de la recherche fondamentale et appliquée a connu une brusque baisse en 2004 ; les ressources sont désormais consacrées à une recherche à court terme, plus ciblée [26].

Les institutions qui nourrissent la Recherche et le Développement, comme celles qui soutiennent l'enseignement et l'engagement public en faveur d'une économie ouverte, sont les bases d'une société productive et innovante. Ces bases doivent pouvoir supporter le poids de l'adaptation aux bouleversements de l'économie internationale. De nouveaux concurrents puissants sont apparus dans des parties du monde qui n'étaient hier encore que des périphéries marginalisées ; les nouvelles technologies sapent les avantages des acteurs établis ; de nouvelles politiques ont renversé les barrières qui délimitaient et protégeaient les territoires nationaux. Chacune de ces évolutions compromet les solutions de la génération précédente pour la distribution des fruits et des risques de la croissance économique, pour la formation de la main-d'œuvre et pour l'incitation à l'inno-

26. www.aaas.org.spp.rd.

vation. Ajuster et renforcer les bases publiques est une tâche qui dépasse les capacités de l'initiative privée. Nous savons que notre étude n'offre pas de réponse définitive sur ce point. Mais nous savons aussi que même les meilleures entreprises que nous avons visitées aux États-Unis souffriront s'il s'avère impossible de renouveler le stock de ressources publiques dans lesquelles elles continuent à puiser pour développer leurs propres capacités.

Comment rester compétitif ?

Au cours de notre enquête, nous avons rencontré des individus pleins d'intuition, d'énergie et de passion. Quand nous avons interviewé Richard Clareman, fondateur de Self-Esteem, firme de Los Angeles spécialisée dans la mode pour adolescentes, et dont le chiffre d'affaires est de 125 millions de dollars par an, je lui ai demandé comment il envisageait l'avenir. Il estimait que des entreprises comme Liz Claiborne, Jones New York ou Kellwood pourraient être tentées de le racheter. « Mais je ne veux pas vendre. Pourquoi ne pourrions-nous pas devenir le futur Kellwood, le futur Jones ou le futur Liz ? » Cette interview a été réalisée en mars 2004. Self-Esteem était en train de transférer sa fabrication vers des fournisseurs asiatiques. J'ai demandé à Richard Clareman s'il craignait d'être écrasé par la concurrence chinoise à partir de janvier 2005, lorsque les quotas disparaîtraient. « C'est comme danser avec les loups ! Nous savons que la Chine progresse, et il y a des gens qui se disent : "Ils arrivent ! Tous aux abris !" » Pour sa part, Clareman semblait se réjouir de ce défi. Selon lui, Self-Esteem pourrait faire face grâce à la rapidité avec laquelle la firme propose aux jeunes consommatrices le type d'articles qu'elles désirent.

C'est de l'optimisme et de l'ardeur de gens comme Clareman, Polegato, Michael Dell ou Barry Lam que sortiront les réponses à la nouvelle concurrence. Notre équipe était partie à la recherche de schémas généraux, d'explications institutionnelles et technologiques à l'évolution économique des vingt dernières années, mais les interviews nous rappelaient constamment que l'élément humain est au cœur de ces processus de transformation. La diversité des modèles de réussite rencontrés dans chaque secteur autorise une grande liberté de choix et de stratégie : réussir, c'est choisir. Dans les secteurs à mutation lente comme dans les secteurs à mutation rapide, à Los Angeles, Kyoto ou Timisoara, nous n'avons identifié aucun impératif lié à la mondialisation : nous avons vu des hommes et des femmes qui découvraient comment combiner les avantages et l'expérience de leur firme avec les ressources extérieures de manière à ouvrir de nouveaux sentiers de compétitivité à travers toute l'économie. Réussir à l'heure de la mondialisation est une question de choix ; il n'y a pas de solution universelle.

À propos de quelques termes peu familiers

Circuit intégré : circuit électronique contenant divers composants (transistors, résistors et capaciteurs sur un seul substrat semi-conducteur). On les appelle généralement « puces ». Les Cartes circuits imprimés se composent de plusieurs couches d'époxy (et non de silicone) où sont incrustés des fils métalliques pour créer des circuits. Ce sont donc des « cartes circuits » mais pas des circuits intégrés. Les circuits intégrés et les autres puces sont montés sur des cartes circuits imprimés.

Fabricant contractuel : firme qui fabrique sur commande pour de grandes marques mais qui n'a pas de marque personnelle (voir ODM et OEM).

Fournisseur mondial : important fabricant contractuel spécialisé, comme Flextronics.

Intégration verticale : ce terme qualifie l'organisation d'une entreprise comme Samsung, qui se charge d'un large éventail de fonctions diverses, de la conception d'un produit jusqu'au service après vente, en passant par le développement, la fabrication et la distribution.

Maquiladora : firme mexicaine qui assemble des composants importés des États-Unis (généralement) avant de les exporter vers les États-Unis (généralement).

Modularisation : terme employé ici pour décrire les possibilités technologiques et organisationnelles permettant de fragmenter un système de production ; au lieu d'être toutes contrôlées par une entreprise à intégration verticale, les différentes étapes de la production sont confiées à des firmes indépendantes.

ODM (Original Design Manufacturer) : firme qui se charge du design et de la fabrication pour des marques. Un ODM n'a pas de marque propre. Les ODM s'occupent de plus en plus du design (contrairement aux OEM).

OEM (Original Equipment Manufacturer) : firme qui fabrique des produits sur commande et qui les vend aux marques. Un OEM n'a pas de marque propre et ne crée pas de nouveaux modèles. Les OEM sont également appelés « fabricants contractuels ».

Pure-play : se dit d'une entreprise dépourvue de marque, généralement une fonderie de semi-conducteurs, qui fabrique des puces de silicone pour plusieurs clients mais qui ne conçoit pas les puces en question et ne fabrique pas les produits dans lesquels elles sont utilisées.

REMERCIEMENTS

Made in monde se fonde sur les recherches menées entre 1999 et 2004 par treize membres de l'Industrial Performance Center du Massachusetts Institute of Technology (MIT). Il était impossible de faire figurer les treize noms en couverture de ce volume, mais nous sommes tous les auteurs des idées et des conclusions qu'il contient. Il a fallu choisir l'un de nous pour transformer en livre les résultats de notre enquête, et c'est moi qui m'en suis chargée ; je suis donc responsable de toutes les erreurs qui pourraient s'y trouver.

Durant les cinq années consacrées à ce projet, bien d'autres collègues nous ont généreusement accompagnés dans notre exploration de l'économie mondiale. Outre les étudiants du MIT formant l'équipe, nous avons aussi reçu l'aide de Thomas Becker, Shiri Breznitz, Zachary Cahn, Jean Charroin, John-Paul Ferguson, Brian Hanson, Llewelyn Hughes et Georgeta Vidican. L'intelligence et l'ingéniosité de Brad Buschur, notre assistant, ont montré que l'on peut trouver sur Internet pratiquement toutes les informations dignes d'être connues. Contre vents et marées, Anita Kafka a guidé les chercheurs à travers la montagne des données qui s'accumulaient, malgré le manque de ressources financières. Ce fut véritablement une « dream team ».

Nous remercions pour leur aide nos collègues du MIT Frank Levy, Richard Locke et Michael Piore. Rien n'est plus précieux pour un auteur qu'une critique détaillée, argument par argument, formulée par un lecteur sympathique. J'exprime donc toute ma reconnaissance à Arnaldo Camuffo (Université de Padoue), Peter Gourevitch (Université de Californie, San Diego) et Richard Samuels (MIT), qui m'ont prodigué leurs encouragements et leurs suggestions avisées. L'équipe doit encore beaucoup à des collègues travaillant hors des États-Unis, qui nous ont fait connaître des projets parallèles à notre « Globalization Study » : Volker Wittke, Uli Voskamp et Michael Faust du Soziologisches Forschungsinstitut (SOFI) de Göttingen, avec qui nous collaborons pour des recherches financées par la fondation Volkswagen ; Jun Kurihara, de la Kennedy School (Harvard), pour ses recherches soutenues par le Fujitsu Research Institute ; Christel Lane, Simon Learmount et Jocelyn Probert de l'université de Cambridge, pour un projet conjoint mené par Cambridge et le MIT ; et Zhao Chunjun, doyen de la faculté d'économie et de Gestion de l'université de Tsinghua (Pékin), qui nous a présenté les entreprises dynamiques de la province de Zheijiang. Outre les institutions qui ont soutenu ces collaborations internationales, la fondation Alfred P. Sloan, le ministère taiwanais de l'économie et la Fédération nationale des industries chinoises de Taiwan ont généreusement financé le projet de l'Industrial Performance Center.

Enfin, ce livre doit tout aux centaines de chefs d'entreprise qui ont accepté de consacrer plusieurs heures de leur temps à nos interviews. Certains, comme John Glidden de L.W. Packard ou Chikara Hayashi d'Ulvac, nous ont reçus régulièrement entre 1999 et 2004. Ils nous ont fait visiter leurs usines, nous ont présenté leurs cadres et leurs fournisseurs, nous ont patiemment expliqué le détail des milliers de décisions quotidiennes qui constituent leur stratégie face à la mondialisation. Lorsque je leur ai demandé l'autorisation de citer nommément leurs propos, la plupart d'entre eux ont accepté, comprenant qu'il serait utile d'offrir un exposé clair et précis de leurs échecs comme de leurs réussites.

Ce livre sur la mondialisation est lui-même le fruit du processus qu'il étudie. Le manuscrit a été acheté par Roger Scholl, responsable éditorial chez Currency Doubleday, subdivision de Random House, implantée à New York et détenue par Bertelsmann, dont le siège social se trouve en Allemagne, à Gütersloh. Ce manuscrit a été relu par Sarah Rainone, de Currency Doubleday, puis confié à Chris Fortunato, de Fortunato Book Packaging (Pearl River, État de New York), qui a coordonné la fabrication du livre (original). Tina Henderson, de Metairie (Louisiane), a conçu la maquette de l'ouvrage. Les épreuves ont été relues par Peter Grennen, qui habite Bow (New Hampshire). Le texte a été imprimé et relié par Berryville Graphics, firme de Berryville (Virginie) ; la couverture (de l'édition originale) a été dessinée par Michael Windsor, de chez Doubleday, et imprimée par Coral Graphics, de Hicksville (État de New York). Avant d'être expédié dans les librairies des États-Unis, le livre a été stocké à Westminster (Maryland), dans les entrepôts de Random House. Les droits de traduction en ont été achetés ensuite par les Éditions du Seuil à Paris. Mais je ne peux pas vous dire qui vous a vendu l'exemplaire que vous êtes en train de lire. Faites-le-moi savoir, afin que nous puissions compléter la chaîne de valeur qui va de l'étincelle jaillie dans le cerveau des chercheurs du MIT jusqu'à vos mains : http ://www.howwecompete.com. Vous trouverez sur ce site des données et des chiffres supplémentaires sur notre projet, ainsi que des informations sur les recherches en cours.

TABLE

RÉALISATION : PAO ÉDITIONS DU SEUIL
ACHEVÉ D'IMPRIMER SUR ROTO-PAGE
PAR L'IMPRIMERIE FLOCH À MAYENNE
DÉPÔT LÉGAL : FÉVRIER 2006. N° 85296 (64812)
IMPRIMÉ EN FRANCE